ロマン主義と政治

ロマン主義と政治

――バーリン選集 3――

福田歓一
河合秀和 編

岩波書店

A SELECTION FROM "CONCEPTS AND CATEGORIES", "RUSSIAN THINKERS", "AGAINST THE CURRENT" AND "PERSONAL IMPRESSIONS"

by Isaiah Berlin
edited by Henry Hardy

Originally published by the Hogarth Press Ltd., London

This volume includes the following articles:
The Counter-Enlightenment (1968–73), Vico's Concept of Knowledge (1969), Vico and the Ideal of the Enlightenment (1976), Russia and 1848 (1948), A Remarkable Decade (1955, 1956), The Life and Opinions of Moses Hess (1959), and Decline of Utopian Ideas in the West (1978).

This Japanese edition is published in
1984 by Iwanami Shoten, Publishers, Tokyo
by arrangement with Sir Isaiah Berlin,
Henry Hardy and Wolfson College
c/o Curtis Brown Academic Ltd., London.

凡例

一、本選集は、H・ハーディ H. Hardy 氏の編集による四巻著作集(Vol. I, *Russian Thinkers*, Vol. II, *Concepts and Categories*, Vol. III, *Against the Current*, Vol. IV, *Personal Impressions*, 1978–1980, Hogarth Press)を中心に、福田歓一、河合秀和が、バーリンの全体像を浮かび上がらせるよう、邦訳されていない諸論文を主として、三巻に編集したものである。第一巻では思想史を、第二巻では同時代人論と政治哲学を、第三巻ではロマン主義と政治に関連する諸論文をまとめた。

一、第二巻では福田歓一のバーリン紹介を、第三巻ではハーディ氏作製の著作目録を掲載する。

一、第三巻の諸論文の初出は次のとおりである。

西欧におけるユートピア思想の衰頽 Decline of Utopian Ideas in the West.(一九七八年の東京での講演) 著作集に未収録。

反啓蒙主義 The Counter-Enlightenment(*Dictionary of the History of Ideas*, Vol. 2, 1973). 著作集Ⅲに収録。

ヴィーコの知識概念 A Note on Vico's Concept of Knowledge(G. Tagliacozzo and H. V. White ed., *Giambattista Vico: An International Symposium*, 1969). 著作集Ⅲ。

ヴィーコと啓蒙の理想 Vico and the Ideal of the Enlightenment(*Social Research* 43, 1976). 著作集

Ⅲ。
モーゼス・ヘスの生涯と意見 The Life and Opinions of Moses Hess (Lucien Wolf Memorial Lecture, 1959). 著作集Ⅲ。
ロシアと一八四八年 Russia and 1848 (*Slavic Review* 26, 1948). 著作集Ⅰ。
注目すべき一〇年間 A Remarkable Decade (Northcliffe Lecture, 1954). 著作集Ⅰ。

一、第一巻、第二巻には次の諸論文が収録されている。

第一巻——マキアヴェッリの独創性、自然科学と人文科学の分裂、モンテスキュー、ゲルツェンとバクーニン、ベンジャミン・ディズレーリとカール・マルクス、ヴェルディの「素朴さ」、ジョルジュ・ソレル、ナショナリズム。

第二巻——一九四〇年のウィンストン・チャーチル、フランクリン・D・ルーズヴェルト大統領、カイム・ワイツマン、L・B・ネーミエ、J・L・オースティンと初期のオックスフォード哲学、アインシュタインとイスラエル、ロシアの詩人たちとの会話、哲学の目的、「希望と恐怖から自由に」、平等。

目次

Ⅰ・バーリン著作目録　H・ハーディ

西欧におけるユートピア思想の衰頽

私の話題は「ユートピア思想」であるが、議論を始める前に、私の手の内をあかしておくことにしよう。私は、西欧イデオロギーの二つの型について話すつもりである。この二つの型のイデオロギーは、現代世界において互いに戦っているように思われるが、ユートピア思想はこの問題についての私の断片的な思索をまとめるための一つの便利な手がかりでしかないということになるかもしれない。

この二つの型のうちの一つ、私はそれは過去三千年ばかり西欧世界において支配的な役割を果してきたと思うが、そこでは主要な価値は真理、真理の追求と発見にあった。当然それにともなって、物事を正しく処理する人々への尊敬の念があった。一方では賢者や哲人など、知識を習得した人々、他方では社会を支配する政治家や征服者など、他の人々にたいする権力を追求、獲得し、それを保持しようとする人々、また実践の領域において何か偉大なことを達成した人々にたいする尊敬があった。ホメロスやヘブライの預言者たちの時代、おそらくはそれよりはずっと以前の時代から遥か一七世紀にいたるまで、西欧世界で尊重され、模範と仰がれたのは、思想ないし行動における業績であった。このように言うのは乱暴な一般化であるが、ある程度の真理を含んでいると私は思う。

その後、前の時代には美徳とは見なされていなかった特徴――例えば誠実さ、一貫性などに敬意が払われるようになって、新しい価値の配置状況が現れるようである。私の知るかぎり一七世紀末以前の西欧では、誰ひとりとして、観察者としての自分には偽りと信じられる意見を誠実に奉じたとして他人を賞賛したという記録はない。この点について、私が誤っているかもしれないが、もしこの一般的命題に例外があるとしても、ごく少いだろうと私は信じている。

もちろん殉教は常に誉められたが、しかし殉教者が真理という大義に殉じた場合だけのことで、批判者が偽りと信じている立場のための殉教であったならば、精々のところ愚かで悲惨なことで、深い敬意を払うべきこととは考えられなかった。私に言える限りでは、中世のキリスト教徒は誰も、イスラム教徒や異教徒がその偽りの教義に誠実に執着したことにたいして尊敬を表明していない。また西欧の宗教戦争期のローマ・カトリック教徒で、プロテスタントの異端の徒が自らの(邪悪にして危険な)説のために死ぬ覚悟でいたその献身と心情の清純さに、何か高貴で力強いもの、さらには感動的なところがあることを認めた例を、私は知らない。プロテスタントのカトリック教徒にたいする態度についても同じであった。

比較的新しいように思われるもう一つの価値は、例えば、多様性そのものにたいする敬意ないしは興味である。ここでも私は、およそ一六〇〇年以前の西欧では多様性はあまり尊敬されなかったと考えている。プラトン以来の伝統的見解では、真理は一つ、誤りには多くの顔があり、また単一性だけがよく、多様性は――非常に乱暴に言って――常に悪いとされていた。私は、これからユートピア思想について発言することの中からこの点を例証していくことにするが、他にも(西欧には)比較的近い過去になって生じたいくつもの価値がある。

人々が、「日の下に新なるものなし」と言うのは、私には明白な偽りであるように思われる。新しい状況は生じ、新しい価値は生れる。そして、その起源と発展の跡を辿ることは、思想史家にとっての興味ある課題である。

ようやく、私の本来の問題に到達したようである。完全な社会という思想は非常に古い夢である。現在の諸悪のために、人々がその諸悪がなければこの世はどんなであろうかと考えるようになったのか、つまり、不幸や貪欲、危険や貧乏や恐怖や野蛮な労働や不安などのない理想の状態を想像するようになったのか、それともこれらユートピアは、現実の世界を批判し、現存の体制支配者とその体制におとなしく従っている人々とを恥じいらせることを意図して、風刺として意図的に構成された虚構であるか、また社会的な夢想、たんなる詩的空想力の遊びなのかはともかくとして、ユートピアは古い夢であった。

広く言って、西欧のユートピアは同じような要素を含むようである。そこでは、社会は純粋の調和状態の中にある。社会のすべての成員は平和に生活し、互いに愛しあい、あらゆる肉体的危険、欠乏、不安、人を堕落させる苦役、嫉妬、挫折から解放され、不正や暴力を一切知ることなく、絶えずあまねき光、穏和な風土、無限に豊穣で優しい自然の中に住む。大抵のユートピア、おそらくはすべてのユートピアの主要な特徴は、それが静的であるという事実である。それは完成に達しているがために、その内部の一切の要素は変化しない。新奇さや変化を求める必要はない。すべての自然な人間の願望を満している状態を変えたいと思うものは、誰一人いる筈がない。

このような状態の基礎にある想定は、人はある固定された不変の本性、ある普遍的で共通の変更不可能な目標をもっているということである。このような目標がひとたび実現されたならば、人間の本性は全面的に充実される。普遍的な充実という理念そのものが、このようなものとしての人間は、常にどこでも万人にとって同一の、同じ本質的な目標を求めるということを前提している。そうでなければ、ユートピアはユートピアであり得ないからである。またその場合には、完全な社会は各人を完全に満足させせないからである。

大抵のユートピアは、昔々、黄金の時代があったというふうに、遠い過去に設定されている。例えばホメロスは、ファイエーケス島の幸福な民について、またゼウスが好んでともに住んだ穢れなきエチオピアの民について語り、また極楽島について讃美の歌をうたう。ヘシオドスは、先ずかつての黄金時代について語り、時代は次々に堕落し、遂に彼自身の生きた恐るべき時代に至るという。「饗宴」のプラトンは、人々はかつて遠い幸福な過去においては球形であったが、やがて半分に割れ、それからというもの再び球状の完全な状態に帰るために、半球がそれぞれ自分にふさわしい相手を探しているという。また彼は、何かの自然災害の結果として永遠に消え去ったアトランティスでの幸福な生活についても語っている。ローマの詩人ヴェルギリウスは、すべてが善である農耕の神サトゥルヌスの王国について語る。さらに旧約聖書は地上の楽園について述べる。アダムとイヴはそこで神によって創造され、穢れのない幸福で平穏な生活を送る。この状態は永遠に続くこともできたのであるが、人間が造物主にたいして従順でなかったために悲惨な結果に終る。一九世紀に詩人アルフレッド・テニスンが「雹も雨も雪も降らず、風もついぞ高鳴ることのない」王国について語る時には(「アーサーの死」)、それは連綿として続く長い伝統を反映して、無風の世界に永遠の光のそそぐホメロスの夢を回顧している。これらの詩人たちは、もはや帰ってくることのない過去には黄金時代があったと信じていた。他方で、黄金時代は未来にあると考える思想家たちがいる。ヘブライの預言者イザヤは、「終りの日に……彼らは剣を打ちかえて、鋤となし、その鎗を打ちかえて鎌となし、国は国に向いて剣をあげず、戦闘のことを再び学ばざるべし……狼は小羊と共に宿り、豹は小山羊と共に伏し、……沙漠は喜びてばらの花の如くに咲きかがやかん……悲哀と嘆きとは逃げ去るべし」と、われわれに語っている。同じように聖パウロは、ユダヤ人とギリシャ人、男と女、奴隷と自由人の区別のない世界について述べている。神の目には、人はすべて平等であり、完全でなければならないというのである。

地上の楽園として構想されるか、それとも墓場の彼方のものとして構想されるかにかかわりなく、これらすべてのユートピア的世界に共通なのは、それが静的な完成の状態——人間の本性が遂に完全に実現され、すべてが不動、不変で永続的である状態を示していることである。

この理想が、社会的、政治的な形態を帯びることもある。それは階層的形態であることもあったし、民主的な形態であることもあった。プラトンの共和国では、人間の本性に三つの型があるという命題にもとづいて、三つの階級から成る厳格な統一的階層制がある。この三つの型はそれぞれ完全に実現され、その三つが組み合わさって一つの調和した全体を形成している。ストア派の創始者ゼノンは、無政府主義社会を構想する。そこでは、すべての理性的人間は、制度の恩恵を全然受けることなく、完全な平和、平等、幸福のうちに生きる。もし人々が理性的ならば、支配は必要でない。理性的人間には、国家、貨幣、法廷、さらには組織された制度的生活の必要は全くないのである。完全な社会では、男と女は同じ衣服を着て、「共有の牧場の草をはむ」のでなければならない。彼らが理性的である以上、彼らの願望もすべて理性的である筈であり、また願望を全面的に調和した状態の中で実現することも可能であろう。ゼノンは最初のユートピア的無政府主義者であり、現代になって突如として、時として暴力的に花を開くことになった長い伝統の創始者であった。

ギリシャ世界は、都市国家が衰退の最初の兆を示して以後、数多くのユートピアを生み出した。喜劇作者アリストパーネスの風刺的ユートピアと並んで、テオポンプスの完全な国家の計画がある。エウエメロスのユートピアでは、アラビア海の島々に幸福な人々が住む。そこには野生動物もいなければ、冬も春もなく、永遠の穏和で暖かい夏があるだけであり、果実は木から人々の口に落ち、労働の必要がない。邪悪と混乱の本土では、人々は愚かで不正で悲惨であるが、本土から海で隔てられた島々には、人々は絶えざる至福の状態の中で暮している。

このような構想を実践に移そうとする試みもあったようである。ゼノンの弟子クマエのブロッシウスは、ローマ時代のストア派であるが、初期の共産主義者ヤンブルスに由来すると思われる社会的平等を説いたようであった。彼は、共産主義的な反ローマ的叛乱を煽動したという告発を受け、やがて、破壊的思想を流布したとして彼を告発した元老院の委員会の調査にかけられた。というよりもむしろ「苛め《グリル》」られたのであって、アメリカにおけるマッカーシィ上院議員の調査に似ていなくもない。ブロッシウス、アリストニコス、ガイウス・グラックス等が告発され、ことは護民官グラックス兄弟の処刑でもって終るが、このような政治的結末は私の話題にとっては、付随的なことでしかない。中世では、ユートピアは目に見えてはっきり衰退したが、おそらくはキリスト教の信仰によれば人は神の助けなしに、自分だけの努力によっては完全性を達成できなかったからであろう。神の恩寵だけが人間を救うことができるが、原罪を負って生れた人間は、この地上にある間は救済を得ることはできないとされていたからである。現世の涙の谷間においては、人間は永遠の住家を作り得ない。われわれはこの地上ではすべて、この地上のものでない王国に入ることを求めている巡礼者でしかないというのである。

キリスト教的なものか異教的なものかを問わず、すべてのユートピア思想を貫く一貫したテーマがある。つまり、昔々には完全な状態があったが、何か途方もなく大きな災厄が生じたというテーマである。聖書では、神の意志に叛いた人間の罪――禁断の果実を喰ったという宿命的な事実であり、他にも大洪水や、邪悪な巨人たちがやってきてこの世をかき乱したとか、傲った人間がバベルの塔を建てようとして神罰を受けたとかの話がある。同じくギリシャ神話にも、プロメテウスの話、その子のデウカリオンとピューラの夫婦の話、パンドラの箱の話などがある。ひとたび原初の統一性が打ち砕かれると、それ以後の人間の歴史は、完全な状態を再び実現しようと、かつての静穏を回復するためにその断片をつなぎ合わせようとする努力の連続の過程となる。人間の愚かさ、邪悪さ、弱さのために、この完全性の回復が妨げられるかもしれない。それとも、神がそれを許さないのかもしれない。しかし、特にグノーシス派の思想と神秘主義者の幻想では、人間の生活は宇宙の始りにあった完全な全体——宇宙は再びそこへ帰れるかもしれない——の打ち砕かれた断片をつなぎ合わそうとする苦しい努力と解されている。これは、ヨーロッパ思想をまさにその最古の起源から貫いている永続的な理念である。それはすべての古いユートピア思想の基礎に横たわっており、西欧の形而上学、道徳観、政治的思想に深い影響を与えた。この意味では、ユートピア思想——打ち砕かれた統一性とその回復という観念は、全西欧思想の中心的な流れである。この理由からして、その底にあると思われる主要な想定のいくつかを明らかにすることは、無益ではないであろう。この意味でのユートピア思想がどの程度まで日本思想史に影響を及ぼしているかを、私は知らない。日本思想史についてはほとんど知らないからである。日本の思想史は、全然異った基礎の上に立っているのかもしれない。

ヨーロッパ思想の場合には、次のような想定がある。私はそれを三つの命題の形式で提出したい。ヨーロッパ政治思想の伝統の中心はこの三本足の椅子に坐っているように、私には思えるのである。ここでも私は、問題をあまりにも単純化しているかと思うが、しかし講演は著書ではない。そして私としては、過度の単純化は必ずしも常に虚偽にはならないし、時には論点を明確にするのに役立つと、考えておきたい。さて第一の命題はこうである。すべての真の問題には唯一の正しい解答しかありえないし、他のすべての解答は正しくないという命題である。もしその問題に正しい解答がないならば、問題の方が真でないことになるであろう。真の問題は、少くとも原則的には解答が可能なものでなければならないし、もしそうとすれば、唯一つの解答だけが正しい。問題が明確に提出されているかぎり、いかなる問題にも二つの解答――異った解答ではあるが、ともに正しいという二つの解答はありえない。正しい解答の根拠は真理であるはずであり、他の一切の考えうる解答は虚偽を含むか、それとも虚偽に依拠しているはずである。そして虚偽には多くの顔がある。これが第一の基本的な想定である。

第二の想定は、この正しい解答を発見するための方法が存在するという命題である。この方法を誰かが知っているかどうか、あるいはそれを知ることができるかどうかとは、別の問題である。しかし、その方法を確立する上で正しい手続きが用いられたならば、少くとも原則として、その方法は知り得るはずである。

第三の想定は、この講演の文脈ではおそらくもっとも重要なものであるが、すべての正しい解答は最小限のところ互いに両立しなければならぬ、とするものである。それは、単純な論理的真理からの帰結である。つまり、一つの真理が他の真理と矛盾することはありえない。正しい解答はすべて真理を体現するか、真理に依拠している。したがって一切の正しい解答は、それがどのような問題――世界には何が存在するか、人はいかにあるべきか、人は何であるべきか――にたいする解答であるかにかかわりなく、言いかえれば、それが事実にかんする問題に答えているのか、それとも価値にかんする問題に答えているのかにかかわりなく(そして、この第三の命題を信じる思想家にとっては、価値の問題はある意味で事実の問題である)、決して互いに対立することはありえない。うまくいけば、これらの真理は互いに論理必然的に関連しており、一つの互いに結合した体系的な全体を構成するであろう。控え目に見ても、それは互いに両立し、つまり調和的な全体を形成することになるであろう。そうして、人生の中心問題についてのすべての問題にたいする正しい解答をすべて発見して、それを寄せ集めたならば、その結果として人生、むしろ完全な人生を送るのに必要とされる知識の総体の図式が形成されることになるであろう。有限の人間にはそのような知識は得られないということになるかもしれない。この得られないかもしれないことについては、多くの理由がありそうである。いく人かのキリスト教思想家は、人間はその原罪のためにそのような知識を得られないようになっていると主張するであろう。あるいはまた、われわれはかつて罪の時代より前のエデンの園においては、そのような真理の光明の中に生きていたが、やがて知識の木の果実を味わったがために、この光明は去ってしまった、その罰として、知識は地上の生活を続ける間は不完全なものでしかあり得ないと、主張するかもしれぬ。あるいはまた、われわれは肉体の死の前か後かを問わず、すべていつの日にかそれを知るであろうと、主張するかもしれぬ。さらにはまた、人は決してそれを知ることはないだろうということになるかもしれない。人間の精神はあまりに弱く、自然の障害はあまりに強く、そのような知識が不可能になっているのかもしれない。おそらく天使だけがそれを知ることができ、またおそらく神だけがそれを知っているのであろう。そしてもし神がいないとすれば、原則としてそのような知識は認識可能である——たとえ誰もそれに到達したものがなく、また到達することはないであろうとしても——と言うことによって、人はこの想定を信じるという意志を表明しなければならないであろう。何故なら、その解答は原則として知り得るものであるはずだからである。もしそうでなければ、問題の方が真でないことになるであろう。ある問題について、それが原則として解答不可能であると言うのは、それがいかなる問題であるかを理解していないことである。問題の性質を理解することは、いかなる解答がそれにたいする正しい解答であり得るかを知ること——それが正しいかどうかを知ることとはかかわりなく——だからである。したがって、それにたいして可能な解答の幅は認識可能のはずであり、この幅の中の一つの解答が正しい解答であるはずである。そうでなければ、この型の合理主義的思想家にとっては、合理的思想が遂には解きがたい謎になってしまうであろう。理性の性質そのものからしてこの可能性が除外されるならば、一切の可能な問題にたいする正しい解決の総和(おそらくは無限の)が完全な知識を構成することになるであろう。

この議論をしばらく続けさせていただきたい。われわれが何か完全なものを頭に描くことができなければ、不完全とは何を意味するかを理解できないだろうと、主張されている。例えばわれわれがここ、この地上での状態について、対立、悲惨、残酷、悪徳、「人類の不幸、愚行、犯罪」を指摘して不満を述べるとすれば——要するに、われわれの状態は完全ではないと言うとすれば、その発言はもっと完全な世界と比較してはじめて納得がいく。つまり、現実の世界と完全な世界との間の格差を測定することによって、現実の世界にどれだけ足りないところがあるかを測定できるのである。何にたいして足りないのか。足りないものについての理念は、裏を返せば完全な状態についての理念である。私はこれこそ、ユートピア思想の底に横たわるもの、むしろ西欧の思想全般の底に横たわるものと思う。実際にそれは、ピタゴラス、プラトン以降の西欧の思想にとっての中心的な観念であったようである。

もしこれが事実とすれば、この時点で次のような問いを発してもよいであろう。どこに解決を求めるべきなのか、われわれに理論と実践の正しい道を指し示してくれる権威者は誰なのか、という問いである。この点については(予想通りではないかと思うが)、西欧では意見はあまり一致していない。あるものは、真の解答は聖典の中に発見できる、あるいは霊感を得た預言者やこれら聖典の権威ある解釈者である聖職者から与えられるであろうと、われわれに語っている。またあるものは、啓示、規則、伝統の力を否定し、真の解答は自然について正確な知識を得ることによってはじめて見出されると言う。この自然についての知識は、対象の観察、実験、論理的で数学的な技術の応用によって得ることができるであろう。自然は神殿ではなく、実験室である。仮説は、合理的な人なら誰にも習得、応用、伝達、点検することができる方法によって、検証されねばならない。このような人々は言う——科学はわれわれの提出したいと願うすべての問題に答えられないかもしれないが、しかし科学に答えられないものは、他の方法によっても得られはしないであろう。科学こそは、われわれの有している唯一つの信頼できる道具であり、今後もそうであろう。またあるものは、専門家——神秘的な霊感や形而上の洞察力と思弁の力、あるいは科学的な技能などに恵まれた人、さらには生れながらの智恵を備えた人、賢者、高遠な知性の人、要するに専門家だけが解答を知っていると言う。しかしまたあるものはこれを否定し、もっとも重要な真理は誰にも判るものだと断言する。自分の心、自分の魂の内を見る人は、誰しも自分と自分を取巻く自然を理解する。そして他人の有害な影響、生れながらの性質が悪しき制度によって歪められている人々の影響で盲目にされていなければ、いかに生くべきか、何をなすべきかを知るであろうと、言うのである。ルソーならばそう言ったであろう。ルソーならば、真理は洗練された都会の腐敗した住人たちの思想と行動の中に求めるべきではなく、純朴な農民や無邪気な幼児の純粋な心の中に発見できると言うであろう。そしてトルストイも、事実上同じことを主張した。そしてこの見解は、フロイトとその弟子たちの研究にもかかわらず、今日にも支持者がある。

ギリシャ的、ユダヤ－キリスト教的伝統の中でのこの問題についての意識的な思索の過程で、真の知識の源泉についてのほとんどすべての見解が、情熱的に擁護され、独断的に主張されてきた。このような意見の違いについて、大きな紛争が生じ、流血の戦争が戦われたが、それも不思議なことではない。人間の救済がこれらの問題——人生におけるもっとも苦悩に満ちたこの決定的な問題点にかかっていると主張されていたからである。私の指摘したいのは、すべての側がこれらの問題は解答可能であると想定したという点である。そしてこの想定は、これらの解答はいわば秘められた財宝であるというほとんど普遍的な信仰にまで達していた。問題は、この財宝にいたる道を発見することにあった。あるいは譬えを変えて言えば、人類ははめ絵遊びのばらばらの断片を与えられている、この断片をうまく寄せ集めれば完全な全体となり、それが真理、美徳、幸福の追求という目標を構成することになるであろう。それが大部分の西欧思想にとって共通の想定の一つであったと、私は考えている。

ヨーロッパのルネサンス期にあれほど豊かに開花したユートピア思想の根底には、明らかに以上に述べたような信念が横たわっていた。一五世紀にはギリシャ語、ラテン語の古典の再発見があり、そこには中世の長い暗夜の期間には忘れられていた真理、キリスト教的信仰の時代には僧侶の迷信によって抑圧ないし歪曲されていた真理が体現されていると考えられた。「新しい学問《ニュー・ラーニング》」は、知識――解放された人間の精神――、そして知識のみが人間を救うことができるという信念にもとづいていた。そしてこの信念の方は、「徳は知なり」というあらゆる理性的命題のなかでもっとも基本的な命題に依拠していた。それはもともとソクラテスが発した言葉で、プラトンと彼の最大の弟子アリストテレス、そしてソクラテスの流れを継ぐ古代ギリシャのさまざまな学派によって発展させられた命題であった。プラトンにとっては、知識の範型《パラダイム》は幾何学的な性質のもので、アリストテレスにとっては、生物学的であった。ルネサンス期のさまざまな思想家にとっては、それはあるものには新プラトン的、神秘的であり、あるいは直観的であり、あるいは数学的であり、有機的であったり機械的であったりしたが、知識だけが精神的、道徳的、政治的な救済を提供していることを疑うものは一人もいなかった。そこでは、人間に共通の本性《ネーチュア》があれば、この本性には一つの目的がなければならないと想定されていたと、私は思う。人間が自分の真に欲しているのは何かを知りさえすれば、人間の本性を充分に実現することができるであろう。どのようにして発見するにせよ、どのような方法、従来説かれてきた伝統的な知識への道のどれをとるにせよ、人間がこの世界に何があるのか、それにたいして彼はどのような関係にあるのか、そして彼自身は何であるのかを発見できれば、彼は何が自分を充足させるのか、言いかえれば何が彼を幸福で正しく、有徳で賢明にするかを知るであろう。何が自分を誤りと幻想から解放するかを知り、精神的、肉体的存在としての自分が自ら求めているもののすべてを理解しながら、しかもその通りに行動しないのは、正しい態度ではない。非合理であり、むしろ正気でないと言えるであろう。自分の目的を理解する方法を知りながら、それでも知ろうとしないのは、結局のところ自分の目的を真に理解していないことである。理解するとは、そのまま行動することである。理論と実践の統一を信じているという意味では、これら過去の思想家はカール・マルクスを先取りしていた。

西欧思想の中心をなす伝統にとっては、知識はこの宇宙に何があるかをたんに記述するだけの知識を意味していなかった。むしろその一部分として、それとは明確に区別されないままで価値についての知識、いかに生くべきか、何をなすべきか、いかなる形式の人生が最善でかつもっとも価値が高いか、何故そうであるのかについての知識を意味していた。この「徳は知なり」の教義によれば、人が犯罪を犯すのは誤っているから、何が現実に自分の利益になるかの判断を誤っているからであった。何が自分の利益になるかを真に知っていたならば、このように破滅的な行動――人間としての彼の真の目的を挫折させ、彼の才能と力の正しい発展を妨げることによって、行為者の破滅にいたるような行動には出なかったであろう。犯罪、悪徳、不完全、不幸――これらすべては無知と精神的な怠惰ないし混乱から生じる。この無知は、他人を支配せんがために他人の目を曇らせようと企み、時には自分の宣伝に自ら欺されてしまうような邪悪な人々によって醸成されることもあるであろう。

「徳は知なり」とは、人間にとって何が善であるかを知ったならば、理性的な人間であるかぎりまさにその善を生きざるを得ないということを意味する。一切の願望、希望、祈り、憧れは、善の実現の方向に向けられていくであろう。まさにそれ故に、そのような感情は希望と呼ばれるのである。現実と外見を区別するもの、真に人間を自己実現するものをたんにそうと思わせるにすぎないものから区別するもの、それこそが知識であり、それだけが人間を救う。モアの不可思議な空想《ファンタジー》、ベーコンのニュー・アトランティス、カムパネラの太陽の国、その他数多くの一七世紀のキリスト教的ユートピア(その中では、フェヌロンのものがもっとも著名である)など、ルネサンス期の偉大なユートピア思想を躍動させたのは、この壮大なプラトン的想定であった。それは時には、洗礼を受けてキリスト教的形式で現れた。合理的解決があるという絶対的信念と、ユートピア的著作が数多く現れたこととは、同じような文化的発展段階の二つの側面である。古典時代のアテネとルネサンス期のイタリア、一八世紀のフランスとそれ以後の二〇〇年間というふうに、遠近を問わず過去の時代においても、現代においてもそうであった。中世末、近世の旅行記は、人間の本性の多様さに人々の目を開かせ、したがって人間的要求が劃一的であるという信念、ひいては人間の一切の悪にたいして最終的な解決策が唯一つ存在しているという信念を揺がせたと言われているが、しかしそれさえもがしばしば正反対の結果をもたらしたようである。例えばアメリカの森林に野蛮状態で住んでいる人々が発見されたことは、人間の本性は基本的に一つであることの証拠として用いられた。もし人間が文明によって僧侶や国王やその他の権力亡者の誤りないし邪悪さ——彼らは信じやすい民衆にたいして途方もない欺瞞を働き、それだけ彼らを支配し、彼らの労働を搾取しやすくしようとする——に由来する人為的な人間の作った制度によって腐敗させられていなければ、いわゆる自然人の自然的な欲求はどこでも同じであったであろうと、いうのである。「高貴な野蛮人」という概念は、純真無垢の人間性という神話の一部をなしていた。無垢の人間は罪を知らず、自らの環境と自分自身とにたいして争うことなく、腐敗した西欧の都市文化という悪徳に接してはじめて堕落させられることになった。現実の社会か想像上の社会かはともかく、人間はどこかで自然状態のうちに生き、万人はいつかそこへ帰るべきであるという観念は、原始主義思想の中心に存在しており、過去一〇〇年の無政府主義、人民主義《ポピュリズム》のすべての綱領の中にさまざまな形で発見できる。それはまたマルクス主義と、急進的、革命的な目標を掲げたきわめて多様な青年運動にも深い影響を与えた。

繰り返して言わねばならないのは、これらすべての見解と運動に共通の教義として、あらゆる人、あらゆる場所と時にたいして真実である普遍的な真理が存在するという観念があったことである。これらの真理は普遍的な法則として、ストア派、中世教会、ルネサンス期の法学者の自然法として表現された。悪徳、不幸、混沌は、この自然法を無視したために生じたとされた。たしかにこの思想にたいして疑いを投げかけた思想家もいた。例えば古代ギリシャの一部のソフィストや懐疑主義者、プロタゴラス、ヒピアス、カルネアデス、ピュロン、セクストス・エムペリクス、もっと後代にはモンテーニュと一七世紀フランスの懐疑主義者《ピロニスト》、とりわけさまざまな生活様式がさまざまな環境、風土に住む人々に適しており、そこにさまざまな伝統と慣習が生れると考えたモンテスキューなどがそうであった。しかしこの点には、一定の条件を付しておく必要がある。たしかにアリストテレスの引用しているあるソフィストは、「習慣はわれわれの目の下でもう異っているが、火はここでもペルシャでも同じように燃える」と考えており、またモンテスキューは、寒い風土では暖い衣服を、暑い風土では薄い衣服を着るべきであり、ペルシャの習慣はパリの住民には適しないだろうと考えていた。しかし、このような多様性の主張は、同じ目的を実現するのに異った環境では異った手段がもっとも効果的であるということを意味しているにすぎない。この点では、名うての懐疑主義者デヴィッド・ヒュームでさえも例外ではなかった。これら疑いをさしはさむ思想家たちも、人間の基本的目標は普遍的で同一であることは、誰一人として否定しようとは思っていない。万人は食物と飲料、住居と安全を求める。万人は生殖を望む。万人が社会的交流、正義、ある程度の自由、自己表現の手段などを求める。これらの目的にたいする手段は、国によって時代によって異るいることによっても明確に示されている。

であろうが、目的は不変である。このことは、古代と近代の両方の社会的ユートピアが高度に似ていることによっても明確に示されている。

たしかにマキアヴェッリは、先のような想定にたいしてもっと深刻な打撃を加えている。彼は、自己犠牲と謙虚な態度を重視するキリスト教的人生観と、強力で光栄ある共和国を建設し維持していく可能性とを原則的にでも結合することは可能であるかどうかに疑いをさし向けた。彼によれば、共和国の建設と維持には支配者と市民の側の謙虚な態度や自己犠牲は必要でなく、勇気、活力、自己主張などの異教的な徳目が必要であり、支配者の場合には国家の必要が要求する時には無慈悲で仮借ない残酷な行為に出る能力が必要であった。マキアヴェッリは、この対立する理想に含まれている意味を充分に論じはしなかった。彼は職業的哲学者ではなかった。しかし彼の述べたことは、以後四世紀半の間、彼の読者の一部に大きな不安感をひき起すことになった。しかし大きく言えば、彼が提起した問題点はほとんど無視されることになった。彼の著作は、教会からは非道徳という非難の宣告を受け、道徳哲学と政治思想の分野での西欧思想の主流を代表する思想家からはあまり真剣に扱われなかった。

私は、マキアヴェッリはある程度までいくらかの影響力を持っていたと考えている。ホッブス、ルソー、フィヒテとヘーゲルに影響を及ぼしたし、わざわざ彼の意見にたいする正式の反論の書を刊行したプロイセンのフリードリッヒ大王に影響を及ぼしたことは確実であった。もっとも明白なのは、ニーチェと彼の影響を受けた人々にたいする影響であった。しかし、マキアヴェッリにおけるもっとも不愉快な想定、つまりいくつかの美徳、さらにはいくつかの理想は矛盾するかもしれないという想定――深刻な問題にたいする真の解答はすべて両立するはずであるという、私が先に強調した命題とは真向から対立する観念は、大抵の場合は暗黙のうちに無視された。道徳ないし政治の問題にたいするキリスト教的な解答も異教的な解答も、それぞれの出発点になっている前提からすればいずれも正しいかも知れぬという可能性――いずれの前提も明白に間違っているわけではなく、ただ両立しないというだけのことだという問題に、真剣に取り組もうとする人はいなかったようである。この二つの全面的に対立する道徳のいずれを取るか、あるいはその両者を調和させようとする両者の上に立った一つの基準といったものはなかった。このことは、自分はキリスト教徒であると信じながら、同時に「カエサルのものはカエサルへ」と願っていた人々にとっては、やや面倒な問題であった。公生活と私生活、あるいは政治と道徳の間に明確な一線を画するのは、うまくいったためしがない。両方があまりに多くの領土をわが領土と主張するからである。これは苦悩に満ちた問題になったし、今後もなり得るであろう。そして人々は、そのような事態になった場合には、しばしばその問題に直面するのを避けたのである。

先の想定に疑問を投げかけるもう一つの角度があった。敢えて繰り返して言うと、その想定は自然法の想定である。人間の本性《ネーチユア》は静的で不変の本質であり、その目的は永遠不変、あらゆる時と所の万人にたいして普遍的に妥当し、適切な知識を有する人はその本性を知ることができ、おそらくはそれを実現できるであろうという想定である。

一六世紀の西欧と北欧において、宗教改革の過程で、また一部にはその結果として新しい国民国家が勃興すると、これら王国の主張と法律を定式化しかつ擁護する仕事に携っていた法律家の一部が、ローマ教会の権威に反対するか、ある場合にはフランス国王の中央集権化政策に反対して――彼らの大部分は改革派であった――、普遍的な権威を主張するローマ法は彼らにとっては無意味であると論じ始めた。自分たちはローマ人ではなく、フランク人、ケルト人、ノルマン人等々である。フランク、バタヴィア、スカンジナヴィアにはそれぞれの伝統がある。南フランスのラングドック地方なら、その地方に固有の古来の伝統がある。自分たちにとってローマとは何であるのか。フランス人はフランク族の征服者の子孫であり、彼らの祖先はガリア系ローマ人を征服したし、それぞれにフランク法、ブルグンド法、ヘルヴェチア法などを継承し、自らの法だけを認めたいと願っている。ローマ法の定めは、あれこれの地方の定めではない。それは自分たちの地域には適用されない。イタリア人がローマ法に服従すればよろしい。フランク人、チュートン人、ヴァイキング海賊の子孫たちが、何故外国の単一、普遍の法典を認めねばならないのか。国民が違えば、ルートも違い、法も違い、人民も社会も理想も違うのだ。それぞれに自分自身の生き方があり、一方が他方に命令する権利などはありはしない。ましてや改革派の人々は、ローマ法王の精神的権威の主張を否定した。これが、一つの世界に一つの普遍的な法という呪縛、ひいてはすべての時、所で万人にたいして普遍的な一つの目標という呪縛を破った。フランク族の戦士、さらにはその子孫が理想と考える完全な社会は、古代、近代のイタリア人のユートピア像とは大いに異るであろうし、インド人、スウェーデン人、トルコ人のユートピア像とは似ても似つかぬものかもしれない。それ以後、相対主義の幽霊がその恐ろしい姿を現わし、それとともに少くとも社会的、政治的領域においては、まさに普遍的妥当性のある目標という概念にたいする信仰が解体しはじめる。やがてそれにともなって、異った伝統、性質、ものの見方、概念、範疇、人生観を有する起源の異ったさまざまな社会にとって、等しく承認できる一つの宇宙という観念そのものに、歴史的、政治的な欠陥ばかりか何か論理的な欠陥があるのではないかという感覚が生れた。

しかしここでも、事態の意味は完全には明らかにされなかった。それはおそらくは、まさにこの時期、自然科学が巨大な勝利を収めたことによるのであろう。ガリレオとニュートンの革命的な発見とその他の天才的な数学者、物理学者、生物学者の研究の結果として、外的な世界が単一の宇宙《コスモス》と見なされるようになった。もっともよく知られている例を挙げて言えば、この宇宙を構成する物質の一つ一つの分子の運動と位置は、ごく少数の法則を適用することによって精密に決定できるという観念が生れたのである。混沌とした観察データの寄せ集めを単一の一貫した完全に秩序ある体系に組織化することが、初めて可能になった。それと同じ方法を人間の事柄、道徳、政治、社会の組織の仕方に応用して、同じような成功を収めることができるのではないか。人間は自然の体系の外にある何か別の秩序に属していると、何故考えねばならないのか。動物学、植物学、化学、物理学、天文学などの新しい科学はすべて、観察された事実と現象についての仮説から出発して検証可能な科学的結論へと進み、一つの一貫した科学的体系を形成するという方向で統一されつつあるが、このような物質的な対象、動物と植物と鉱物に妥当することを、何故、人間の問題にも適用してはならないのか。人間についての科学を創造して、そこでも外的世界についての科学が収めたのと同じように明確で確実な解決を得ることは、何故できないのか。

これは新しい、革命的で、高度に説得力のある提案で、啓蒙の思想家たち、特にフランスの思想家たちは当然の熱狂ぶりでこの提案を受け入れた。人間は他の有機体、他の形態の生命体と同じく、観察、分析、実験が可能な検証しうる本性《ネーチュア》を有しているという仮定は、たしかに理に適っていた。提案されている計画は明確であるように思われた。先ず人間は何によって構成されているか、人間の成長と満足のためには何が必要かを科学的に発見しなければならない。人間が何であり、何を必要としているかを発見したならば、次にはこの後者——人間に必要なものはどこで見つけ出すことができるかを問うであろう。次いで適当な発明発見によって、人間に欠けているものを供給し、こうして全面的な完成とまで言わずとも、ともかく現在よりははるかに幸福で合理的な状態に到達するであろう。このような状態は何故存在しないのか。愚かさ、偏見、迷信、無知、理性を曇らせる情熱、貪欲、恐怖、支配欲、野蛮、残酷、不寛容、それらのものに伴う熱狂のために、人間は嘆かわしい状態の中であまりにも長く暮すことを余儀なくされてきたからである。やむを得ずしてか意図的かはともかく、世界に何が存在しているかを観察するのに失敗したために、人間は自らの生活を向上させるのに必要な知識を奪われてきた。科学的知識だけが、われわれを救うことができる。これがフランス啓蒙思想の基本的な教義であり、この偉大な解放運動はその当時にあっては多くの残酷、迷信、不正、蒙昧を除去していった。

やがてこの合理主義の大波が、不可避的な反動へと連なることになった。合理主義がある程度進むと、ある種の感情的抵抗、人間の中の非合理なものから発するいわば「巻き返し」が起りがちになるのは、一つの歴史的な事実であるように思われる。

これはギリシャでは、ソクラテス派の偉大な諸学派が壮大な合理主義的体系を生み出した紀元前四世紀、三世紀に生じた。ギリシャ宗教史家によれば、ありとあらゆる神秘的宗教、秘儀、非合理主義、神秘主義がこれほど盛んになった時代は他に例がないと言われている。そして、古代ユダヤ教の法的－宗教的構造と並んで人類文明の偉大な成果の一つであるローマ法の強力で厳密な構造もまた、それに次いでキリスト教の勃興と勝利によって頂点に達する一つの情熱的で感情的な抵抗をもたらした。同じようにして中世末期には、スコラ派の偉大な論理的構築物にたいする反動が生じた。宗教改革期にもそれに似たものが起ったし、最後には西欧における科学的精神の勝利に続いて、二世紀ばかり前に強力な反科学の運動が生じている。

この反動についてしばらく論じたいと思うが、それはもっぱらドイツから生じた。その時期のドイツにおける社会的、精神的状況についていくらか語っておくことが必要であろう。一七世紀のドイツ語諸国は、むしろ三〇年戦争で国土を荒廃させられるよりも前に、ライン河の彼方の隣人と比べて自国は文化的に劣っていると感じていた。その理由に立ち入る余裕はないし、もっと大きな理由として私にはそれを論じる資格はないが、ともかく一七世紀全般を通じて、フランス人が物心両面のあらゆる活動分野において支配的であるように思われた。フランスの軍事力、その社会組織と経済組織、その思想家と科学者と哲学者、画家と作曲家、詩人と劇作家と建築家――要するに生活の技能全般においてフランスは優れており、全ヨーロッパの先頭に立っていた。当時のフランス人、さらにはそれ以降のフランス人が、文明そのものをフランス文化と同一視したとしても無理からぬことであった。

一七世紀を通じて、フランスの影響力がかつて例のない高さにまで達したとすれば、他の西欧諸国においても注目すべき文化の開花があった。後期エリザベス朝とスチュアート朝のイギリスについては、それは明白な真実であったし、時期的にはスペインの黄金時代、オランダの芸術と科学における大ルネサンスとも一致していた。イタリアは、一五世紀に達した高みにはすでになかったとは言え、稀有の業績をあげた芸術家、特に科学者を生み出していた。もっと北方のスウェーデンでさえも活気づき始めていた。

ドイツ語諸国の国民は、何か似たものについて自慢できなかった。一七世紀のヨーロッパ文明にたいしてドイツ語諸国のもっとも顕著な貢献は何であるかと問うてみても、語るに足るものはほとんどないであろう。建築と孤立した天才ケプラーを別とすれば、ドイツ語圏固有の才能は神学の分野でだけ流れているようであった。詩人、学者、思想家が凡庸の域を越えることはめったになかった。ライプニッツの先輩にあたるドイツ人はほとんどいなかったようである。このことは少くとも部分的にはドイツの経済的凋落と政治的分裂によって説明できると思うが、私はここでは遅れていたという事実そのものを強調しておくだけにしておきたい。ドイツの教育の一般的水準はきわめて高かったが、生活と芸術と思想はひどく田舎めいていた。進んだ西欧諸国、特にフランス人のドイツ諸国にたいする態度は、いわば尊大な無関心といったもののように見えた。屈辱を感じたドイツ人は、やがてフランスの模範を細々と模倣しはじめるが、よくあるように、それが文化的反動をもたらすことになった。傷つけられた国民意識が自己主張をしはじめ、時にはやや攻撃的な形態を帯びることになった。

これは、先進社会からあまりにも傲慢な軽蔑、あまりにもあからさまな意識的優越感でもってあしらわれた後進国民の側が示すごく普通の反応であった。一八世紀初頭には、敬虔で内省的なドイツ諸侯国の一部の精神的指導者が反撃を開始した。この反撃は、フランス人の現世的成功にたいして軽蔑を浴びせるという形態で行なわれた。フランス人と、フランス人を模倣する人々は、内容空虚な見せかけだけを自慢しているにすぎぬ。内面生活——自分と他人、自分と自分自身、自分と神との関係にかかわる精神の生活こそが、最高に重要なのであって、利口ぶったフランス人には真の価値にたいする感覚がない。人間は実は価値によってだけ生きるのだ。フランス人には芸術、科学、サロン、富、大きな栄光を自慢させておけばよろしい。それはすべて結局は屑であり、朽ちるべき肉体のはかない営みにすぎない。フランスの啓蒙思想家は、盲者を率いる盲目の指導者であり、何が真に重要なものかという観念とは一切無縁である。神性に似せて作られた人間の罪深くかつ不滅の魂の深奥に向っての、暗く苦悶に満ちてはいるが、限りなく報いの大きな旅路こそが、人間にとって真に重要なものである。これが、ドイツの魂が打ち出した敬虔で内向きの世界であった。ドイツの自我意識は、いわば民族的怨恨とでも呼べるものに支えられて、次第に激しくなっていった。哲学者で詩人、批評家で牧師でもあったヨハン・ゴットフリート・ヘルダーは、おそらくこの態度を全体として明確に打ち出した最初の預言者であった。彼は、この文化的自意識を一般的原理にまで高めた。文学史家、批評家として出発したヘルダーは、価値は普遍的でない、人間社会、国民、さらには時代と文明はそれぞれ固有の理想、基準、生活と思想と行動の様式を有していると主張した。永久不変の普遍的な尺度や判断基準があって、さまざまな文化と国民が単一の優劣の順序に並べられるわけではない。そのような序列では、フランス人は——もしヴォルテールが正しいとすれば——人類の業績の梯子段で最上位に位置し、ドイツ人はそのはるか下に、宗教的蒙昧主義のほの暗い状態、地方主義と愚鈍な田舎者暮しという狭い限界の中におかれることになるであろう。すべての社会、すべての時代には、それぞれ固有の文化的地平線がある。すべての国民は、それ自身の伝統、国民性、自らの顔を持っている。すべての国民には、それ自身の他のどの国民とも違った道徳的な重心があり、そこに、むしろそこにだけ、その国民の幸福がある。つまり自らの国民的要求、それ固有の性格を発展させることに、幸福があるというのである。

外の模範にならったり、遠い過去に帰らねばならぬさし迫った理由があるわけではない。すべての時代、すべての社会は、それぞれの目標、習慣、価値において他のすべての時代と社会とは異っている。人類の歴史を光明に向ってのあがきという単一の普遍的過程であると見て、後の段階とそこに体現されているものは必ずや先の段階よりも優れており、原始的なものは洗練されたものより必ずや劣っているであろうとする見方は、途方もない偽りである。ホメロスはアリオストーの原始版ではなく、シェイクスピアはラシーヌの初歩ではない。ある文化を他の文化の基準によって判断するのは、想像力と理解力の欠如を示している。文化にはそれぞれ固有の属性があり、それはそれ自体として把握しなければならない。文化を理解するには、われわれが互いに理解しあう時に用いるのと同じ共感的洞察の能力を用いねばならない。それがなければ、愛や友情もなく、真の人間的な関係もないであろう。人間の他人にたいする態度は、その人が他のすべての人と共有しているものではなく、彼自体に固有のものを識別することにもとづいている。またもとづかねばならない。共通なものを抽出して一般化を行うのは、自然科学だけである。人間関係は個性の認識にもとづいている。個性を完全に描きつくすことはおそらく不可能であり、それを分析することはましてや不可能である。社会、文化、時代、それぞれが何であり、何を求め、感じ、悩み、創造したか、いかに自らを表現し、自らを見、そして考え行動したかを理解することについても、同様である。

人間は集団を形成する。人々を結合するもの——共通の祖先、言語、土地、集団的経験といった絆を意識しているからである。これらの絆は、それぞれに固有で、無形ではあるがもっとも根本的な要因である。人間にとって文化の国境は自然の与件であり、その内面の本質、環境、歴史的経験の相互作用から形成される。ギリシャ文化は固有の意味で、どこまでもギリシャ的であり、インド、ペルシャ、フランスは、それぞれにそれ以外のものではありえない。われわれの文化はわれわれ自身のものであり、文化と他の文化との間に共通の尺度はあり得ない。それぞれがそれ自体で無限の価値を持つ。あたかも神の目から見た一つ一つの魂のような存在である。過去の大征服者たちがやったように、ある文化を支持して他の文化を排除し、あるいは一つの社会を従属化させ、一つの文明を破壊することは、人の自分自身であろうとする権利、自分自身の理想とする価値のもとで生きる権利にたいする極悪非道の犯罪である。一人のドイツ人を追放してアメリカに移住させれば、彼は不幸になるであろう。彼が苦しむのは、人は自分を理解してくれる人々の間にあってはじめて幸福になり、自由に行動できるようになるからである。孤独とは、自分の言わんとすることを理解しない人々の中にあることである。自分の言葉、身振り、文字とは無縁のものを使っている人々、自分にはあまりにも縁遠い行動、反応、感情、本能的な対応、思想、快楽と苦痛をとる人々、自分のものとは違う教育とものの見方、生活と存在の調子と質を有している人々——このような人々の間にあることを知るのが、追放であり孤独である。人々が共通に有しているものは多いが、しかしそれはもっとも重要なものではない。人々を個人として自立させ、その人となりを作り、そして人々の間の交流を可能にするのは、人が他のすべての人々と共通に有していないものである。差違、特異性、微妙な差、個性こそがもっとも重要なのだ。

　これは新しい理論であった。ヘルダーは、ヴォルテールとは大いに異って、文化の差こそが文化の本質であり、それがまさに歴史的発展という観念そのものであると考えた。彼にとってドイツ人をドイツ人たらしめているのは、彼らの食べ方、飲み方、裁判を行い、詩を書き、礼拝し、財産を処分し、立ったり坐ったり、食物を入手したり、衣服を着たり、歌を唱い、戦争を戦い、政治生活に秩序をつけるその仕方、それらすべてがある共通性、質としての性質、ドイツにだけ固有のある型を有しているという事実にあった。それによってドイツ人は、中国人やポルトガル人のそれぞれに対応する行動の仕方と異ってくるのである。ヘルダーにとっては、これら諸国民のどれ一つとして他国に優越していない。各国民は異っているだけである。異っているが故に、それぞれに異った目的を追求するが、そこにそれぞれの特性、それぞれの価値が現れる。価値、性質の質には共通の尺度はない。ヘルダーにとって、単一の尺度を前提にする優劣の序列は人間を人間たらしめているものにたいして盲目である証拠であった。ドイツ人を二流のフランス人に変えようと努力することによっては、ドイツ人を幸福にできない。アイスランド人をデンマークで生活させることで、あるいはヨーロッパ人をアメリカに移民させることによっては、幸福にできない。人が持てる力のすべてを発揮できるのは、自分と自分の祖先の生れた土地に住み、その言語を話し、その社会と文化の慣習を枠組にして暮す――そしてそれを持続させる時だけである。人は自らを創るものではない、伝統の流れ――なかんずく言語の流れの中に生み落される。言語は人の思想と感情を形成する。捨てたり変えたりできるものではない。それが人々の内面生活を形成するのである。人々が共有している質は、人の本性、あるいは国民の本性の充実を保障するには充分でない。それは、人々が独自に属している場所、時、文化にも少くとも同じくらいに依存しており、このような特徴を無視したり抹消したりするのは、人々の魂と肉体をともに破壊することである。「私がここにいるのは考えるためではない。ただあり、生き、行動するためである。」ヘルダーにとって、あらゆる行動、あらゆる生活の形式には一つの型があり、それは他のあらゆる行動、生活の型とも違っていた。彼にとっての自然の単位は、彼が「ダス・フォルク」と呼ぶもの、つまり国民であった。その主要な構成要素は、人種や皮膚の色や宗教ではなく、土と言語であった。これが、ヘルダーがドイツ語諸国民にたいして、終生行った説教であった。ともあれ彼は、プロテスタントの牧師だったのである。

しかし、もしヘルダーが正しいならば、つまりフランス啓蒙思想――むしろ私が先に述べた、あらゆる真の価値は不変で時間を超え、普遍的な妥当性があるという西欧の基本的な想定に大きな修正が必要であるとすれば、それでは完全な社会という考えに基本的な誤りがあることになるであろう。その根本的な理由は、ユートピア思想に反対してよく持ち出される理由の中に見出すことはできない。人間はユートピアを実現できるほどには賢明でも器用でも有徳でもなく、必要な知識や決意を持つことはできないし、原罪で穢れているから現世での完成には達し得ないなどの理由で、完全な社会は実現できないとよく言われてきたが、根本的な理由は全く別の理由である。全人類からなる一つの完全な社会という観念は、内的に自己矛盾を起すはずである。何故なら、ドイツ人の極楽《ヴァルハラ》はフランス人の理想の未来生活像とは当然違っているし、イスラム教徒の天国《パラダイス》はユダヤ教徒、キリスト教徒の天国ではなく、フランス人が調和的な充実を得られるような社会はドイツ人には息の詰りそうな社会かもしれない――このような理由によっているのである。しかし、もし文化の数と同じだけ多くの完全な社会があり、それぞれ理想の徳の体系を有しているとすれば、単一の完全社会の可能性という観念そのものが論理的に矛盾してくるであろう。これがユートピア観念、ユートピアそのものにたいする現代の攻撃の出発点であったと、私は考えている。

ドイツのロマン主義運動は、哲学者フィヒテの影響力によるところが大きいが、それ自体としてもこの新しい、真に革命的な世界観《ヴェルトアンシアウウンク》に強力な刺戟を与えた。若いフリードリッヒ・シュレーゲル、ティーク、ノヴァーリスにとって、倫理的、政治的、美的な価値は客観的所与ではなく、適切な方法――形而上的洞察、科学的調査、哲学的議論、神の啓示などの――によって人間にははじめて発見できる永久不変のプラトン的天空に存在する固定した星といったものでもなかった。価値は、創造的自我によって創られる。何よりも先ず人間は、理性だけでなく意志を備えた生物である。そして意志は人間の創造的機能である。人間の本性《ネーチュア》の新しいモデルは、芸術的創造についての新しい見方にもとづいて構成される。ここでの芸術的創造は、もはや理想化された普遍的自然(*la bella natura*)から抽出された客観的法則によっても、古典主義の永遠の真理や自然法や神の法の立法者によっても拘束されていない。古典的な理論――画家ジョシュア・レイノルズや音楽家ジャン・フィリップ・ラモーのような新古典主義的な理論家の理論も含めて――をそれに敵対するロマン主義者の理論と比較すると、この点は明白に浮び上ってくるであろう。レイノルズは「グレート・スタイル」についての有名な講演の中で、国王の絵を描くならば王の観念に導かれねばならぬという趣旨のことを述べた。イスラエルのダヴィデ王は実際には貧弱な男で身体的欠陥があったようだが、そのように描いてはならない。彼は王だからである。したがって彼は、王に相応しい人物のように描かねばならぬ。そして王とは永遠不変の属性であり、時間、空間を超えてひとしく万人の目に見えるものである。それはプラトンのイデアにいくらか似て、経験的な眼には写らず、時間の経過や意見の相違によって変化するものではない。そして画家や彫刻家の仕事は、外観のヴェイルを突き破って、いわば純粋の王の本質を把握し、それを画布や大理石や木など、芸術家が選んだ媒体の上に表現することである。ラモーもまた同じように、作曲家の仕事は事物の自然、偉大なコスモスに体現されている調和、永遠の数学的比率を音で現わすことであると確信していた。この調和は、通常の人間の耳には聞えないが、しかしそれが音楽的な音の型に秩序と美を与える。霊感に打たれた芸術家は、この秩序と美を作り出す。むしろ彼の最善をつくしてその「模倣」を再生産する。

新しいロマン主義的理論の影響を受けた人々は、そうは考えなかった。画家は創造する。模写や模倣はしない。彼は法則に従わない。彼が法則を作る。価値は発見されるのでなく、創出される。見つけ出されるのではなく、想像力と創造性に富んだ意志の営みによって芸術作品として作り出される。政策や計画や生活様式が作り出されるのと同じである。しかし誰の想像力、誰の意志によってか。フィヒテは、それは自我、エゴであるとした。一般に彼は、自我を超越的で無限の世界精神と同一視した。個々の人間は、その世界精神の時間的-空間的な現れにすぎない。人間はその実在を世界精神から抽き出す、世界精神との完全な合一を得ようと努力する有限の存在である。またあるものは、この自我を何か他の個人を超えた精神ないし力と同一視した。真の自我は、この精神ないし力の一要素でしかない。それは例えば民族であり、国民であり(ルソーはそれに近かった)、国家であり(ヘーゲルがそうであった)、あるいはそれは文化、時代精神《ツァイト・ガイスト》(ゲーテは『ファウスト』の中でこの考え方を大いに嘲笑《あざわら》った)、あるいは歴史の前進を体現する一つの階級であり(マルクスにおけるように)、その他同じような捉えどころのない運動、勢力、集団と同一視した。このやや神秘的な源泉が価値を発生させ、価値を転換させていくと主張される。私はその価値に従わざるを得ない。私の最善、もっとも真実の瞬間に私が神や歴史や進歩や民族の代理人になるのに応じて、私はそれを自分自身のものとして認識するからである。これは、それ以前の伝統全体と鋭く断絶することを意味していた。以前の伝統においては、真と美、高貴と低劣、正と邪、義務、罪、窮極の善は不変の理念的な価値と反価値であり、万人にとって永遠で同一のものと定められていた。「常に、どこでも、万人にとって *quod semper, quod ubique, quod ab omnibus*」が、古来の公式であった。そこでの唯一の問題は、それをいかにして知るか、知った上ではそれをいかにして実現ないし排除するか、いかにして善をなし悪を避けるかであった。

しかし、もしこれらの価値が作られたもので、ある文化や国民や階級によって発生させられたものとすれば、それは他の文化や国民や階級が発生させた価値とは異っているであろう。価値は普遍的ではなく、その間に衝突が生ずることもあり得ることである。ドイツ人の発生させた価値がポルトガル人の発生させた価値とは異り、古代ギリシャ人の発生させた価値が近代フランス人の価値と異るとすれば、かつてソフィスト学派やモンテスキューやヒュームが説いたものよりもさらに深い相対性が単一の道徳的、知的宇宙を破壊することになるであろう。ヘルダーは、アリストテレスは

「彼らのもの」、ライプニッツは「われらのもの」と断言した。アリストテレスは偉大な思想家ではあったが、われわれは彼の時代に帰ることはできない。彼の世界はわれわれの世界ではない。ヘルダーから四分の三世紀ばかり後、私の真の価値が私の階級——ブルジョアジー——の価値の表現であり、君の階級——プロレタリアート——の価値の表現でないとすれば、一切の価値、問題にたいする真の解答はすべて互いに両立するという観念は真理ではあり得ないことが、明らかにされた。私の階級の価値は君の階級の価値ではないから、私の価値が君の価値と衝突するのは不可避のことになるからである。古代ローマ人の価値が現代イタリア人の価値ではないように、中世キリスト教の道徳的世界は自由-民主主義者の世界ではなく、何よりも先ず労働者の世界は資本家の世界ではない。全人類に妥当する共通の善という概念は、根本的な誤りに依拠していることになったのである。

変化と外見の世界の影響を受けない明澄な天界がどこかに存在し、そこでは不滅の論理的連鎖に保障された数学的真理と道徳的ないし美的な価値が完全な調和を形成しているという観念は、今や放棄されるか、少くとも無視されることになった。これがロマン主義運動の核心にある思想であり、その極端な表現は、個々の創造的人格が自分自身の宇宙の創造者として名乗り出ることにあった。われわれは今や、慣習に敵対する叛徒たちの世界——自由な芸術家、悪魔的な無法者、バイロン的な被追放者、一九世紀初期のドイツ、フランスのロマン主義作家たちが有名にした「青白き熱病的な世代」の世界に住んでいる。自らの社会の法を拒否し、勝算を度外視して自己実現と自由な自己表現を実現しようと決意したプロメテウス的な嵐のような英雄たちの世界に住んでいるのである。

このように主張するのは、誇張された、時には病的《ヒステリカル》な型のロマン主義的自己没入かもしれない。しかしその本質、それが育ってきた根《ルーツ》は、ロマン主義運動の最初の波が退潮に向っても消滅しなかったし、むしろヨーロッパ的意識の中の恒久的な不快、むしろ不安の原因となって、今日まで続いている。人類の諸問題についてまさに原則として調和的な解答があるという観念、したがってユートピアという概念そのものは、明らかに人間の世界を不断に新しく、休むことなく対立するさまざまな意志——個人の意志か集団の意志かを問わず——の間の戦いと解釈する見方と矛盾している。この危険な潮をせき止めようとする試みがあった。ヘーゲル、そして彼に続くマルクスは、合理的な歴史の図式に帰ろうとした。二人には歴史の進歩——人類が野蛮から合理的組織へと上昇する単一の過程がある。二人は歴史は闘争と衝突の物語であることは認めるが、しかしこの闘争と衝突は窮極には解消されることになっている。この闘争と衝突は、世界精神の自己発展、あるいは分業と階級闘争を生み出す技術的進歩という特殊な弁証法に由来している。しかしこのような「矛盾」は、遂には調和的な全体に至る前進運動にとってそれ自体として不可欠の要因である。窮極の差違と思われたものも、遂には統一に達する。それはヘーゲルにおいては、超越的目標に向っての無限の進歩として把握されており、マルクスにおいては、実現可能な合理的社会として把握されている。この二人の思想家にとって、歴史は激しい対立者を主役とするドラマである、衝突、戦い、破壊、甚だしい犠牲といった恐ろしい災厄が生じるが、この物語はハッピー・エンドで終る。またそのように終るはずである。この伝統をひくユートピア思想家にとっては、ハッピー・エンドは時間を超越した晴朗さを持つ。国家が枯死し、一切の構築された権威が消滅した後には、静的で対立のない社会が光を放っている。その平和的な無政府状態の中で、人々は合理的、協力的、有徳で、自由であり幸福である。これは、いわば二つの世界をよいとこ取りしようとする試みであった。必然の対立の存在は認めるが、それは避けがたいと同時に人類の全面的な自己実現への過程における一時的な段階だと信じるのである。

にもかかわらず疑いは残っており、非合理主義者の挑戦を受けてからは、疑いは残ることになった。それは、ロマン主義運動の残した物騒な遺産である。それを排除ないし回避しようとする努力、あるいはそれをブルジョワジーが不可避的な迫りつつある破局を意識して不安になり、それを直視できなくなったための悲観論の兆候にすぎないと片づけようとする努力がなされているにもかかわらず、この遺産は現代人の意識の中に入り込んでいる。

それ以来というもの、外見上の混沌の背後に永遠の秩序を知覚し、それにもとづいた不変の客観的真理を追求しようとするいわゆる「永遠の哲学」は、相対主義者、多元論者、非合理主義者、プラグマチスト、主観主義者、そしてある種の経験論者の攻撃の前に守勢に立たされることになった。そして永遠の哲学の凋落とともに、その壮大な統一的世界像から派生していた完全な社会という観念が、その説得力を失っていく。この時以来、社会的完成の可能性を信じる人々は、気乗りしていない人類に人為的秩序を押しつけようとしているという非難を論敵から浴びせられることになった。

人間をあたかも煉瓦であるかのようにあらかじめ作られた構造にはめ込み、プロクルーステスの寝台に押し込み、熱狂的に信奉している何かの図式を追い求めて、生きた人間を生体解剖にかけようとしていると、いうのである。ここに抗議が生じる。そしてオルダス・ハクスレー、オーウェル、ザミャチン（一九二〇年代初期のロシアの）などの反ユートピアが生れる。彼らは、摩擦のない社会の恐ろしい姿を描き出す。そこでは人と人との間の差違はできる限り排除され、ともかくも小さく抑えられる。人間の気質、性向、理想などの織りなす多彩な模様、つづめて言えば生命の流れは、無理矢理に劃一的な型にはめられ、社会的、政治的な拘束服に押し込まれてしまう。そしてそれが、一元論の理論、完全で静的な秩序の夢想の名において人間を傷つけ不具にし、遂には押しつぶす。これが全体主義の波にたいする抗議の核心にある思想である。トックヴィルとJ・S・ミルも、それが人類の上に迫りつつあるのを感じていたのである。

現代は、二つの和解させがたい意見の対立を目撃した。一つは、万人に有効な永遠の価値があることを信じる人々の意見である。すべての人々がまだそれを承認ないし認識していないのは、この最終の目的を理解するだけの道徳的、知的、物質的な能力に欠けているからである。歴史の法則そのものの力によって、われわれはその知識にまだ到達していないのかもしれない。歴史法則の一つの解釈の仕方によれば、われわれ相互間の関係を歪め、人々を真理にたいして盲目にして、人間生活の合理的組織化を妨げているのは階級闘争である。しかし、いくらかの人々には真理を見抜くだけの進歩は達成された。時が経てば、普遍的解釈がすべての人にも明らかになるであろう。その時、人類の前史は終り、真の人間の歴史が始まるであろう。マルクス主義者と、おそらくはその他の社会主義的で楽観主義的な預言者たちはそう考えている。人間の気質、才能、ものの見方、願望は永遠に人間の間の差違を生むであろうと断言する人々は、このような意見を受け容れない。彼らは、劃一性は人間を殺し、多様性が許されるだけでなく、むしろ是認され奨励されるような開かれた組織の社会でのみ、人間は充実した生活を送ることができると信じている。広範囲な意見のスペクトラム、J・S・ミルのいう「生活の実験」という方法がある社会でだけ、人間の可能性がもっとも豊かに展開できると、いうのである。そのような社会には、思想と表現の自由があり、見解や意見は互いに衝突する。摩擦、さらには対立を統制し、破壊と暴力を防ぐための規則があるとしても、その社会では摩擦や対立も許されている。しかし、たとえいかに合理的で想像力に富んだイデオロギーであるにしても、単一のイデオロギーへの従属は人間から自由と活力を奪い去ると、考えられるのである。ゲーテはドルバックの『自然の体系』(一種の合理主義的ユートピアを予想した一八世紀フランス唯物論のもっとも有名な著作の一つ)の読後感として、色も生命も芸術も人間性も欠いたこのように灰色で死体のような暗黒の世界を承認するものがいようとは思えないと語ったが、彼の言わんとしたのはおそらく右に述べたような社会のあり方だったのであろう。このロマン主義的な色彩を帯びた個人主義の立場に立つ人々にとっては、重要なのは共通の基盤ではなくて差違である。一つであることではなくて、多くであることである。彼らにとっては、統一への憧憬——失なわれた罪のない調和の状態を復活させることによって人類を再生させること、断片化された存在から一切を包括する全体へ復帰するというのは、小児的で危険な妄想である。劃一性を実現させるために一切の多様性、さらには対立を押しつぶすことは、彼らには生命そのものを押しつぶすことである。

以上に述べた二つの理論は、両立できない。両者は古来の敵対関係にある。両者は、現代的な装いのもとでは工業組織と人権の対立、官僚制的支配と「自分のことは自分でやる」立場の対立、よい統治と自治の対立、安全と自由の対立として、今日の人類を支配し、一方は他方の抵抗を受けている。参加的民主主義の要求は、少数派にたいする抑圧に転化し、社会的平等を実現しようとする政策は自己決定の権利を押しつぶし、個人の才能を殺す。しかし、このような価値の衝突と並んで、古来の夢が根強く生きている。一切の人間の悪にたいする最終的な一つの解決策があり、ある筈であり、それを発見できるという夢である。それを実現できるであろう。革命か平和的な手段かはともかく、それは確実に到来する。その時には、万人が、あるいは大多数の人々が有徳で幸福、賢明で善良で自由になるであろう。このような状態が実現されたならば、また実現された後は永遠に続くとすれば、正気な人間は砂漠に放浪するもとの悲惨な状態に帰りたいとは願わないであろう。もしこのような理想状態が可能ならば、たしかにいかなる代償を払っても惜しくはない。いかなる抑圧、残虐行為、弾圧、強制も大きすぎる代償とは言えないであろう。このような確信によって、他人に苦しみを強いること——それが純粋無私の動機から行なわれるものならば——が、大っぴらに許されるようになる。しかし、窮極の価値は互いに両立しないであろうし、それが和解させられているような理想の世界という観念が(たんに実践的に不可能というだけでなく)観念としても不可能であるという理由で、右の理論は幻想であると信じるとすれば、その時には、おそらく人間のなしうる最善のことは、必然的に不安定であるとしても、さまざまな人間集団のさまざまな願望の間に一種の均衡を生み出していくこととなるであろう。最小限のところ、その均衡によって人間が互いに他を絶滅させようとするのを阻止し、できる限り人間が互いに傷つけ合うのを防ぎ、決して完全に実現できないとしても、人間の間に最大限に実現可能な共感と理解を促進していくことである。しかしこれは、一見したところ、あまり華々しい計画ではない。人々が相互に害を与えあうのを防ぎ、他人の目的にあまり干渉することなく、各人にそれぞれ固有の独自で特殊な目的を実現できるような余地を与えようとする機構を提案する自由主義の説教は、人々を自己犠牲と殉難と英雄的行為に奮い立たせるような情熱的な呼びかけではない。しかし、もしそれが採択されたならば、それは流血を防ぎ、遂には世界を転換させることになるかもしれない。私は、この立場を支持している二つの言葉を引用して終えることにしたい。一つはイマヌエル・カントの言葉である。彼は非合理主義とはおよそ無縁の人であったが、ある時、「人間という曲った材木から、真直ぐなものができたためしがない」と言った。したがって、人間の事柄については原則として完全な解決はあり得ないし、それを生み出そうと決意した試みは、苦悩と幻滅と失敗に終るであろうというのである。もう一つの引用は、アメリカの哲学者C・I・ルイスの言葉である。彼は(私は記憶から引用するが)、「真理が発見された時、それが常に面白いと想定する先験的な理由はない」と言った。真理は、真であるならばそれで充分なのである。

［河合秀和訳］

反啓蒙主義

一

フランス啓蒙主義およびフランス以外の他の西欧諸国におけるその同盟者や弟子たちの中心思想にたいする反対思想は、啓蒙思想運動そのものと同じように古い。理性の自律や、観察にもとづく自然科学の方法が知識のただひとつの確実な方法であると宣言したこと、したがって、啓示とか、聖典とその公認の解釈者たちとか、伝統とか、おきてとか、あらゆる形での非合理的で超越的な知識の源泉とか、これらの権威を拒否したことにたいして、無論、教会や多くの宗派の思想家たちは、反対の立場をとった。しかしながら、そうした反対の立場は、主に、啓蒙哲学者たちとそれら反対者たちとの間に共通する基盤がまるでなかったがために、啓蒙思想の普及が、教会や国家の権威にとって危険と見なされた場合には刺激的な抑圧手段がこうじられたけれども、そうした場合を除いては、それ以上強まることはなかった。むしろもっと恐るべき反対者は、古典古代にその源泉をもつ相対主義および懐疑主義の伝統の方であった。進歩的なフランスの思想家たちの中心的教義は、彼ら自身の間で意見の不一致はあるものの、次のような信仰にもとづいており、それは古代の自然法理論に根をもつものであった。すなわち、人間性は、基本的には、あらゆる時と処を通じて同一であること、場所や歴史の違いは、動物や植物や鉱物と同じように、人間が種として定義されるための恒久的中心部分にくらべれば、たいして重要なことではないこと、普遍的な、人間としての目的があること、そして、論証なり証明のできる論理的な法則や概念の体系が樹立可能であり、それが、混沌たる無知の集塊や、知的怠惰や、憶測、迷信、偏見、独断、妄想、なかんずく、支配者たちが擁護し、大体はそれが人間の過失や悪徳や不運の原因である「利害にもとづく誤り」にとって代わることができること、こういう信仰がそれであった。

さらに、物質的自然の領域においてあれほどの勝利をおさめたニュートン物理学と同じような方法を適用すれば、これまで進歩のなかった倫理や政治や人間関係一般の分野でも同じような成功がえられ、ひとたびこれが果たされれば、その結果、非合理的で抑圧的な法制度や経済政策は一掃され、代わって、理性の支配によってひとびとを政治的および道徳的不正から救い出し、知恵と幸福と徳の道につかせることができるであろうと信じられた。これにたいして、ギリシャのソフィストたちやプロタゴラスやアンチフォンやクリティアスにさかのぼる教義が主張された。それは、価値判断をともなう信念や、そうした信念にもとづく制度は、客観的で不変の自然の事実の発見の上にではなく、人間の意見にもとづくものであり、社会により時代によってそれぞれ違うものだと主張する教義であった。それはまた、道徳的価値や政治的価値、とくに司法制度や社会制度一般は、たえず変る人間の慣習にもとづくと主張した。これは、ギリシャでもペルシャでも、同じく火は燃えても、人間の諸制度はわが眼前にて変わると宣言した、アリストテレスの引用するソフィストによって要約されたことであった。したがって、科学的方法によって確立される普遍的真理、すなわち、誰もが、何処でも、何時でも、正しい方法を使用すれば論証できる真理などというものは、人間にかかわる事柄においては、原理的に確立されないように思われた。

以上の伝統は、コルネリウス・アグリッパやモンテーニュやシャロンのような一六世紀の懐疑主義者の著作の中で、再び強く主張された。そして彼らの影響は、エリザベス時代やジャコバン時代の思想家や詩人の意見の中にも認められる。こうした懐疑主義は、偉大なプロテスタントの改革者やその弟子たち、あるいはカトリック教会のヤンセニスト派のように、自然科学や他の普遍的で合理的な公式の主張を否認し、純粋な信仰における救済を鼓吹する人びとに大いに役立つことになった。合理主義者は、論理的に演繹された結論からなりたつただひとつの統一的体系があると信じ、それは普遍的に妥当な思想原理によって到達され、観察や実験によって周到に選別された資料に基礎づけられているのだと信じていたが、この信念は、さらに、ボダンからモンテスキューにいたる社会学的な精神をもつ思想家たちによってもゆさぶられた。これらの思想家たちは、歴史と、新しく発見された土地であるアジアおよびアメリカ大陸についての新しい旅行記や探検記の両方を証拠として使いながら、人間の慣習の多様性、とくに異なった自然的要素とりわけ地理的な要素が、人間社会の異なった発展に影響し、これが制度や見解の違いにまでいたり、逆にそのことが信念や行動のうえで大きな違いを生みだすと強調した。このことは、D・ヒュームの革命的学説、とくに、事実の真理と、論理学ないし数学の真理のようなア・プリオリな真理との間には、論理的なつながりはありえないと彼が証明したことによって、さらにいっそう強力なものとなった。これは、デカルトやその弟子たちの影響をうけて、あらゆる分野を包括し、あらゆる疑問に答えられるただひとつの知識体系が確立可能であり、それは、普遍的に妥当な公理にもとづいてなされる一貫した論理的証明によって可能であり、そうした公理は、体験的なたぐいのいかなる経験によっても反駁や修正の対象にはなりえないものだと考えていたひとびとの希望を弱めたり、あるいはくじいたりすることになった。

にもかかわらず、人間の価値判断や、歴史を含む社会的事実の解釈が相対的であるという考え方が、どれほど深くこの種の社会思想家たちの思考の中に入りこんでいたとしても、彼らもやはり、あらゆる時代におけるあらゆる人間の窮極的目的は、要するに同一であるという確信の共通部分は保留していた。あらゆる人間は、基本となる物理的必要や生物的欲求の充足を求める。例えば食物とか住いとか安全とかを求める。平和や幸福や正義や、自然的能力の調和のとれた発育や、真理も求める。あるいはもう少し漠然としているが、徳や道徳的完成や、古代ローマ人のいわゆるフマニタス *humanitas* を求める。求める手段の方は、気候の寒さと暑さによって、山岳地と平地によって違うかもしれないし、無理やりつじつまを合わせるのでなければ、あらゆる場合に適用できる普遍的な処方箋などはありえない。それでもやはり、窮極目的は基本的には同じだというのである。ヴォルテールやダランベールやコンドルセのような有力な思想家たちは、技術と科学の進歩がこれらの目的を達成するための最も強力な手段であり、真理と理性的自律を求める人間の営為と努力をそこない、くじくところの無知や迷信や妄想や圧制や野蛮にたいする最も鋭い武器であると信じた。ルソーとマブリは反対に、文明制度自身が人間の堕落の主要な原因であり、自然や単純さ、純粋な心情や自然的正義の生活、社会的平等あるいは自発的な人間感情から、人間を疎外せしめた原因であると信じた。人為的な人間が自然的な人間を牢獄に押しこめ、奴隷として破滅させてしまったと考えたのである。しかしながら、見かけの上ではいちじるしい違いがあるにもかかわらず、基本的な点にかんしては幅広い合意の領域がそこにはあった。すなわち、不滅の原理をもつ自然法(すでにこれはカトリックないしプロテスタントの正統理論において語られる自然法ではない)が実在し、これに従うことによってのみ人間は賢く幸福で有徳で自由になれるという確信がそれである。一連の普遍的で恒久の法則が、有神論者、理神論者、無神論者いずれの世界をも支配し、楽観主義者、悲観主義者、禁欲主義者、素朴主義者、進歩と科学・文化の豊かな果実を信奉するひとびと、いずれの世界をも支配する。これらの法則は、有機あるいは無機の自然を、事実と出来事を、手段と目的を、私的生活と公的生活を、すべての社会と時代と文明を、支配する。これらの法則から逸脱すれば、必らず人間は犯罪と悪徳と困窮におちいる。

思想家によっては、これらの法則が何であるのか、どうして発見できるのか、また誰がそれを説明する資格があるのか、といったことについて意見が違ったかもしれない。しかし、これらの法則が実在し、確実であるのかそれとも蓋然的でしかないかは別として、それを知ることができるということ、これは啓蒙主義全体の中心的教義として保有されていた。まさにこの点にたいする攻撃が、啓蒙主義の支配的な信仰体系にたいする最も恐るべき反動となったのである。

二

もし、彼の祖国以外で誰かがその著作を読んでいたなら、この反対運動に決定的な役割を演じたであろうと思われる思想家は、ナポリの哲学者、ジャンバチスタ・ヴィーコであった。とりわけその生涯の最後の労作である『新科学』*Scienza nuova* の中で、ヴィーコは極めて独創的に、デカルト主義者は数学の役割について大きな誤りを犯し、数学が科学の中の科学であるとした、と主張した。数学は、人間の思考の産物であるという、ただそれだけの理由で確実なのであって、デカルト主義者が考えるように、現実の客観的構造をそのまま現わすものではない。それはあくまで方法であって、真理そのものではない。数学の助けをかりて、われわれは規則正しい現象(外界における現象の生起)を図に表わすことができるが、何故そのような現象がおきるのか、その目的が何であるのかは分らない。それは神のみが知る。事物を作る者だけが、事物の実態やその作られた目的を正しく知ることができるからである。この意味で、われわれは外界(自然)を知りえない。それはわれわれが作ったものではないからである。それを作った神だけが、そのありのままを知り給うのである。しかし、人間は、自分自身のものである動機や目的や希望や恐れについては、直接よく知っているのであるから、自然を知ることができなくても、人間にかかわる事柄については知ることができる。

ヴィーコによれば、集団としての、あるいは個人としてのわれわれの生活や行為は、われわれの生存しようとする試み、欲求をみたし、互いを理解し合い、自分の生れでた過去を理解しようとする試みの表現である。最も本質的なそういう人間の活動を功利主義的に解釈するのは、誤解のもとである。人間の活動は、一番最初は純粋に感情表現的なものである。歌い、踊り、祈り、話し、闘うこと、そしてこれらの行為を具現する制度は、ひとつの世界像をあらわしている。言語、宗教儀式、神話、おきて、社会制度、宗教制度、司法制度、これらは自己表現の諸形態であり、自分と自分の目指す目的を伝達しようとする意志の表現形態なのである。それらは理解可能な型にしたがっており、この理由で、他の社会の生活を再現することが可能となる。たとえ、時代や場所においてへだたりがあり、まったく原始的な社会であっても、そこの人間の観念や感情や行動のどういう種類の枠組があって、彼らの自然の表現である詩や遺跡や神話を生みだしえたのであろうかと自問することによって、それは可能となる。ひとは個人として、また社会の一員として成長する。ホメロスの詩を作詩したひとびとの世界は、神が聖典を通して語りかけたヘブライ人の世界や、ローマ共和政の世界、あるいは中世キリスト教の世界、ブルボン家支配下のナポリの世界とは、明らかにいちじるしく違う世界であった。そして、そのそれぞれの成長の型は、その由来をたずねることができる。

神話とは、啓蒙思想家が考えたように、間違った現実描写であり、合理的批判によってあとで是正されてしまうようなものではないし、詩にしても、日常の散文でも同じようにうまく表現されるはずのものの単なる潤色にすぎないというわけのものではない。古代の神話と詩は、ギリシャ哲学やローマ法、あるいはわれわれ文明時代の詩と文化の世界と同じく、真実の世界像を表現している。現代に比べて時代が新しく、未成熟で、へだたりはあるが、『イリアード』や『十二表法』から聞こえてくるように、それは、自分自身の文化に固有の声をもち、後世のより洗練された文化では再生できない荘厳さをもっている。それぞれの文化は、それ自身の全体としての経験を表現しており、人類の発展のそれぞれの段階は、それぞれ同じように、固有の、それにふさわしい表現手段をもっているのである。

ヴィーコの文化発展循環説は有名となったが、彼の社会ないし歴史理解にたいするもっとも独創的な貢献はこの点にあるのではない。彼の革命的意図は、超時間的な自然法理論——それの真理は、原則として、誰もが何時でも何処でも知りうる——を否定したことにある。ヴィーコは、アリストテレス以来今日までずっと西欧思想の伝統の核心であったこの理論を敢然として否定した。彼は、たとえさまざまの文化が、それに先立つ文化や後の文化との関係で、互いに似かよっていても、それぞれ固有の性格をもつという考えや、あるひとつの型が、一定の発展段階における人間社会の活動や表象すべてに滲透しているという考えを熱心に説いた。このことによって、彼は、比較文化人類学と、比較歴史言語学、美学、法学の基礎を同時に築いた。言語や儀式や遺跡、とくに神話は、後代の学者や批評家が集合意識の変形と考えたものを理解するための唯一の手がかりであった。こうした歴史主義は、真理や美や善にはただひとつの基準しかなく、ある文化ないし個人は、他のものよりもいっそうこの基準に近く、そして思想家の仕事とはこの基準をあきらかにすることであり、活動家の仕事はそれを実現することだとする考えとは、明らかに両立しない。ホメロスの詩は、無比の傑作であったが、それは、粗野で、男性的で、寡頭制的な「英雄」社会だけが生みだしえたのであり、後の文明では、他の点でいかに優れていても、ホメロスに優る芸術を生むことはなかったし、できもしなかった。この理論は、超時間的な真理という概念と間断なき進歩――ときたまは野蛮へ逆行して中断されるが――という概念に強い一撃をあたえ、どちらかといえば変化がなくて、「外から」観察のできる物理的自然を対象とする自然科学と、いくぶん感情移入的な洞察によって、「内から」社会発展を観察し、そのため、テキストや資料を科学的批判によって確定する必要はあるが、それが十分条件だとはいえない、人文的研究との間に鋭い一線を劃した。

ヴィーコの著作は、他の多くの事柄を取扱っていて、あまり体系的ではないが、啓蒙思想史における彼の重要性は、次のことにある。すなわち、文化の多元性を主張したこと、そしてその結果、ひとつの、ただひとつの現実の構造が存在し、啓蒙哲学者はそれを正確に認識することができ、論理的に完全な言葉で記述することが(少くとも原則的には)できるとする考え――これは、プラトンからライプニッツ、コンディヤック、ラッセルおよび彼のもっと忠実な弟子たちにいたる思想家たちに、ずっと取りついていた幻想である――が間違っていると主張したこと、これである。ヴィーコによれば、ひとは自分を取りまく世界にさまざまな問いかけをし、その問いかけに応じてそれぞれの答えが作られる。こうした問いや、それを表わす象徴や行為は、文化発展の過程で変ったり、すたれたりする。それらの答えを理解するには、ひとつの時代なり文化なりに固有の問いを理解しなければならない。それらの問いは、一定でもなければ、それらがわれわれにあまりなじみのない他のものよりも、われわれ自身のものに似かよっているからといって、必らずしもより深いものであるとは限らない。ヴィーコの相対主義は、モンテスキューのそれ以上である。

もし、ヴィーコのこうした考え方が正しければ、それは、絶対的真理とか、それにもとづく完全な社会とかいう概念を、単に実際上だけでなく、まさに原理的にくつがえすものであった。しかしながら、ヴィーコの著作はほとんど読まれたことはなく、『新科学』が書かれて一世紀後に、ミシュレがそれを復活させた時までの間に、どの程度影響力があったのかという問題は、今のところなお定かではない。

かりに、ヴィーコが当時の啓蒙主義が依拠していた支柱をゆさぶろうとしたとするなら、それを叩きこわそうとしたのがケーニスベルクの神学者であり哲学者であった、J・G・ハーマンであった。ハーマンは敬虔主義者として育ったが、この敬虔主義というのは、全ルター派の中でも、最も内省的かつ自己陶酔的な一派で、神と個人の魂との直接交流を目指し、極めて非合理主義的で情緒過度におもむきやすく、厳格な道徳的戒律と厳しい自己訓練をひたすら求める一派であった。一八世紀中葉、フリードリヒ大王は、フランス文化の導入とともに、ある程度の経済的社会的合理化および軍事的合理化を、彼の支配領域の最も後進地帯であった東プロイセンに導入しようと試みたが、これは、この敬虔的で半封建的で伝統的なプロテスタント社会(これはヘルダーとカントをも生んだ)の中に、とりわけ激しい反撥をひき起した。ハーマンは、最初、啓蒙主義の子として出発したが、深刻な精神的危機をへた後、これに敵対するにいたった。そして、一連の論争的な攻撃文書を発表したが、それは極めて独特かつ徹頭徹尾あてこすりに満ち、ひねくれた調子でしかも意図的に曖昧な文体で、彼によれば、慇懃無礼なフランスの独裁者たちの趣味と思想のもつ、あの嫌味な優雅さ、明晰さ、ひとあたりの良い浅薄さとできるだけ違いをきわだたせるためであった。ハーマンの主張は、次のごとき確信にもとづいていた。すべての真理は、決して一般的ではなくして、特殊であること、理性には何であれその存在をあきらかにする力などなく、それはただ、現実とは対応しない形式にしたがって、事実を便宜上、分類したり整理したりするための手段にすぎないこと、理解するとは、ひとびととの、あるいは神との交流であること、これである。彼にとっての世界とは、古いドイツの神秘主義伝統と同様、それ自身、一種の言葉である。事物や植物や動物はそれ自体象徴であり、神はそれによってひとびとと交流をもつのである。すべてのものの基礎は信仰である。信仰は感覚と同じように、現実を知るための基本的な器官である。聖書を読むことは、神の声を聞くことであり、神は人間に、神のその語りかけを理解させる力をあたえ給うたのである。ある者は、神のこのなされ方を理解し、世界を洞察する才に恵まれる。この世界は神の書物であり、聖書や教会の始祖や聖人の啓示もそうなのである。愛――ひとあるいは物にたいする――だけが事の真実の姿をあきらかにしうる。公式や一般命題や規則や科学上の抽象概念など、厖大な概念と範疇の体系を愛することはできない。それらは、あまりに一般的で、現実とはかけはなれた象徴にすぎない。フランスの啓蒙主義者たちは、そうしたもののために、具体的現実すなわち直接的な知識、とくに感覚による知識だけによって可能となる真の経験にたいして、自ら眼を閉ざしてしまったのである。

ハーマンは、ヒュームが、あらゆる知識や信念は、窮極的には直接に知覚している事実を知ることにある、と主張して、現実にいたるある先験的 *a priori* な通路が存在しているとする合理主義者の主張を首尾よく打ち破った事実を祝福する。もし卵や水が実在していると信じないなら、卵を食べたり、水を飲んだりはできないはずだというヒュームの考えは正しい。信念——ハーマンはむしろ信仰と呼びたがるが——という事実には根拠があり、味覚やその他の感覚同様、少しも証明を必要としない。正しい知識は、個物の直接的な知覚であるが、概念は、いかに明確であっても、個々の経験の十全さに匹敵できるものでは決してない。「個別なるものは、言葉ではいい表わせないほどのものです」と、ゲーテはハーマン風の表現でラーヴァターに書き送っているが、彼はハーマンを深く賞讃していた。科学は実用的な事柄には有用かもしれない。しかし、一連の概念で人間や芸術作品をひとに理解させることはできない。また、身振りや、言語、ないし言語以外の象徴によって伝えられるもの、あるいは、人間の品位や精神的本質や活動や文化を理解させることはできない。それに、もし聞く耳と見る眼さえあれば、あらゆる場所でひとに語りかける、あの神秘的な事柄を理解させることもできない。真の存在とは、個別性、すなわちその固有性によって、あるいはまた、他の物や事柄や思想との違いによって存在するのであり、それらとの共通性(一般化をめざす科学が示そうとするのはすべてこれである)によって存在するのではない。「感情だけが抽象や仮説に手足や翼をあたえる」とハーマンは言い、さらに、「神は、感覚に訴える詩的な言葉でわれわれに話されるのであって、学者むきの抽象的な言葉で話されるのではない」と言う。だから、語るべきものをもち、他人にそれを語りかけようとする者もそうあらねばならないのである。

ハーマンは、外的世界にかんする理論や思弁には全然関心をもたなかった。彼の関心はもっぱら個人の内面生活に、したがって、芸術、宗教体験、感覚、個人的な事柄に向けられていた。それゆえ、科学的理性による分析的真理では、それらを無意味にしてしまうと彼は考えた。「神は詩人であり、数学者ではない」。だから、カントのような、「知識人特有の事実嫌い」の病気にかかっている者こそまさに、際限なき言葉のからくり——その言葉は概念をあらわし、さらに悪い事に、その概念が真の事物をあらわすとする——をわれわれにもたらすのである。科学者は体系を発明し、哲学者は人為的な模型に現実をあてはめ直してしまう。現実には眼を閉ざし、空中に楼閣をたてる。「事実があたえられているのに、何故、虚構を探し求めるのか」。体系はまさに精神の牢獄であり、知識の領域に歪みをもたらすばかりか、巨大な官僚機構の設立をもたらす。この設立は、生ける現実の豊かな多様性や、型にはまらない不均整な人間の内面生活を無視し、現実の世界を構成する精神と肉体との結合には無縁のイデオロギー的妄想によって、それらを劃一におしこめてしまうあの規則によってなされる。「普遍性、不可謬性……明断さとごうまんな主張をともない、しかし、ひとつの理性的実体 *ens rationis* で剝製の飾り人形でもあり……神の属性もそなえた、かくも賞揚されるこの理性とはいったい何であるのか」。具体的な真理を生みだすのは歴史だけであり、とりわけ詩人は、情熱と想像をかきたてる言葉で世界を描く。「人間の知識と幸福の全財宝は、イメージの中にある」。感覚的で想像力に満ちた原始時代の人間の言葉が、詩的で非合理的な理由はここにある。「詩は人類本来の言語であり、庭いじりは農業よりも古く、絵は書くことよりも、口ずさむ歌は吟唱よりも、ことわざは合理的結論よりも、物々交換は売買よりも古い」。独自性、非凡な創造的能力、直接的表現、聖書あるいはシェイクスピア風の個性が、世界の生ける肉体を作る。これは、分析的な科学では、骨組をあらわにするだけで、出来ることではない。

ハーマンは、分析を用いることによって現実を歪める合理主義および科学主義を断罪する思想家の戦列の先頭にたつ。ヘルダー、ヤコービ、メーザー(これらのひとびとはシャフツベリの影響をうけた)、ヤングおよびバークの反知識主義的攻撃がこれに続き、さらに、多くの国のロマン主義作家がこれらのひとびとに呼応するにいたる。その中で最も雄弁な代表者はシェリングであり、彼の思想は今世紀初頭、ベルグソンによって生々と再生された。シェリングは、反合理主義思想家の父であり、それら思想家にとって、現実とは、分析されえない流れであり、継ぎ目のない全体であって、それは、数学や自然科学の静的で空間的な隠喩では説明できないものであった。解剖することとは殺すことだ、というのが一九世紀全体を通ずるロマン主義のモットーの宣言であり、ハーマンはその最も熱心で頑固な先駆者であった。科学的解剖は、冷酷で政治的な人間性の抹殺を導き、冷たいフランス的規則による拘束服をもたらす。知ることとあまりに多く、理解することとあまりに少なかった、プロイセンのソロモン王、フリードリヒ大王は、情熱的で詩的なドイツ人の生ける身体を、この拘束服にしばりつけたのである。大敵はヴォルテールであり、ヘルダーは彼のことを人間の感情の代わりに腐食性の機智をもった「老いた子供」と名付けた。

後に「疾風怒濤 *Sturm und Drang*」と命名されるにいたったドイツのこの運動にあたえたルソーの影響、とくに初期作品のそれには深いものがあった。ルソーが直接的な想像力や自然的感情を熱烈に希求したこと、文明に強制されて、人間が彼本来の真の目的や必要に反して人為的な社会的役割を演じざるをえなくなったことを告発したこと、もっと素朴で自発的な人間社会を理想としたこと、自然な自己表現と、社会的分業や因習のもついびつな人為性とを対照させ、後者が人間から尊厳と自由を奪い、一方において特権や権力や恣意を、そして他方では屈辱的な追従を増大せしめ、かくしてあらゆる人間関係をゆがめてしまったとしたこと、これらがハーマンやその弟子たちの胸を打った。

しかし、そのルソーですら、なお彼らには不十分のように思われた。ルソーもやはり、超時間的な一連の真理の存在を信じ、それは青銅に刻まれた文字よりもっと永続する文字で心に刻まれているのだから、すべての人間がこれを理解できるとし、この意味で、広漠として冷たく空虚な抽象にすぎない自然法の権威を容認したのであった。ハーマンやその弟子たちにとって、あらゆる規則や原則はとうてい容認できるものではない。それらは、日常生活の行為には必要かもしれないが、それにしたがうことによって偉大なことがなしとげられることはまず決してありえない。イギリスの批評家たちは、独創性は必らず規則を破ると考え、あらゆる創造的行為ないし啓蒙的洞察は、専制的立法者の規則を無視することによって獲得されると考えた点で正しかった。規則とは純潔な処女だとハーマンは言明した。もし破られなければ、事は始まらないであろう。自然は野性的な想像を受け入れてくれる。だから、自然を「つまらぬ」ひからびた哲学者たちの狭い合理主義的範疇に閉じこめようとするのは、子供じみた考えにすぎない。自然は熱狂的な踊りである。だから、いわゆる実務家とは、現実が見えないからこそ安全にうまく歩ける夢遊病者のようなものだ。もし現実の本当の姿を見たなら、彼らは発狂するかもしれない。

言語は、社会や民族の歴史生活の直接的表現である。「あらゆる王室、あらゆる学派、あらゆる職業、あらゆる団体、あらゆる宗派は、固有の言語をもつ」。この言語の意味は、「恋人や知人や親友」の「情熱」によって、つかむことができるのであり、規則だとか、何もあけられないのにすべてをあけられると思っている鍵によってできるものではない。フランスの「哲学者たち」や、そのイギリスの弟子たちは、ひとはただ快楽を求め、苦痛を避けるだけだと言うが、これは馬鹿げている。ひとは、生き、創り、愛し、憎み、食べ、飲み、信じ、犠牲になり、理解しようとする。これは、それが必然だからである。生命とは行動である。それが分るのは、敬虔主義の偉大な創始者であるシュペーナー、フランケ、ベンゲルの教えのように、自分自身の内部を見つめ、「自覚の地獄堕ち *Höllenfahrt*」を敢行する人だけである。ふれるものすべてから生命や個性を奪ってしまう、非人間的で科学的な思想による死の抱擁から自由になるまでは、人間は、自分のことも他人のことも、われわれがどうして、なぜ、現在のごとくになるにいたったかも、理解することはできない。

ハーマンは、異常かつ断片的な着想によって語ったが、彼の弟子ヘルダーは、筋の通った体系をたてて、人間の本性と、その歴史における経験を説明しようとした。ヘルダーは、自然科学に深い関心をもち、その成果とりわけ生物学や生理学におけるそれを熱心に利用しようとし、狂信的なハーマンよりは、フランス人に譲歩するところが多かったが、彼がじっくりと進めていった思想運動の骨格をなす教義部分では、彼は、はっきりと、フランス啓蒙主義の社会学的前提にたいする反駁を意図していた。彼は、何かを理解することとは、それをその個性と発展において理解することであり、それには、彼の言う感情移入 *Einfühlung*、すなわち、芸術的伝統、文学、社会組織、民族、文化、歴史のある時期の光景や個性的性格を、感情移入によって理解する能力が必要であると信じた。個人の行為を理解するには、その社会の「有機的」構造を理解しなければならず、それによってのみ、その社会の構成員の精神的特質や行為や習慣を理解することができる。ヴィーコと同じく、ヘルダーにとっても、宗教や芸術作品や民族性を理解するためには、その固有の生活条件に「参入」しなければならない。北海の荒波に翻弄された経験をもった者(ちょうどヘルダーが西への航海中経験したように)は、古代スカンジナヴィアの吟遊詩人の歌を完全に理解できるが、嵐を切り抜けるいかつい顔付きの北方の船人を見たことのない者には、全然理解しえないであろう。聖書は、ユダヤの丘の素朴な羊飼いの経験に立ち入って理解しようとする者にしてはじめて本当に理解できる。パリの鑑識人が普遍妥当を主張して発表するあの独断的な規準表にあてはめて、文化全体の価値、すべての伝統の価値を格付け、採点するのは、おこがましいし、無鉄砲でもある。あらゆる文化は、それぞれ固有の重心 *Schwerpunkt* をもっており、それを把握しなければ、その性格や価値を理解することはできない。こういうわけで、ヘルダーは、それ固有の価値をもつ未開文化の保存に情熱をもったし、存在しているというただそれだけの理由で、殆んどすべての人間精神の表現、想像力の産物を愛した。芸術、道徳、習慣、宗教など、記憶をこえた古い伝統から生れる民族生活は、ひとつのまとまった共同生活を生きる社会全体によって創造される。共通体験にたいする想像豊かな集団的応答のこのような表現を、その内部や関係において区切ったり仕切ったりするのは、後世の鈍感で独断的な衒学者による人為的で歪んだ分類以外の何物でもない。

歌や叙事詩や神話や神殿、民族の習俗、その衣装、その言語の作者はいったい誰か。民族それ自身である。そして、彼らの存在と行動のすべての中に、その民族の魂そのものが注ぎこまれているのである。文化的遺産を無視したり、踏みにじったりすることほど野蛮なことはない。こうした考えから、ヘルダーは、ローマ民族が土着の文明を押しつぶしたこと、キリスト教会がバルチック語族に洗礼を強制し、もって彼ら本来の伝統にはなかったキリスト教流儀を強制したこと(彼自身がルター派の牧師であったにもかかわらず)、イギリスの宣教師たちが、インド人やその他のアジアの住民に同様のことを行ない、それら民族の美しい土着文化が、それとは違い、その本来の発展をねじまげるだけの外来の社会制度や、宗教や、教育制度を強制されて、無残にも破壊されたことを批難する。ヘルダーはナショナリストではなかった。彼は、それぞれに異なる文化が、ちょうどたくさんの平和な花が人類という大庭園の中で咲くように、それぞれに豊かに咲くべきだと考え、それが可能だと考えた。にもかかわらず、ナショナリズムの萌芽は、空虚な世界主義と普遍主義(これを彼はフランスの「哲学者たち」の罪だとする)にたいする彼の猛烈な攻撃の中に、まぎれもなく見えている。それは、一九世紀の彼の戦闘的な弟子たちの間で、急速に育っていった。

ヘルダーは、オーストリア－ハンガリー帝国、トルコ帝国、ロシア帝国に抑圧された国民感情の中で、文化的ナショナリズムを最も強く鼓舞した思想家であるが、結局は、オーストリアとドイツにおける直接的な政治的ナショナリズム——彼はそれをひどく嫌っていたが——の、さらにこれに感染して反動としてでてきた他の国々の政治的ナショナリズムの最大の鼓吹者でもある。彼は、当時のパリで流行の進歩の絶対的規準という考えを拒絶した。ある文化は、他の文化に進むための単なる手段ではない。あらゆる人間の営為やあらゆる社会は、それ自身の内的基準によって判断されるべきである。後年、ヘルダーは歴史理論を構想し、その中で、人類全体が、多少漠然とした形においてではあるが、あらゆる人間や芸術や科学を包摂する共通の人間性 *Humanität* に向って発展すると説明したが、にもかかわらず、ヨーロッパの思想に最も強い影響をあたえたものは、まさに、それぞれの文化が個性的本質と独特の香気をもつという、彼の初期の、相対主義的な情熱の方であった。ヴォルテール、ディドロ、エルヴェシウス、ドルバック、コンドルセにとっては、ただひとつの普遍的文明が存在し、時にはある国民が、また時には他の国民が、その最も豊かな開花を代表する。ヘルダーにとっては、複数の比較できない文化が存在する。所与の共同社会に属し、共通の言語、歴史、習慣、伝統、感情という、堅くそして目には見えないきずなによって仲間と結ばれているということは、人間の基本的欲求であり、飲食や安全や生殖と同じ自然のことである。ある国民は他の国民の制度を理解できるし、共鳴もできるが、それはその国民が、自分にとってその固有の制度が何を意味するかを十分に知っているからにほかならない。世界主義なるものは、ある国民をして最も人間的で、最もそれ自身たらしめるものすべてを取り去ってしまう。それゆえヘルダーは、科学的精神に染まったフランスの哲学者が使用する、人類の間違った機械的モデルにたいして攻撃を加える(彼はディドロだけは例外としている。ディドロの著作が、個性的で想像力に富み、ひらめきが多い点、彼は強い親しみを感じていた)。哲学者たちは、機械的なもの、原因となる要素しか理解せず、また、時には賢明で有徳かつ利他的だが、時には自己中心的で頽廃的で、愚鈍かつ不道徳な、個々の国王や立法者や指導者の恣意しか理解しない。

しかしながら、人間をかたちづくる力は、はるかにもっと複雑で、時代によっても、文化によっても異なり、哲学者のいうような単純な型にはまった公式で割り切れるものではない。「私は、国民全体とか時代全体とかが、ごく短い言葉で一括されてしまうのを聞いて、いつもびっくりする。というのは、「国民」とか「中世」とか、「古代と現代」とかいうような言葉には、何とも数多くの違いがふくまれているからである」。ドイツ人はドイツ人の中にあってはじめて本当に創造的でありうるし、ユダヤ人はパレスチナの祖先の地に帰ってはじめて創造的でありうる。強制によって根こそぎ移住させられた人々は、異国の環境の中で、生き残るにしても衰弱してしまう。ヨーロッパ人はアメリカでその徳性を失い、アイスランド人はデンマークで衰頽した。(ある社会の他の社会にあたえる無意識かつ無自覚の自然発生的な影響とは違い)手本のまねは、わざとらしさや下らぬまがい物や、堕落した芸術や生活をもたらす。ドイツ人はあくまでもドイツ人でなければならず、三分の一はフランス人であるといったようなことがあってはならない。生命は、自分の固有の言語、伝統、地方感情にひたり続けるところに存在する。劃一性は死である。(科学の支配する)知識の木は、生命の木を枯らす。

かくして、ヘルダーの同時代人で、最初の歴史社会学者であるJ・メーザーは、西ドイツの生れ故郷オスナブリュックの昔の生活について、次のように述べた。「あらゆる時代はその固有の型をもつ」。あらゆる戦争には、それ固有の性格があり、国事にも独特の色合いがある。衣装や風俗は、宗教や科学と内的連関をもつ。さらに彼は、「時代様式 *Zeitstil*」と「民族様式 *Volkstil*」とがすべてであり、それぞれの制度には「局地的な存在理由」があり、それら制度は普遍的ではないし、ありえない、と述べた。メーザーの主張によれば、社会や人間は、「全体的印象」という方法によってのみ理解できる。これは、分析的な化学者のように、ひとつひとつの要素に分けて理解する方法とは異なる。これは、彼によれば、ヴォルテールでは理解できなかったことである。ヴォルテールは、あるドイツの村に適用される法律が、隣村では別の法律と矛盾したという事実を嘲笑したのであった。ルイ一四世やフリードリヒ大王の支配のような劃一的支配制度が避けられるのは、まさに上述のごとき、連綿として古い伝統にもとづく豊かな多様性があってのことである。そして、自由の保証もまたしかりである。

その影響は、直接的ではなかったけれども、このような基調は、バークや、保守主義者と社会主義者双方を含む、社会生活の有機的形態の価値を擁護する後の多くの浪漫的、生命主義的、直観主義的、非合理主義的著作家たちの著作の中に見出される。ひとも知るバークのあのフランス革命原理にたいする猛烈な攻撃は、人間の存在を歴史的に神聖な全体につなぎとめる「無数の流れ」にたいする、全く同じように熱烈な憧憬にもとづくものであった。そして、この神聖な全体は、ただ契約によってのみ相互に結ばれ、分析できない人間関係——これが、家族や部族や民族や運動など、何か相互利益の追求や力による追求以上のものによって、あるいは、その他相互的な愛や忠誠や共通の歴史や感情や考え方によって、互いに結ばれる人間組織を作り出す——には眼を閉じ、耳をふさぐ、会社や「経済学者、詭弁家、打算家」の世界のような、功利主義的社会類型とは対照をなすものであった。このように、それが特殊な宗教的信念と結びついていたかどうかは別として、非合理的な要素、すなわち、個性的なもの、特殊なもの *das Eigentümliche*、無形なものの価値に力点をおき、古い歴史的由来や記憶をこえた習慣、こむずかしい「理屈屋」の詭弁に毒されていない、単純で頑健な農民の知恵に訴える非合理的な要素を一八世紀後半において強調したことは、非常に保守的な、むしろ反動的な意味をもっている。ヘルダーは、政治的抑圧や、帝国的支配や、政治権力や、あらゆる種類の強制組織をひどく嫌ったが、この庶民崇拝者によって主張されたにせよ、あるいは、穏健なハノーヴァー保守派であったメーザー、あるいは、全く政治には無関心であったラーヴァター、あるいは、違った伝統の中で育ち、教会と国家、および歴史によって正当とされた貴族やエリートの権威に敬意の念をもつバークによって主張されたにせよ、いずれにしても、これらの教義は、普遍的な道徳的知的理想の名の下に社会を合理的に再編成しようとする試みには、あきらかに抵抗をしめす。

同様に、科学的専門知識にたいする憎悪は、W・ブレイクや若きシラーや、東欧の庶民派作家たちの著作の中に、強い抗議となってあらわれた。なかんずくそれは、一七六〇、七〇年代のドイツにおける文学上の大動乱の一因となった。「疾風怒濤」におけるレンツ、クリンガー、ゲルステンベルク、ライゼヴィッツのようなリーダーの役割は、あらゆる種類の組織的な社会生活や政治生活に反対する立場を噴出させることであった。彼らを怒りにかりたてたものは、あるいはドイツ中産層の鼻もちならない俗物根性であったかも知れないし、あるいは、愚鈍で恣意的なドイツ諸侯の小さくて古臭い法廷が下すむごい不正判決の数々であったかも知れない。しかし、彼らがこれに劣らない激しさで攻撃したものは、フランス、イギリス、イタリアの進歩的思想家によって唱導された、理性の原理と科学的知識による生活の全面的統制にたいしてであった。レンツは自然を激しい渦巻のようなものとみて、感受性の強い者なら、もし生命の完全燃焼をしようとすれば、その中に身を投じてしまうであろうと考える。彼やシューバルトやライゼヴィッツにとって、芸術、とくに文学とは、因習の許容はすべて「死の延長」でしかないと見る情熱的な自己主張の表現形態なのである。ヘルダーの次のような絶叫にもまして、全「疾風怒濤」運動の特徴を示す言葉はない。「私がここにいるのは、考えるためにではない。存在し、感じ、生きるためになのだ！」。「心だ！　温かさだ！　血だ！　人間だ！　生命だ！」。フランス的合理性は、青白い幽霊のようなものでしかない。一七七〇年代、ゲーテは、冷たくて「とこやみの死体同然の」論文だといって、ドルバックの『自然の体系』に反撥したが、これも以上と同じ理由からである。この論文は、ストラスブルグのゴシック教会の驚くべき、そして汲みつくしきれないほどの豊かな生命力とは、何の親縁関係もないのであった。そして、ゲーテはヘルダーの案内で、この教会に中世のドイツ精神の最も高貴な表現のひとつを――それは一八世紀の批評家では、全く理解できないものであった――見たのであった。

空想小説『幸福な島々』の中で、その作者ハインゼは、登場人物にゴシック風のすさまじさよりもっとすさまじい血だらけの経験を次々にさせたあと、彼らをある島にいざなう。そこには、完全に自由な人間関係があり、あらゆる規制も因習も最後には風に吹きとび、一種の無政府主義的－共産主義社会の中で、ひとは、とうとう、最高の創造的芸術家としてその能力を最大限に発揮するにいたるのである。この小説が鼓吹するものは、激しい急進的個人主義である。それは、同時代のサド侯爵の性愛的な幻想小説に似ていなくもなく、その理由が、科学的であれ、政治的であれ、教会の権威であれ、あるいは王党派であれ共和派であれ、専制であれ民主であれ、要するに強制的な規則や法律から逃れようとする切実な願いを、その初期の形態において代表している。

奇妙な逆説であるが、その理論の少くとも一部分の誇張と歪曲とによって、このいくらか放逸な個人主義の創始者の一人となったのは、生涯を通じて、あらゆる種類の「熱狂」を嫌った、すぐれて理性的で厳格かつ非ロマン的なカントである。カントの道徳理論は、決定論は道徳とは両立しえないという事実を強調した。何故なら、自分の行為の真の創始者、すなわち、その行動をなすかなさざるかを自分で決めうる者だけが、その行った行為に対して賞讃や非難を受けることができるからである。選択する能力は、責任をともなうから、自由に選択できない者は、家畜や石ころ同然で、道徳的には責任はない。これによって、カントは道徳的自律の信仰の創始者となった。道徳的自律にしたがって行為もしくは行為しない者だけが――そしてその行為は、もし自然の性向に反して行う必要があれば、自分で自由に定めた規範によって導かれる道徳意志の決定から生ずるのであって、自分の支配できない、物理的、生理的、心理的な(例えば感情、欲望、習慣など)要素による避けえない因果的圧力から生ずるのではない――固有の意味で自由と考えてよいのであり、まさに道徳的主人公なのである。カントは自分がルソーに負うところ大であると自認していた。そのルソーは、とくに『エミール』第四篇「サヴォア助任司祭の信仰告白」の中で、物質的自然の受動性とは対照的な能動的存在、感覚の誘惑に抗して人間を自由にする意志の持主としての人間のことを語っている。「私は、自分の悪徳によって奴隷であり、良心の呵責によって自由である」。人間に善を選択せしめるものは、「良心」によって直接知られる能動的意志である。そして、ルソーにとって良心は、それに挑戦する理性(すなわち打算的主張)よりも強力である。必要があれば、人間は「肉体の法則」に反する行為を行う。そしてそのことによって彼は幸福に価する存在となる。しかし、因果の流れによって決定されない能力としての、この意志の理論は、エルヴェシウスやコンディヤックの感覚主義的な実証主義に対抗して、カントの自由な道徳意志とは親和関係を持つが、事物も人間をも支配し、ありとあらゆる人間に同じ恒久の普遍的目標を命ずる自然法の客観的性格を脱しきってはいない。

このように、思弁的思考や知覚――これはひとの避けえない心の範疇のあらかじめきまっているみその内部で働く――を犠牲にして意志を強調する考えは、道徳的自由にかんするドイツ的思考の中に深く浸透し、それにともない、自然や自然との調和的結合にたいする反抗、自然的傾向性の克服、物ないし人、いずれによるにせよ、強制にたいするプロメテウス的反抗を惹起せしめた。それはついで、次のような理論、すなわち、理解とは、知識は合理的必然を証明する、つまり非理性的状態にあっては進路をはばむ障害としか見えないものの価値を明らかにするという見解を受け入れることである、とする理論の拒絶を導いた。こうした考えは、現実との妥協を排し、その後のロマン主義形態においては、人間の理想には無縁の盲目的自然の力にたいする絶えざる闘いを――それは時々悲劇的敗北に終ったが――、さらにはまた、集積された権威と伝統の重圧――これは、無批判な過去の大きな悪夢で、抑圧的な現制度の中に具体化されている――にたいする絶えざる闘いを支援した。かくて、ブレイクが、ニュートンとロックを最大の敵として弾劾する所以は、彼らが、自由な人間精神を、窮屈な知性の機械の中に閉じこめようとしたと、彼が考えるからである。「駒鳥はかごの中ではばたき、すべて神のなすままに」と彼が言う時、かごとはニュートンの物理学にほかならず、それは、自由な人間精神による自由で自発的な生活から、生命を奪ってしまうというのである。「芸術は生命の木だ……科学は死の木だ」。ロックやニュートン、フランスの合理主義者たち、用心深く実際的なお偉方の支配、およびピットの警察は、彼にとってはみな同じ悪夢の一部なのである。シラーの初期の戯曲『群盗』(一七八一年)の中にも、この種のものがある。この中の悲劇の主人公、カール・ムーアの激しい反抗——これは失敗に終り、彼は罪を犯して死ぬが——は、単なる知識や人間性や社会条件およびその他をよりよく理解することによって避けうるようなものではない。知識だけでは十分でないのである。啓蒙主義の言う、われわれは人間の真の必要を発見できるし、人間の最高かつ永久的満足を保証する技術手段や行為基準を用意することもできる、という教義、そしてまた、このことが知恵と徳と幸福に通じることだ、とする教義は、カール・ムーアの誇り高き、熱情的な精神とは両立しない。この精神は、彼の環境についての種々な説を拒絶する。だから漸進的改革主義者や前世代のいわゆる啓蒙家 *Aufklärung* が唱導した合理的組織にたいする信仰によって、なだめられるものではないであろう。「鷲の飛ぶように早く飛べたはずのものを、法律は、かたつむりののろさにねじ曲げてしまった」。人間性はすでに、原理的に自然世界とは調和しえないものと考えられている。シラーにとっては、ある種の宿命的なルソー的亀裂が自然と精神の間においてすでに生じ、人間性は傷を負い、芸術はその傷の手当をしようと試みるが、それも完全には治らないと知っての上なのである。

ハーマンから深く影響をうけた神秘主義的形而上学者のヤコービは、心の要求と知性とを和解させることができない。「光はわが心の中にある。それをわが知性に運ぼうとするやいなや、それは消え失せてしまう」。彼によれば、スピノザは、世界を合理的に考察したプラトン以来の大学者であった。しかしヤコービにとってこのことは、この世における死である。それは、知性という冷やかな世界においては住む家を持たず、ただ超越的神への信仰に身をゆだねてのみ救われる心の、切なる問いには答えていない。

シェリングは、世界を根元的で、非合理的な力の自己発展と考え、それは、詩人や哲学者や神学者や政治家のような、豊かな想像力をもったひとびとの直観力によってのみ把握できるとした哲学者すべての中で、恐らく最も雄弁な哲学者であった。生ける有機体である自然は、そのような天才的な人々から出された問題に答え、他方、自然の方から出される問題には、こういう天才たちが答える。両者は相呼応する関係にあるからである。芸術家のものであれ、予言者あるいは思想家のものであれ、想像力に富む洞察だけが、未来の輪郭をさとるにいたる。それは、自然科学者や政治屋やその他現世的な経験主義者の、単なる打算的知性や分析力では、まったく知ることのできないものである。理性とか理解とか根元的想像力とか、いろんな名前で通用しているが、いずれにしても啓蒙主義の批判的分析的知性とは異なる、特異かつ直観的、精神的な能力にたいする上述のような信仰、それと、収集、分類、実験、要素分解、類似、定義、推論、蓋然性というようにいわれる分析力ないし方法との対比は、以後、フィヒテ、ヘーゲル、ワーズワース、コールリッジ、ゲーテ、カーライル、ショーペンハウアー、その他一九世紀の反合理主義者たちにとって――それはベルグソンと現代反実証主義学派において最高潮にたっするが――当り前すぎる事柄となる。

これはまた、ロマン主義の大河を流れるあの奔流の源泉でもある。すなわち、ロマン主義は、ありとあらゆる人間活動を一種の個性的自己表現と考え、芸術あるいはあらゆる創造的行為とは、個人的ないし集団的、意識的ないし無意識の、固有の人格性をば、事柄や環境に刻印し、そのことによって、所与としてではなく、まさにその創造の過程で生みだされる価値を、実現していくことだと考える。理論的にも実践的にも、啓蒙主義の中心理論を否定する根拠は、ここにある。啓蒙主義によれば、人間が生き、行為し、創造する場合に準拠すべき規則は、自然そのものによってあらかじめ定められ、指示されているのだからである。例えば、J・レイノルズにとって、「偉大な形式」とは、乱雑な通常の経験を越えた永遠の形式、原型にたいする芸術家の洞察を実現したものである。それは彼の天才によって、それと確められる形式であり、彼は、彼に出来るあらゆる技術を駆使して、画布なり、大理石なり、青銅なりにそれを再現しようと努力するのである。フランスの古典主義に反撥するドイツ的伝統にもとづく人々にとっては、理想型を模写したり、真似たりするたぐいのものは、真の創造ではない。創造とは、手段の創造でもあり、目的の創造でもある。また、価値の具体化であると同時に、価値の創造でもあるのである。私が、色や音の中に移しかえようとする理念は、私によって生みだされるのであって、それは私だけに固有のものであり、これまであったどれとも違うし、これからも違うであろうし、なかんずく、共通共有で、合理的であるが故に普遍的な理想を実現しようとしている他の者と私に共通のものでもないのである。芸術作品(ないし人間のわざになる他の作品)は、客観的自然の命じる規則にしたがって創造され、それゆえ、すべての当事者を拘束するという、ボァローやアベ・バトゥーが教えたような考えは、全面的に in toto 否認される。規則は多少は助けになるかもしれない。しかし、天才の僅かなきらめきでも、それは規則を破り、自分固有の作品を創造する。創造性に欠ける職人の場合は、自分のものはおろか、せいぜい天才のものを真似るだけである。私が芸術家であるか、哲学者であるか、政治家であるかは別として、私は、私のなすがままに創造する。それは、私の実現したい目標が、客観的に美しかったり、真実であったり、有徳のものであったり、世論の賛成するものであったり、大多数の者や伝統の求めるものであったりするという理由からではなく、それが私自身のものであるという理由からである。

この創造的自我が何であるかは、理論によって異なる。ある理論では、それを、丁度焔が中心に向って大きな火柱をあげるように、有限な人間がその渇望の対象とする宇宙精神、神の原理と同一の超越的実体と見る。またある理論では、それを、例えばバイロンやユーゴーや他の戦闘的なロマン主義作家や画家のように、彼ら自身の個としての、有限で、血肉をもった人間の自我と同じと見る。さらにある理論では、それを、国民、教会、文化、階級、歴史それ自体などの超人格的「有機体」と同じに考え、自分たちは、その有機体の構成要素ないし構成員だと考えた。自分たちこの世の存在は、このような巨大な力の表出だと考えるのである。階級利益や文化や人種や進歩の力と同一化された攻撃的ナショナリズム——それは、もし利己的な利益の計算、もしくは、他の世俗的動機からなされたなら、忌み嫌われ、さげすまれたかも知れない行為を、未来を目指す歴史のダイナミズムのうねりによって説明し、正当化もする何かあるものと見られている——、この政治的および道徳的思想の一族は、非常に多種多様の表現形態をもった自己実現理論であるが、その基礎は、啓蒙主義の中心命題、すなわち、真理、正義、善、美は、誰にでも使用でき、また確められる客観的な発見方法や解釈方法を正しく適用することによって、すべての人に妥当であることを示せるという、中心命題を真向から拒否したことにある。この態度は、その完全なロマン主義的装いにおいては、あの合理的で経験的な方法の核心、すなわち、デカルトやガリレオが創始し、疑念や限定があったにもかかわらず、モンテスキューあるいはヒューム、ルソー、カントのような鋭い異端者すら完全に、そして断固として容認した核心にたいする、公然たる宣戦布告である。古典主義にたいする真に強烈な反対者にとって、価値とは、見出されるのではなくして、作られるのであり、発見されるのではなくして創造されるのである。価値は、それが私のものあるいはわれわれのものであるから、実現されるはずなのである。この真の自我なるものの性格が、あれこれの形而上学的理論によって、どのように説明されるかは別として。

ドイツ・ロマン主義の最も極端な思想家であるノヴァーリスあるいはティークは、世界を、何であれ最も適切な方法によれば、学んだり叙述したりすることのできるひとつの構築物とは考えず、休止状態では全く同一である精神と自然の絶えざる活動体と考えた。天才とは、この不断の上昇運動を一番強く自覚しているひとのことである。だから彼は、精神の活力を前進させる促進的活動を、最も意味深く、具体的に表現するのである。一方、シェリングやコールリッジのような思想家は、この活動を、絶えず自己完成に向って運動しつづける世界精神についての、漸進的な自己意識の成長ととらえる。また別の思想家は、この世界過程には到達点がなく、それは無目的で無意味な運動であると考える。そして、人間はこの荒涼として絶望に帰する真理を直視できないがために、彼岸での報奨を約束する宗教という形態において、あるいは、この世での存在の目的および、人間の行為やその可能性や義務の目的を、共に合理的に正当化できると主張する形而上学的体系という形態において、あるいは、事実、無目的で無情な事実だが、全く無意味で無形の流転にすぎないこの過程に意味をあたえるかのように見える仕事を行う科学的体系という形態において、幻滅を和らげようと工夫し、よってこの真理を背後にかくしてしまおうとするのだと考える。この理論は、ショーペンハウアーによって、いっそう精密なものとなったが、多くの現代の実存主義や、芸術・思想における不条理の追求の根底に存在しているし、シュティルナーやニーチェ(彼の気分のある部分においてや、キールケゴール(ハーマンの最も優秀な弟子)や現代の非合理主義者たちによって、最後には極端な利己主義的アナーキズムにまで行きついた思想の根底にも同じく存在している。

啓蒙主義の中心原理——普遍性、客観性、合理性、あらゆる真の生活ないし思想の問題に恒久的解決を用意する可能性、そして(同じく重要だが)、適当な観察力と論理的思考力を備えた思想家なら、誰でも合理的な方法が使えること——にたいする否認は、さまざまな形態で生じた。それは、保守主義的であったり、自由主義的であったり、また反革命的であったり、革命的であったりした。そして、それらによって、体系的な秩序は攻撃を受けることになった。例えば、A・ミュラーあるいはF・シュレーゲルのようなひとびと、またある意味では、コールリッジやコベット——彼らには、フランス革命やナポレオン体制の原理は、自由な人間的自己表現にたいする最も致命的な障害のように思われた——、これらのひとびとの場合は、保守主義ないし反動的な非合理主義の形態をとり、時には、科学以前の信仰の時代のような、ある過去の黄金時代を回顧の念をもって振り返ったり(間断なく常に、また一貫してというわけではないが)、産業主義や新しい権力や権威の階層制による生活の近代化と機械化にたいする、教会や貴族の反抗を支援する傾向をもった。伝統的な権威の勢力や階層組織の方を最も抑圧的な社会勢力とみなしたひとびと——例えば、バイロンやジョルジュ・サンド、あるいはロマン主義者と呼ばれうる限りでのシェリーやブーフナー——は、ロマン主義革命の「左翼」を形成した。他のひとびとは、原則として公的生活を嫌い、内的精神の培養に専念した。いずれにせよ、これらすべてにおいて、合理的科学的方法の適用によって生活を組織化すること、どんな形態にせよ、功利的な目的や、組織された幸福のために、人間を統制したり動員したりすることは、俗物であり敵であると見なされた。

啓蒙主義全体に共通するものは、キリスト教の中心理論である原罪の観念の否定であり、その信ずるところは、それに代って、人間は生来無垢もしくは善であること、あるいは道徳的には無色で、教育や環境によってどうでも変ること、あるいは、いくら悪くても、大いに欠陥はあるが、それも良い環境の中で合理的な教育をしたり、例えば、ルソーの主張のように、社会を革命的に再組織すれば、根本的かつ無限の改善が可能であること、これである。ルソーの『エミール』が、物質主義や功利主義や無神論を攻撃したにもかかわらず、教会がこの本を徹底してきびしく弾劾した理由は、まさにこの本が原罪を否定したことにある。ド・メストルやボナールやシャトブリアンなど、世紀の変り目におけるフランスの反革命主義者たちが、啓蒙主義全体を徹底的に攻撃した際に用いた最も鋭い武器も、やはりこのパウロおよびアウグスチヌスの教義である。

啓蒙主義にたいする闘いのなかで、最も暗い反動的形態のひとつ――それは最も興味深く、また影響力のあったもののひとつでもあるが――は、ド・メストルとその弟子や仲間の理論の中に見出される。彼らは、一九世紀初期のヨーロッパにおける反革命の先鋒をつとめた。ド・メストルの主張によれば、啓蒙主義は、最も愚かで、有害な社会思想のひとつであった。人間は、生来、博愛や協力や平和に向う傾向をもつ、あるいは、ともかくも適当な教育なり立法なりによって、そういう方向に育成できるという考えは、彼にとっては、浅薄で間違った考えである。ヒュームやドルバックやエルヴェシウスのいう、慈愛に満ちた「自然の女神」は、馬鹿げた絵空事である。自然を理解するための最も頼りがいのある案内人は、歴史と動物学である。これらの示すところによれば、自然は絶えざる殺戮の場である。人間は、生来、攻撃的で破壊的である。彼らは、些細な事にも牙をむく。例えば、一八世紀中葉のグレゴリオ暦への改革や、ロシア貴族のあごひげをそるよう命じたピョートル大帝の決定は、激しい抵抗にあい、時には物騒な反乱まで引き起した。しかし、そういう人間が、戦場に送られ、敵味方とも何のためか分らないままに、自分と同じ無実の人間を殺しに行くとなると、彼らは、素直に死に甘んじ、抵抗したためしはまずない。破壊的本能に目覚めると、人間は狂喜し、充実感をもつ。啓蒙主義の教えるように、人間は、相互協力と平和な幸福のために共に手をたずさえたりはしない。歴史の明らかに示すところでは、人間は、共にいけにえとなって祭壇にのせられた時に一番固く結合する。これは、自分自身や他人を犠牲にする欲望が、少なくとも、平和的あるいは建設的衝動と負けず劣らずに強いからである。ド・メストルの理解する人間は、性悪で自己破壊的動物であり、矛盾した傾向に満ちていた。人間は、自分の要求が何であるかを知らず、欲しないものを要求し、欲するものを要求しない。だから、彼らが生き残れて、救われる希望があるのは、ある種の権威のあるエリート――教会、国家など、その決定に不服申立のできない団体――によって常に支配され、厳しい統制下におかれている場合だけである。合理的思考とか分析とか批判とかは、社会組織の基礎をゆるがせ破壊してしまう。もし権威の源泉が合理的であると宣言されれば、それは疑問や疑惑を招く。しかも、疑問とされれば、徹底的に解明されることになる。その権威は、達者な詭弁学者によって掘りくずされ、このことがカオスの勢いに力をつける。柔弱でおうようだったルイ一六世治下のフランスがそうであった。もし国家が、絶えずこれを破壊しようと狙っている愚か者や悪党どもを退治して生き残っていくべきならば、権威の源泉は、絶対に恐るべきものでなければならず、少しでもこれに疑問をもとうとする試みがあれば、直ちに恐るべき制裁が下されるということでなければならない。こうしてはじめて、ひとびとは権威に服従することを学ぶであろう。権威――ひとを畏怖させる力――にもとづく確固たる階層制がなければ、人間のもつ救いがたい破壊的本能が、カオスと殺し合いをもたらすにいたるであろう。最高権力、特に教会は、絶対に理性的な言葉で説明したり、正当化したりしてはならない。一人の人間が証明できることは、他の人間がこれを拒否できるからである。理性は、激情という荒れ狂う海に対する最も弱い防壁でしかない。そんなあぶなっかしい土台の上に、恒久的な建物は絶対に建てられない。非合理的なものの方が、障害であるどころか、歴史的にいって、平和と安全と強大に通じ、社会に不可欠なのである。いち早く崩壊するのは、合理的制度——共和政、選挙君主政、民主政、開明的な自由愛の原理にもとづく自発的結社——の方であり、永続するのは、権威をもった教会、世襲君主政や貴族政、極めて非合理的な家族制度のような、終身結婚にもとづいた伝統的な生活様式の方である。

「哲学者《フィロゾーフ》」たちは、既存の言語のもつ非合理的なくせや、特異ななまりや言い廻しではなく、不規則で風変りでない普遍言語を発明し、それによって伝達交流を合理化しようと提案した。もし彼らが成功したら、ことは悲惨なことになっていたであろう。というのは、半ば自覚的で半ば記憶された集団的経験の巨大な財産を吸収し、秘匿し、内部に包み込んでいるものこそ、まさに国民に属する言語の、それぞれの歴史的発展であるからである。いわゆる迷信や偏見とは、まさに習俗の外被であって、それが残ってきたこと自体が、長い間の破壊と変遷にたいする防壁であったことを示しているのである。それをこわすことは、ひとびとの国民としての存在や、その精神、習慣、記憶、あるいは今日あるように彼らを育成してきた信仰を保護する防壁をこわすことである。急進的批評家が宣伝した人間の本性という概念、彼らのカードの家全体がその上に建てられているその概念は、子供の夢である。ルソーは、自由に生れた人間が、それにもかかわらず、いたる所、鉄鎖につながれているのは何故か、と問いかける。同じように、肉食性に生れた羊が、それにもかかわらず、いたる所で、草をはんでいるのは何故かと問うこともできるではないかと、ド・メストルは言う。人間は、自由にも平和にも生れついていない。彼らがもっているそうした自由や平和は、賢明で権威のある政府が、破壊的で批判的な知性や、それのもつ社会解体力を抑制してきた結果、獲得されるにいたったものである。科学者、知識人、法曹家、新聞記者、民主主義者、ヤンセン主義者、新教徒、ユダヤ人、無神論者、これらの者は、社会の中心にたえず穴をあけ続ける、いっときの油断もならない敵である。歴史上、最もすぐれた統治は、ローマ人のそれであった。ローマ人は賢明であったから、自らは科学者にならなかった。その代りとして彼らは、利口だが移り気で、政治的能力のないギリシャ人を雇ったのであった。開明的な知性ではなく、暗い本能が人間と社会を支配する。このことを理解し、庶民をかならず過度に批判的で不満分子にする行きすぎた教育を彼らにほどこさないエリートだけが、この世で人間が望みうる程度の幸福と正義と自由を、彼らにあたえることができる。しかし、すべての背後には、力、すなわち強制権力の可能性が潜んでいなければならない。

ド・メストルは、印象的な比喩を使って、あらゆる社会秩序は、結局は一人の男、死刑執行人に依拠しているという。誰もこの、見るも恐ろしい男とつきあいたいとは思わない。しかし、人間が弱く、罪深く、自身の情念を抑制できず、よこしまな誘惑や馬鹿げた夢によって常にそそのかされ破滅にいたる限り、あらゆる秩序、平和、社会は、この男にかかっている。理性は、十分に教育力があり、情念を抑えることができるとする考えは、こっけい至極である。真空の場所がある時は、そこへ力がうむを言わさず押し入る。血に染まった極悪人ロベスピエールでさえ、彼は、正しい信仰から離れたフランスを懲らしめるために神が下された天罰であり、自由主義的なまぬけ者や無骨者よりはもっと賞讃さるべきである。何故なら彼は、フランス全体を維持し、敵を撃退し、血と情熱に酔ってフランスを守った軍隊を創設したからである。ルイ一六世は、当時の利口な学者を無視し、異教を弾圧し、そして栄光につつまれ、ベッドで死んだ。ルイ一六世は、毒の入ったヴォルテールの泉の水を飲んだ破壊的な観念論者と愛想よくつき合い、そして断頭台で死んだ。抑圧、検閲、絶対的主権、控訴を許さぬ裁判、これらが人間を統治する唯一の方法である。そして、ド・メストルの描くそれら人間は、半人半獣のケンタウルス的怪物で、神を求めると同時に神と闘い、愛と創造を希求しながら、同時に、自分自身の盲目的な破壊本能の犠牲となる危険を常に持つ存在であり、力と伝統的権威と、とりわけ、理性では触れもしえない、歴史的に神聖である制度の中に具体化された信仰との、これらの結合によって抑制維持される存在であった。民族と人種が真の実在である。憲法屋どもによって人為的に制作されたものは、必らず破滅する運命にある。「民族は個人と同じく、生れかつ死ぬ。……民族は共通の魂をもつ。それは言語においてとくに分る」と、ド・メストルは言う。そして、民族は個体であるから、「ひとつの人種」のままで存在するよう努力しなければならない。だから、ド・メストルの最も近い知的同盟者であったボナールも、フランス国民が、その民族的純潔の理想をすて、その結果、弱小となったことをくやしがっている。フランス人が、フランク族の後裔なのか、それともゴール族の後裔なのかという問題、フランスの諸制度の起源が、ローマ民族に発するのか、ゲルマン民族に発するのかという問題――これは、そのことが現在の生活様式の是非を左右する意味をもっていた――は、一六、一七世紀、および一八世紀初期の政治論争に端を発しているが、今や、あらゆる形のとりとめない推論を超越し、またそれに反対する論拠となる、神秘的な有機体論の色合いをおびている。ド・メストルにとっては、自然的成長だけが真のものである。時間だけが、歴史だけが、ひとの敬い服従する権威をつくる。個人的な人間の手になる単なる軍事独裁は、精神的権力をもたない暴力にすぎない。彼はそれを「バトノクラシー *bâtonocratie*」と呼び、ナポレオンの最後を予言している。同じ口調で、ボナールも、それが社会理論としてなのか歴史現象を分析する知的方法としてなのかは別として、個人主義を非難した。人間の制作になるものは、神によって定められた制度――それは人間の存在そのもの、言語、家族、信仰を貫いている――に比べれば、あてにならない不安定なものであると彼は断じた。それらは誰によって作られたのか。子供が生まれる時、そこにはいつも父母や家族や神がある。これが真実で恒久的なすべてのものの基礎であり、契約や約束や効用や財物と一緒に商人の世界から取りだして人間が整理したものとは違う。反抗的な知識人の傲慢な自信によって鼓舞された自由主義的個人主義は、強い者、早い者が勝ち、弱い者が負けるブルジョワ社会の非人間的な競争を招く。教会だけが次のような社会、すなわち社会全体が進歩し、弱者やつつましやかな者も共に目標に到達できるよう、能力のある者の方は我慢をしているような社会を組織することができる。

これら陰うつな理論は、フランスにおける王党派の政治に勇気をあたえ、さらに、ロマン的英雄主義の思想に加うるに、創造的個人および国民と、平凡なそれらとの、また歴史的個人および国民と、非歴史的なそれらとの鋭い対照とが一緒になって、ナショナリズムおよび帝国主義、そして遂には、その最も極端で病理的な形態である、二〇世紀におけるファシズムおよび全体主義理論に当然影響を及ぼした。

フランス革命が、その掲げた目的の大部分を実現することに失敗したことが、運動および体系としてのフランス啓蒙主義の終焉を示す。その後継者およびその反対運動、すなわち、ある程度、啓蒙主義が逆の意味で刺戟をあたえ影響を及ぼした、政治的ないし審美的な、暴力的ないし平和的な、個人主義的ないし集団主義的な、無政府主義的ないし全体主義的な、ロマン的非合理的信条と運動、およびその影響についての問題は、別にひもとくべき歴史の頁に属する。

〔三辺博之訳〕

ヴィーコの知識概念

ヴィーコの著作に幾らかでも親しんだ者なら誰でも知っているとおり、ヴィーコは、真理(*verum*)と確実性(*certum*)との間に根本的な区別をおいた。真理《ウエールム》とは演繹的《アプリオリ》な真理であり、例えば、各段階において厳密な論証がなされる数学的推論の中で得られるものである。そのような演繹的知識は、認識者自身が創り出した対象にのみ及びうる。このことは、数学的知識についていえば、まさに人間自身が数学を創り出したのであるが故に、明らかに正しい。数学とは、デカルトが想定したように、実在的世界の永遠にしてもっとも普遍的な特徴をなす何らかの客観的構造を発見することではなく、むしろ創造である。すなわち、人間が自らそれを作り出したのであるが故にのみ、人間が論理的に保証することのできるような、また、人間自身の創造的知性の案出物であるが故にのみ論駁不能な、象徴体系を創造することなのである。ヴィーコはいう——「われわれが幾何学を証明できるのは、われわれがそれを作り出したからである。もしわれわれが自然学の諸命題を論証しうるとすれば、われわれは自然を作っていなければならないであろう。(1)」彼は更に一年後、一七一〇年にはこう書いている——「真理の規準にして準則となるのは、その真理を作り出したかどうかということである。(2)」「われわれが作っていなければならないであろう(*faceremus*)」という要請は、しかし、実現可能ではない。人間は自然的世界を作り出すことはできない。「われわれは自然学をその原因から論証することはできない。何故ならば、自然を構成する諸元素はわれわれの外に存在するものであるから。(3)」ただ神のみがこれらの元素(*elementa*)を認識することができる。何故なら、神がそれら全てを創造したのであるから。このような元素のうちには、ゼノンのいうような「形而上学的な点(4)」も含まれる。それらの「点」の属性は傾向力(*conatus*)であり、それが運動性(*motus*)と一緒になって世界を廻転させ、こうして、「火は燃え、植物は育ち、獣は野に戯れる(5)」のである。この過程のいずれもわれわれには完全には見通せるものではない。何故ならわれわれはそれを作ってはいないからである。そして、それは、われわれによって作られた事象(*factum*)でないが故に、われわれにとって真理(*verum*)ではない。ここまでのことは明らかである。一方に上述のような自然的諸力があり、他方に知性や想像力による人間的活動があって、この両者の間には連続性がないと考えられているわけである。他の思想家たち、ヘルダー、シェリング、〔近代における多様なタイプの〕〔訳注1〕自然哲学者やロマン派の人たちはそこに連続性があると信じた。そして、彼らは恐らく、彼ら以前の思想家たちの幾人かをも自分たちの父祖として数え入れた――ルネサンス期の自然学者や神秘主義者たちがそうであり、また、ギリシャに遡り、かつ現代の神学者や形而上学者にまで及ぶひとつの伝統が彼らと同じ流れのうちにある。しかし、これはヴィーコが信じたことではない。彼は、多少の程度はあれ見通し困難な自然過程と、われわれ自身が「創造している」ところの人間的な意欲、思想、形象、その他の表現形態とを同一視するどころか、反対に、両者を鋭く区別した。

われわれは自然過程を原因を通じて(*per caussas*)知るわけではない。何故なら、われわれはこれらの原因の働きの中に入り込んでいないのであるから。それ故、われわれにとって、自然過程なるものは真理《ウエールム》の形ではなく、確実性《ケルトウム》の形をとっている。それについて、われわれは(プラトン的な)真知(*scienza*)でなく、ただ意識(*coscienza*)をもつに過ぎない。これはヴィーコにおける二元論である。すなわち、それは、形而上学の構図をデカルトの身心二元論とは違った方向において二分するものである。実際、ヴィーコの思想は、プラトンおよびキリスト教的な霊魂・物質の分離観に明らかに多くを負っていることによって、これらの思想にも劣らぬ程鋭く二元論に貫かれているのである。

では、数学を別にして、他の何がこの大きな二分法の真知《シエンツア》＝真理《ウエールム》側に属することになるのか? 初期ルネサンスの思想家たち——マネッティ〔ジアノッツオ、一三九六—一四五九〕、ピコ〔デラ・ミランドーラ、一四六三—九四〕、カムパネッラ〔トマソ、一五六八—一六三九〕——が語ったこと、われわれ自身が作り出した全てのもの、すなわち、建物、町、都市、絵画、彫像、技術と科学、言語、文芸等、全てはわれわれ自身のものである、とマネッティは一四五二年に書いている。(6) また、ピコ、ブウエル〔シャルル・ド、一四七〇—一五五三〕、フィツィーノ〔マルシリオ、一四三三—九九〕らは、人間の自律性について語った。ヴィーコはこれらの人々の考え方を反映させつつ、次のように述べている——「神は自然の制作者であるが、他方、〔人間の〕精神は、そのようにいうことが許されるとすれば、技術の神である。(7)」これが大体一七〇九—一〇年頃、『現代における教育研究の方法』や『イタリア最古の知恵』を公けにした時期のヴィーコの立場である。彼は彼自身の出発点であったデカルト主義の呪縛を断ち切ったのである。デカルトは、幾何学的方法をそれには不適切な領域、例えば詩学や修辞学にまで適用するよう勧めていたということで、厳しく咎められている。演繹的方法を知識への唯一の経路として強調するデカルト的立場のもつ教育への偏狭な影響も非難の的となっている。そのような立場は、精神発展上の他の多様な能力や方法、とくに想像力を抑圧する一種の教育的専制主義であるとして告発されるのである。ニコリーニ〔注(7)で指示されている書物の編者〕は、ヴィーコがとくにデカルトの『方法叙説』に反対の立場をとり、その狂信的な〔方法的〕一元主義、また、とくにスコラ学や人文学に対する軽蔑的態度に反感をもっていたことを指摘しているが、これはまったく正しい。しかし、この段階では、数学は、ヴィーコによってもなお、「そこにおいて真なるものと作られたるものとが一致しているが故に、神的な学問ともいうべきもの」[8]であると性格づけられている。知識には二つのタイプがある。真知《シエンツア》、原因を通じての知識、それは完全な真理を与えうるものであり、その真理とは、ひとが自ら作ったものについてのみ有することのできるような真理なのである。それは、例えば、論理学、数学、詩学などによって作り上げられるもののもつ真理である。他方、意識《コシエンツア》の方は外的世界――自然、人間、事物、運動性《モートウス》、傾向力《コナートウス》等々を「外側から」観察する人々のもつ知識である。ここでヴィーコは疑いもなく、ベーコンおよびホッブズ、実験主義――これは、われわれが実験室内において人為的にある程度まで再生することのできる対象および過程について、それらを理解する可能性を認める立場である――、そして恐らくまた、一七世紀のナポリ派経験主義者たち〔訳注2〕の影響を受けている。これらは全て、十分新しいものであった。これに対し、彼のもっとも大胆な寄与であるもの、「文献学」の概念、人類学的歴史主義、精神の発展史を内容とする精神科学が成り立ちうるという考え方、観念は展開する、そして、知識とは、プラトン的な意味にせよ、デカルト的な意味にせよ、永遠、普遍、明晰な諸真理の静態的な網状組織ではなく、社会過程であり、この過程は、言葉、身振り、絵画、およびそれらの変容する様式、機能、構造、用法などから成る諸シンボルの展開を通じて辿っていくことができる（また実際、ある意味においてこの展開それ自体と同一であるということができる）という考え方、思想史における最大の発見のひとつというべきこの思考様式に大変化をもたらす構想は、なお将来のことに属していた。デカルトは『真理の探究 *La Recherche de la vérité*』における悪名高い一節で次のように述べていた――ひとは「ギリシャ語やラテン語をスイス語や低ブルトン語以上に必要とはしないし、また〔神聖〕ローマ帝国の歴史をヨーロッパの小国の歴史以上に知っている必要もない。(9)」彼はまた、『方法叙説』において、歴史家たちの当てにならない誇張癖について、それは表面的な知見で精神に重荷をかけるだけのものだと歎いている。こうした点について、ヴィーコもここまでのところ言うべき何ものももっていなかった。一七〇九年に彼はなお、古典学者が発見しようとせめても希望できる全ては「キケロの女奴隷」に知られていたことを越えない、としたデカルトの愚弄の言葉を受けいれていた。歴史は物理学以上に高く評価されない。確実性＝意識の研究は、真知あるいは幾何学的方法が侵害してはならないそれ自身の領域をもつものとして実際認められている。しかし、それは下位の分科の学問なのである。

疑いもなくヴィーコはルクレティウス、そして特に、人間の起源を動物であるとする彼の考え方に深く影響されていた。また、ベーコンからは、人間の進歩にとって神話および想像力が果す役割を強調する立場(これは「黄金文書」というべき『学問の進歩』で展開されているところである)、(10)ホッブズからは、自然の模倣――かつ、これによって自然への洞察の手段――となるものとしての実験についての考え方によってのみならず、更にまた、「政治哲学《シヴィル》」、すなわち政治科学は、「われわれが自ら国家《コモンウェルス》を作る」(11)、しかもそれを歴史的にではなく、合理的で熟慮に基くパターンとして、すなわち知性による制作品として作るのであるが故に、論証的性質の学問であり、かつ真理《ウエールム》の領域に属するとする考え方によって深く影響されていた。そして、タキトゥスは行為における個人の性格についての鋭い洞察によってヴィーコを大いに楽しませたが、それはマキァヴェッリにも満足を与えたものなのであった。しかし、これらの要素がひとつになったとしても、またそのいずれも、あらゆる社会を通じて累積された経験の意識化としての新しい哲学概念、その新しい綜合の中で生命をもつようになるためには、ヴィーコだけがその不朽性について究極的な権利を主張できるあの中心的な原理を欠くわけにはいかないのである。その原理に従えば、人間が自分自身を理解しうるのは、自分の過去を理解するのであるが故に、またそれを理解する過程においてのことである、とされるのであるが、換言すれば、それは、人間が自分のなしたこと、経験したこと、自分の希望、願望、恐怖、努力、また、行為と成果――それらが自分自身のものであれ、同胞たちのものであれ――を(アリストテレスの表現でいえば)想像力によって再構成しうるが故にである、ということを意味している。ひとりの人間の経験と彼の同胞たちの経験とは織り合わされている。彼自身と彼(および彼ら)の父祖の経験もまた一体となっているが、これらの父祖の遺した記念碑、慣習、法律、そして何よりもまず言葉は今日なお彼に語りかけている。実際、言葉が語りかけないとすれば、また彼がそれを理解しないとすれば、彼は現在の同胞たちの象徴《シンボル》をも、あるいは自分自身の象徴《シンボル》をすら理解しえないであろう。そして、社会を形成し、完全に人間的になるための意図や目的を抱懐したり、思考したり、伝達したりすることは不可能になるであろう。

ヴィーコの歴史主義について、また文明概念について(彼は、この文明観を最初に提起したのではなかったにせよ、それが歴史家および哲学者にとって等しくもつ全面的な重要性を最初に把握した人物であった)は十分多くの議論がなされているので、その際立った特質を改めて強調することは不必要であろう。もっとも、この特徴づけもそれほど容易な仕事ではないと思われる。ヴィーコは実際(ハイネがかつてベルリオーズについて言ったように)その天賦の才に相応しいだけの能力をもたなかったのである。余りに多くの新しい観念が同時に競い合いながら表出してくる。ヴィーコは余りに多くのことを語ろうと試みるが、そのため、彼の持ち出す概念は、しばしば、未熟で、未完成の素描にとどまっている。彼は、湧き上ってくる霊感の嵐の中で冷静な頭を保っていることができない。一度ならず彼はさまざまの混乱した観念の洪水の中で思いもかけぬ所に運び去られてしまうが、これは、デカルト、ライプニッツ、カント、そしてヘーゲルをも含めて、知的な構成・構築力をもつ偉大な思想家たちとは大いに異なる点である。ヴィーコの説明はしばしば熱中性の、そして時としては爆発的な力を発揮するが、だからといってそれが首尾一貫した説明になっているというわけではない。彼の批評家たちが早くから指摘していることであるが、彼の激情的な著作のうちには多くの曖昧さや矛盾が存在するのである。

どのような意味において人間はその歴史を「作る」のであるか、と問うて当然であろう[12]。意識的な努力、すなわち、自分にとっての世界の意味を説明し、世界のうちに自分を見出し、自分が必要とし、欲求するものを世界から獲得し、目的に対し手段を適用し、自分の構想を表現し、また、個人的にであれ集団的にであれ、自分が見、感じ、考えたことを叙述するための熟慮を伴ったさまざまな試み――理解、伝達、創造、これらのことが行為とか制作であるとして語られることができよう。しかし、ここには余りに多くのものが省略されている。無意識的な、また非合理的な「衝動」――これらは、もっとも発展し洗練された心理学的方法によっても露わにされるとは保証できないものである。われわれの行為の意図されない、また予見しえない結果――これらについて、われわれは、もし作るということが意図を含んでいるとすれば、「作った」といわれることはないのである。偶然の仕業。自然界全体――これとの相互作用のうちにわれわれは生活し、活動しているが、これは、前提としてわれわれ自身の手や精神によるものでないのであるから、われわれには見通すことのできないものとしてとどまる。こうしたものをわれわれが「作って」いない以上、それが有している如何なるものを、われわれは真理《ウエールム》として把握することができるであろうか？　このような混合物についての真知《シエンツア》はどこにありうるであろうか？　更に、変化していくさまざまな範疇と、範疇を具現している象徴諸形態との関係——粗暴なる野獣《グロシイ・ベスティオーン》の暗い洞穴から神的で、神話創造的で、かつ英雄的・叙事詩的・比喩創造的な文明への進行、また前者から人間的で散文使用的な民衆時代への進行(それが循環的に生ずるという事実はここでは重要でないが)——これらの変化する構想の諸形態に対して、創造、永遠法、永遠の理念史(*storia ideale eterna*)、そしてあらゆる文明がそれに従わねばならぬ「文明神学」の原則はどのような関係にあるのか? われわれ人間ではなく、神が過程と反復(*corsi e ricorsi*)の永続的な法則を作り給うたのであれば、われわれにそれらの法則を知ることがどうしてできるであろうか? どのような種類の先天的な直観が要求されているのか? ルネサンス時代の小宇宙‐大宇宙の併存関係は今なお当然有効だといえるであろうか? 種の発生——種族の歴史——は個体の発生、すなわち、われわれの知的感情的成長についてわれわれが有している個人的記憶から系譜づけられるということは、本当にそれほど確かであろうか? このような先天的歴史的現象学を保証するものは何であるのか? 如何なる資格において、われわれはそれを予知しうるのか? そして、この理念史における摂理の役割はどのようなものであるか? もし人間が自分の歴史を作るのだとすれば、摂理は、人間に、彼らがなすがままにそれを創り出すように「作為している」のではないか? もし摂理が人間の動物的な欲望、狂暴さ、悪徳を、社会的道徳的な秩序、安全、幸福、理性的組織のための手段に変えてしまっているとすれば、人間自身の動機、目的、選択によって果されている部分は一体どの程度のものであるのか? どのような意味において人間は、ヴィーコが主張するように、自由であるのか? そして、この古来の神学的難問に対する答えがどのようなものであろうと、如何にしてわれわれは、われわれの生活を形成しているものが実際に摂理なのであると知ることができるか？　ヴィーコの疑う余地なきキリスト教的信仰、カトリック正統主義と彼の人類学的・言語学的・歴史的自然主義との関係、また、彼の目的論と次のような信念——各段階の文明にそれ固有の意識形態が対応して存在し、それは必ずしも先行文明や後続文明より優れていたり劣っていたりするわけではないという信念との関係は、もしあるとすれば、どのようなものであろうか？　私は、多くの思想史家が今まで解決を与えていない、このような問題に対する解答が見出されるのかどうか知らない。恐らくヴィーコ自身もこれらの問題を解決するために十分なだけの手段をわれわれに遺さなかったといえる。それらの問題は、ドイツの歴史哲学の中で再び提起され、今日に至るまで、新しい形でわれわれを悩ませるものとなっている。それはともかくとして、私がヴィーコの業績であると主張したい点はもっと狭い。というのは、彼はそれまで明確に区別されていなかった種類の知的作用を解明したのであったが、その萌芽はやがて大きく育って、野心的で多産的な樹木となり、それには、ドイツ歴史主義でいう了解(*Verstehen*)——更に、感情移入的(*empathetic*)な洞察、直覚的共感、歴史的感情移入(*Einfühlung*)などの名称が与えられるようになっているからである。それにもかかわらず、ヴィーコの指摘は、その端初的な単純な形態においてさえ、第一級の発見であった。

ひとは自らが作ったもののみを十分に知ることができる、という中世以来の古い格率を数学、神話学、象徴体系、言語などの領域に適用するということは、それだけで十分、哲学的洞察力の証明であり、また、現代の新しい言語理論の哲学的探求や文化人類学の中で新しいそして思いもかけない光を投げかけられている革命的前進の一階梯であった。しかし、ヴィーコのなしたことはそれ以上に及ぶ。彼は、あらゆる人文学にとって基本となる「知る」ということのひとつの意味を明らかにした。それは、貧乏である、主義のために闘う、ある民族に属する、ある教会や党派に参加したり、そこから離脱したりする、郷愁を、恐怖を、神の遍在を感ずる、身振りを、芸術作品を、冗談を、ある人の性格を理解する、人間が変った、あるいは彼は自分に嘘をついているということを理解する、などがどのようなことであるかを私が知っているという場合の意味である。どのようにしてひとはこれらのことを知るのであろうか？　第一に、疑いもなく、個人的な体験によって。第二に、他人の経験も自分自身のそれのうちに十分織り込まれていて、不断の密接な交流の中で半ば直接的に把握することができるようになっているから。第三に、想像力の作用(時にはその意識的な活用)によって。もしひとが自分の宗教的信仰を失うとはどのようなことであるか知っている——それはどのような仕方で自分の世界の形態を変えることになるか知っている、と主張するとすれば、彼の主張は確かかもしれないし、確かでないかもしれない。彼が嘘をついていることも、思い違いをしていることも、自分の経験を捉え損なっていることもあり得るであろう。しかし、彼がこのようなことを知っていると主張する意味は、私が次のようなこと——この木はあの木よりも大きい、カエサルは三月一五日に暗殺された、一七は素数である、「朱色」は限定されえない、チェスのキングは一度に一こましか進めない、などのことを知っているという場合の意味とは異なるのである。

言葉を変えれば、前者は「ということを知る(*knowing that*)」という形式をとるものではないのである。またそれは、どのようにして自転車に乗るか、戦闘に勝つか、あるいは、火事の場合にはどうすべきか、あるいは、人の名前を知ること、詩を暗記すること、などと同じではない。すなわち、それは「如何にしてかを知る(*knowing how*)」という形式をとらない(ギルバート・ライル〔一九〇〇—七六〕の用法で)。では、それはどのような形をとることになるか?

それはその固有の種に属する。それは、記憶あるいは想像に基礎をおいた知る行為である。それは、それ自体に関連させてでなければ分析しえないし、また、上述したような例による以外示すことはできない。それは、何らかの活動に従事している者が単なる観察者に対して自分だけが所有しているのだと主張できるような種類の知る行為であり、観察の認識に対置させられた行為者の認識、何らかか「外部の」有利な地点から得られた知識に対する「内部からの」実情の認識、私の「内的」精神状態についての「直接的知見」による、あるいは高度の想像力によって得られる他人の精神状態に対する共感的洞察による認識、想像力や社会診断の働き、批評や学問や歴史の作品が、的を得ているか非現実的か、得ていない、巧妙か不出来か、成功か失敗かのレヴェルではなく、深遠か浅薄か、現実的か、敏感か鈍感か、生きているか死んでいるかのレヴェルで判定される時に問題となるような認識なのである。この能力がどのようなものであるか、それが、知覚能力をもつある生物から他の生物に出されたもっとも単純な情報の理解において、更にいえば、表現、批評といった適切な手段の創造において、なかんずく、過去、それも、年代記作者の糸につながれた珠数玉状の事実

(あるいは人文学上の分類学者や古物収集家によって同じように扱われた「観念」や議論や芸術作品)の集まりとしてではなく、可能なる世界、すなわち厳密にそうであったかどうかは別として、一定のもつべき種類の特質を有することのできた社会としての過去の再発見において果す役割はどのようであるか、このようなことを知る行為の本質は何かということがヴィーコの中心的な課題であった。過去は、(他によりよい表現がないため)想像的洞察と名づけることにするものによって甦えらされた人間の協同社会、可能なる世界のいわば可能なる住民たちの眼――すなわち思考、感情、想像の方法であり、範疇であるもの――を通じて見ることができる。ホメロス時代のギリシャ、十二表時代のローマ、人身御供によって与えられたフェニキアの植民地〔本書一一〇頁参照〕、あるいは、それほどかけ離れてもいず、また異邦的でもないが、研究者自身の文明のもっとも深いところに存する前提からすれば、なお判断中止を必要とするようなさまざまの文明の中で、考え、感じ、行動するとは「そのようなことであったに違いない」と考えられるまさにそのことを把握する能力(あるいは少なくとも把握することができるという主張)が存在しなければならない。ひとが、現実であれ夢であれ、自分の直接的な知覚の範囲の外にある何ものかの「内的」構造を何らかの程度理解することに取りかかろうという時には、右のような条件が成り立っていなければならないであろう。人文学の方法に対立するものとしての自然科学の方法に関する大論争についてどのような見解をとるにせよ、ここに述べたことは正しさを失わない。

この意味における「知る行為」――それは演繹的でも帰納的でもなく(仮説的演繹によるのでも

なく）、また外界の直接的知覚に基くのでもなく、真実性や斉合性をもともと主張することのない幻想でもない――が何であるかをはっきりさせたことがヴィーコの業績である。人間学への「新しい」アプローチのための彼の計画はこの上に成り立っている。彼の要求は途方のないことであるかもしれない。それほど明らかに誤りに陥り易く、そこからの発見物を正当とするためには経験的な研究を必要とするようなものを知識と名づけることは、間違いであるかもしれない。しかし、彼は、ある種の知覚の様態、すなわち、言葉、人間、見解、文化、過去を理解するというそのことのうちに含まれている何ものかを明らかにしたのである。

いつ彼はこのような考えを抱くに至ったのであろうか？　いつ彼は、デカルトの、またグロティウスおよびセルデン〔ジョン、一五八四―一六五四、イギリスの法学者〕（ヴィーコは彼を非常に深く尊敬していたのであるが）の非歴史的な、実際のところ反歴史的なアプローチに対する批判から自分自身の新しい歴史的方法概念にまで進んだのであろうか？　それは恐らく一七二〇年よりあまり前のことではないといえる。この年に彼は（『普遍法の原理』の第一部に当たる）『普遍法の単一の原理と目的について』[13]を著わして、真理《ウェールム》は作られたもの《＝ファクトゥム》という原理の人間史に対する最初の大胆な適用をなしたが、これはやがて[14]『新しい学』の最終決定版〔第三版〕の有名な一節の中で完全に定式化されることになるのである。この『新しい学』という書物は、「文献学」の発見物がどのようにして最終的に「哲学」と結合しうるかということ――神によってわれわれ人間に植えつけられ、神の摂理の助けをかりて発展する理性を通じて啓示される永遠の原理、確実性《ケルトゥム》から真理《ウェールム》への、すなわち、ヴィーコが全生涯を通じて霊感を引き出していた純粋なプラトン的宇宙像への道程を示すための努力の結晶なのである。ところで、一七二〇年以前にも、ヴィーコは、真理は作られたもの《ウェールム＝ファクトゥム》という思想の萌芽を抱いていた。われわれは、一七一〇年に出された『イタリア最古の知恵』の第二章に次のような一節を見出す——「役に立つ歴史家とは事柄の一般的叙述をなし、一般的条件に照らしてそれらを説明する者ではなく、細大もらさぬ描写をして、それぞれの出来事の個別的な原因を解明する者のことである。」[15] ここには疑いもなくベーコンの影響がある。しかし、歴史叙述における具体的なもの、独自的なものの強調は、一〇年後に現われてくるものを先取りしている。ライプニッツもまた、純粋に理性的論理的な方法による個別的実体の演繹的《ア・プリオリ》定義を理論づけようと試みた。しかし、それは、ヴィーコの場合と違って、哲学的に不毛な方法であることが明らかとなった。

ヴィーコの同時代、また彼の死後一〇〇年ばかりの間に、彼の本当の独自性を理解した者は誰もいなかった。彼の書物を実際に読んでいたごく僅かの人々さえそれを理解していたとはいえない。彼を熱烈に尊敬していた一八世紀のナポリやヴェニスの人々や、後年彼について極めて浅薄な評言をなした有名人たち——ゲーテ、ヤコビ、ガリアーニ〔フェルナンド、一七二八—八七〕、シャステリュクス〔フランソワ・ジャン、一七三四—八八〕、（彼らは同じような考えに達したといえるが）ハーマン及びヘルダー、ジョセフ・ド・メストルやバランシュ〔一七七六—一八四七〕、彼らは全てそうである。ミシュレ以前の誰も、ヴィーコが新しい思想の王国に通ずる窓を開いたという予感をもったとは思われない。ましてや、ヴィーコの極めて示唆には富むが、しばしば理解し難い諸観念の恐るべきもつれを解いてみようと努力した人ならば、二度と再び、彼らの出発した地点――デカルト、スピノザ、ヒューム、あるいはラッセル（あるいはカントさえ含めて）の喜ばしい簡明さと均整さに、ましてや実証的歴史家や歴史理論家のもつ同じような簡明さと均整さに立ち返ることなどできなくなるであろう、ということに思い至った者はいなかった。たとえその地点に立ち返ることがあるとしても、少なくとも、これらの哲学者や歴史家が精神とその力とについてもっている考え方、従って、人間とは何であるか、またどのようにして人間はその本当の姿を実現するに至るかということについて彼らがもっている考え方のうちに含まれている欠陥を絶えず鋭く意識することなしにはいられないであろう。ディルタイやマックス・ウェーバーが現われる日まで、過去の想像的再現に関するヴィーコの命題のもつ精神哲学および認識論に対する含意の本当の新しさが、ヴィーコ再興に与った人々のうちの何人かにとってさえ明らかになり始めることはなかったのである。

（1） *De nostri temporis studiorum ratione*（現代における教育研究の方法について）、1709, chapter 4. *Opere*, ed. Roberto Parenti (Napoli, 1972)――以下単に *Opere* として引用――vol. I, p. 83.

（2） *De antiquissima italorum sapientia*（イタリア最古の知恵について）、chapter 1, section 2. *Opere*, vol. I, p. 194.

（3） *Ibid.*, chapter 3, *Opere*, vol. I, p. 203.

（4） *Ibid.*, chapter 4, section 2: De punctis metaphysicis et conatibus（形而上学的な点および傾向力について）、*Opere*, vol. I, p. 205.〔なお、ここで挙げられているゼノンがエレア派の人物かストア派の人物か、ヴィーコ自身はっきりさせていない、とバーリンは別の書物で述べている。cf. I. Berlin, *Vico and Herder*, London, 1976, p. 119.（小池銈訳『ヴィーコとヘルダー』みすず書房、一九八一年、二三七頁）――訳者〕

（5） *Ibid.*, section 6. *Opere*, vol. I, p. 224.

（6） G. Manetti, *De dignitate et excellentia hominis*（人間の尊厳と卓越性について）――Giovanni Gentile, 'Il concetto dell'uomo nel rinacimento'（ルネサンスの人間概念）, in : *Giornale storica della litteratura italiana* 67 (1916), pp. 17-75. からの引用。この論文は更に, G. Gentile, *Giordano Bruno e il pensiero del rinascimento*（G・ブルーノとルネサンス思想）, Firenze, 1920 に再録されている。本文中に自由に引用した文章は同書の六六―六七（一七五―一七六）頁に見出される。

（7） *Le orazioni inaugurali, Il de Italorum sapientia e le polemiche*（開講演説集及び「イタリアの知恵」とそれをめぐる論争文） ed. G. Gentile & F. Nicolini, Bari, 1914, p. 8.

（8） *De antiquissima*……, chapter 1, section 2. *Opere*, vol. I, p. 194. Cf. *The New Science of Giambattista Vico*, trans. Th. G. Bergin & M. H. Fisch, revised ed.（以下, *NS.* として引用）New York, 1968, § 349.

（9） *Oeuvres de Descartes*, ed. Ch. Adam & P. Tannery (Paris, 1897–1913), vol. 10 (1908), p. 503.〔『デカルト選集』第四巻　創元社　昭和一四年（森有正訳「真理の探究」）三〇四頁〕

（10） *De nostri temporis, Opere*, vol. I, p. 75.

（11） Epistle Dedicatory to 'Six Lessons to the Savilian Professors of the Mathematics', in : *The English Works of Thomas Hobbes*, ed. Sir William Molesworth, vol. 7 (London, 1845), p. 184.

（12） マズリッシュ (Mazlish, Bruce) は下記の興味深いヴィーコ論でこれに関する難問の幾つかを定式化している――*The Riddle of History : The Great Speculators from Vico to Freud* (New York, 1906).

（13） *De uno universi iuris principio et fine uno*, Napoli, 1720.

（14） *Scienze nuova*, Napoli, 1744. ここでいう文章は三三一節にある。〔「自然界を創ったものは神であるから、その学をもちうるのはひとり神のみであるが、これに対して、諸民族の世界、すなわち文明社会を造ったものは人間なのだから、この『学』を究めることができるのは人間なのである。」――清水・米山訳『新しい学』中央公論社《世界の名著》、昭和五〇年、による。〕

（15） *De antiquissima, Opere*, vol. 1, p. 200.

〔訳注1〕 Cf. I. Berlin, *Vico and Herder*, p. 120.（小池銈訳『ヴィーコとヘルダー』二三八頁）

〔訳注2〕 Cf. I. Berlin, *op. cit.*, p. 118 f.（小池銈訳、前掲書二三四頁以下）

〔田中治男訳〕

ヴィーコと啓蒙の理想

私の主題——ヴィーコの思想と完全なる社会という観念との関係——はヴィーコ自身にとっては中心的な問題ではない。彼は、私の知る限りでは、公刊した著作のいずれにおいてもこの問題を取り扱ってはいない。しかし、私は、彼の中心的命題が、人間思想の歴史の中でもっとも一貫して現われてくる観念のひとつであるこの完全なる社会という観念と関連するが、むしろこれと両立不可能であることを明らかにしたいと思う。天才的著作家の特質のひとつとして次のようなことがある。すなわち、彼らの語ることが、他の時代や文化に属し、他の世界観をもつ人々——そしてこれらの人々が組み立てる思想、そこから引き出す諸帰結は彼らには生ずることもなく、また生ずることはありえず、いわんや彼らの精神を捉えることはないのであるが——の精神や感情の中枢神経に時として触れるということが起るのである。ヴィーコが太古の詩歌のもつ力や美を称賛するときにまさにこのようなことが起っているのである、と私には思われる。そして、芸術、文化、あるいは、現実社会の不完全さを較量する基準となる理想的社会の概念などにおける進歩の観念にとってこのような現象のもつ含意がここで問題となる。

完全なる社会の概念は、実際、古典古代の伝統やユダヤ教的キリスト教的伝統が支配的であるところであれば何処であっても、西欧思想の中でもっとも古くからあり、かつもっとも深く浸みわたっている要素のひとつである。それは黄金時代、エデンの園など、いろいろな形をとって現われてきた。そこで人間は無垢で、幸福で、有徳で、平和で、自由であり、あらゆるものが調和しており、悪徳も、誤謬も、暴力も、悲惨も考えられさえしなかった。また、そこでは、自然は豊饒で、欠けたものとては何もなく、どんな争いも生じなかった。時間の経過さえも、この領域の中の祝福された住民たちの、身体的心理的精神的なあらゆる欲求の充実し、永久的で、完全な満足感に影響を及ぼすことはなかった。やがて破局が到来し、この状態に終止符が打たれた。これには多様な出来事がそれぞれの場合に結びついている——洪水、人間の最初の不服従、原罪、プロメテウスの罪、農業および冶金術の発見、原始的蓄積などがそれである。そうでなければ、黄金時代は初めにではなく終末におかれるようになったが、それもいろいろな形をとった——あるいはキリスト再臨に先立って成立する聖徒支配の千年王国、あるいは墓の彼方の生、ギリシャ神話の極楽島、北欧神話のヴァルハラ、あるいは三大一神教におけるパラダイス。またホメロスは地上における楽園の有様をフェニキア人の島や、ゼウスが訪れるのを好んだとされる罪なきエチオピア人のうちに見出した。神話や制度的宗教のもつ力が弱まったとき、これらの来世観に代って、世俗的で、もはや完全に無疵ではないが、より人間的なユートピアが登場しはじめた。プラトン、クラテース〔古アカデミーの指導者、前三六五—二八五〕、ゼノン〔ストア派、前三三六—二六四〕、エウヘーメロス〔キュレネ派、前三〇〇年頃〕らの理想的共同体からイァムブーロスの〔旅したという〕太陽の島、プルタルコスによって理想化されたスパルタ、アトランティス伝説などがそれである。

これらの理想像の起源がどのようなものであるにせよ、その概念自体は次のような信念の上に成り立っている——あらゆる人間、あらゆる場所、あらゆる時代に妥当する、真の、不変の、普遍的な、時間を超えた、客観的価値が存在するということ、そしてこれらの価値は少くとも原理上——ということは、人間が地上にそれらを実現する能力をもっているかどうか、もっていたかどうか、今後もちうるかどうかにはかかわりなく——実現可能であるということ、これらの価値は斉合的体系を形成しているのであるが、この調和が社会的文脈で捉えられるとき、完全なる社会状態を意味するものとなるのだということ、このような信念である。実際このような完成状態が少くとも構想されていなければ、現存の社会状況を不完全とする叙述が有意味なものとして理解されることは困難もしくは不可能である、というのは、悲惨、悪徳、その他現存の人間社会に内在するあらゆる欠陥——残虐、不正、疾病、欠乏、精神的肉体的苦痛、実際、人間を悩ませているあらゆるもの——は、理想的な、あるいは最善の社会状態からのかくも多くの逸脱であるとみなされなければならないからである。どのようにしてこの最善状態に到達できるかということは、また別の問題である。しかし、これに対する答えの見出されるべきところが、聖典、霊感を得た預言者の幻像、制度的宗教、形而上学的洞察のいずれのうちであろうと、あるいはまた、より歴史的な基盤をもつ社会理想であろうと、破壊的な文明によって堕落させられていない存在のもつ単純なる人間的諸価値の範型であろうと、これら全ての競い合う教義の基底に存する共通の前提がある——すなわち、それは、完全なる社会が構想されうるものだということである。それは祈りや願望の対象であるかもしれないし、未だ実現されておらず、そして実現不可能な人間的潜在能力についての単なる幻想であるかもしれないし、また、現実の、あるいは想像上の過去への憧憬に溢れた嘆声であるかもしれないし、あるいは、歴史が冷厳にそこに向って進行している最終目標、または、十分な能力、エネルギー、道徳的純粋ささえあれば原理上実現しうるべき実際的綱領であるかもしれない。

ルネサンス期の新古典主義は、このような完成状態のイメージの幾つかを大々的に再生させた。モアおよびパトリッツィ〔フランチェスコ、一五二九—九七、新プラトン主義者〕、ドーニ〔アントン・フランチェスコ、一五一三—七四〕およびカンパネッラ、一七世紀初期のキリスト教的ユートピアンたち、フランシス・ベーコン、ハリントン、ウィンスタンリィ、フォワニイ〔ガブリエル・ド、一六三〇—九二〕、フェヌロン、スウィフト、デフォらの名は、われわれの時代のごく最近まで抱かれ続けた社会像の出発点を示すものであるに過ぎない。もっともこの理想的社会像は、誰もが知っている幾つかの理由で、今日著しく人気を失ってしまっているが。一七世紀末から一八世紀初めにかけては、アメリカやその他の地の原始的社会の平和と調和についての想像力をかき立てる報告に刺戟を受けたユートピア・ロマンが特に沢山現われた。こうしたものについては十分よく知られているとおりである。私が指摘したい主要な論点は、ヴィーコの属性の少なからず独創的な側面の働きによって、彼がこの場合にもまた、彼自身の独立の方向をとり、それどころか、自分のボートを流れに逆らって漕ぎ始めたということである。

彼は自分自身を敬虔なキリスト教徒であると考えていたので、世俗的なユートピアを構築する誘惑は、彼の場合には、それほど強くなかったのだ、というふうにいわれることがあるかもしれない。人間はこの地上では完成に達しえない、神の王国はこの世のものではない、人間は弱く、罪深いので、地上における完全な王国などというものを構想する試みだけでも、人間および彼の作品、更にそれが精神と想像力とによる作品であっても、それに固有の救いがたい有限性を否定することになる、というのがヴィーコの考え方であったとされるのである。しかしながら、カンパネッラも、異端審問所がどのように考えていたにせよ、修道士であり、キリスト教徒であった。信仰の故に死なねばならなかったサー・トマス・モア、サムエル・ゴット〔『ノウァエ・ソリマエ六篇』(一六四八)の著者〕、そして『アンタジル』〔I・D・Mの匿名で一六一六年刊〕の作者や『クリスティアノポリス』の作者〔ヨハン・ヴァレンティン・アンドレアエ(一五八六―一六五四、ドイツ・ヴュルテンベルクの人)、一六一九年刊〕たち、その他多くの人々は、疑いの余地なくキリスト教徒であった。しかし、これらの人々の場合には、キリスト教徒であることが、地上のユートピアを構想する妨げにはならなかったと思われる。他方、ヴィーコの作品の中で、人間の無力さや邪悪さがそれほども強調されているわけではない。どちらかといえば、彼は、これと反対のことを強調している。すなわち、人間を摂理の道具として、人間の社会的文化的生活を変容させていくことのできる崇高な創造的諸能力こそが強調されているのである。それだけではない。カトリック教会の忠実な息子でありながら、歴史の循環理論を主張するという奇妙な逆説がある。この理論に従えば、キリストの受肉と復活によって、歴史の中に一度だけは生じた根本的変化とか、歴史がそれによって完成され、超越される、はるか先のこととはいえ、ただ一度生ずべき神的出来事に向って進んでいる運動とかを考える余地を残していないように思われるのである。過程《コルシ》と反復《リコルシ》に対するヴィーコの信念とキリスト教的啓示とを和解させることは、彼の理論の解釈に際して絶えず立ち現われてくる難問であった（し、またそうであるべきであった）。それは、継起的社会秩序の循環を説くプラトンの理論と、理想国家の理論的可能性を何らかの程度において確信している彼の公然たる態度とを適合させるという難問よりもむしろ大きい問題だといえる。プラトンの場合についてどのような説明が与えられるにせよ、ヴィーコにとっては、確かに、地上における全面的完成に至るどんな道も存在しえない。すなわち、どんな社会構造も永続しえないのであるとすれば、新しい始まりの前に「反省による野蛮」（『新しい学』[1]一一〇六節——以下節数だけ表示）への堕落が不可避であるとすれば、文化発展の無限の反復的な螺旋的行程の中で、不変の静態的秩序を意味する完全社会という観念は排除されてしまって当然であると思われる。実際、この事情が、実例を挙げれば、循環を信じたポェリビオス〔前二〇五—一二三。政体循環論で知られる〕がどんなユートピアをも提示しなかった理由である、といってよいだろう。同様な循環説を抱いていたマキァヴェッリもまたユートピアに無縁であったが、彼は自ら実現可能であり、ユートピアでないとみなしていた新ローマ国家さえ永久には続かないであろう、と預言した。ヴィーコの時代に盛期に達しつつあった経験論よりはむしろこの循環理論こそが、反ユートピア的影響をもたらす点で決定的なものであったと私には思われる。というのは、たとえ、ボダンやモンテスキューのように、自然環境や風土その他のものの相違に起因する人間生活の多様性に適切な注意を払うとしても、ひとはなお、あらゆるタイプの社会は完成に至るそれぞれ固有の道を目指して努力するだろうし、またそのような道を構想するに違いない、と考えてみることはできるからである。更にその上、ボダンやモンテスキューは、相異なる社会に利用できる手段は相異なると主張する一方、究極的諸価値——平和、正義、幸福、合理的組織、モンテスキューの場合には更に、正しいことをなし、不正なことを避ける個人的自由——の普遍性、客観性、永遠性について何ら疑いをもっていないと思われる。ヴィーコに関しては、問題は幾らか違った形をとる。どうして私がそのように考えるのか、次にその説明をしてみたい。

　ヴィーコは、時々そのように名づけられているけれども、本質的には相対主義者ではない。原始の野蛮人の世界はわれわれ自身の栄光ある時代とは完全に異なっている。しかし、苦痛にみちた努力を通じて、これら粗暴なる野獣《グロシイ・ベスティオーン》の心のうちに入り込み、彼らの目で世界を見、あるいは見ようと試み、彼らの世界観(*Weltanschauung*)、彼らの価値、彼らの動機、目的、範疇、概念を理解することは可能なのである。ヴィーコにとって、彼ら及び彼らの世界を理解することは、彼らの特質《ポイント》を見抜き、社会発展の特定の段階——それはわれわれ自身の現在の状態の起源であり、創造的過程の一様相をなす——に彼らが必然的に所属し、かつ実際それを表現している仕方を把握し、いずれがわれわれ自身を理解する唯一の方法であるかを理解することであった。ヴィーコの永遠の理念史《ストーリア・イデアーレ・エテルナ》〔三四九節他〕における各時代は一種の社会的因果関係によって、その先行形態及び後続形態のいずれにも結びつけられているが、これらすべての段階は、各環が不変の循環的秩序のうちに連結された大きな連鎖の中におかれているのである。しかし、進歩を信ずる形而上的思想家にとっては、永遠的価値をもつ何ものも取り返しのつかないばかりに失われるということはない。というのは、何らかの形でそれは次のより高い段階のため維持されていると考えられるからであるが、また別に、完全社会について観想する人々にとっては、あらゆる究極的価値は、ひとつのはめ絵パズルのように、唯一の最終的解決のうちに結合しているのに対して、他方、ヴィーコにとっては、これらいずれの形も考えられない。というのは、変化――避け難い変化が人間史全体を支配しているからであるが、それは、ストア派やスピノザの場合そうであるとヴィーコが考えたように、機械的因果関係によって決定されるのでもなければ、エピキュロスや近代のエピキュロス主義者にとってそうであるように、偶然によるのでもない。というのは、変化は神によって定められたそれ自身のパターンに従っているからである。しかし、この過程の進行中に、ひとつの面でのプラスは必然的に他の面でのマイナスを伴うことになる。そしてこれらのマイナスは、不変の歴史過程の部分を成す新しい諸価値が、実際そうあるべきような形で、それぞれ然るべき時期に実現されることになれば、もはや回復されることはない。そうであるとすれば、幾つかの価値ある経験形態は消滅を余儀なくされ、しかも、必ずしもそれらよりも当然価値高かるべき他のものによって取って代わられることはない。そして、これは、幾つかの価値が他の種の価値と両立しえない、歴史的に両立しえないという事態が常に生ずるに違いないということ、そしてその結果として、あらゆる真なる価値が互いに調和して同時的に存在するような秩序の観念が排除されてしまうのであるが、それは、人間の弱さや無知やその他の欠陥(これらの弱点を克服することは殆ど想像しえないと考えられる)のためにそうした状態が実現不可能であるからではなくて、現実それ自体の本性のためである、ということを意味するのである。更にいえば、これは完成の観念が、われわれが歴史が必然的にそうなるとみるところのものと、経験的理由からではなくて概念的に斉合できず、両立しえないが故に、排斥されてしまうということを意味するのである。

真のホメロスの発見

上に述べたことのもっとも生き生きとした例をヴィーコの『新しい学』のうちにみてみよう。「詩的知恵」と題された第二巻において、彼は次のようにはっきりと述べている――

誕生しつつある人類の子供である異教徒の諸民族の最初の人間たちは、彼ら自身の観念に従って事物を創造した……〔すなわち〕完全に肉体的な想像力の働きによって。そしてこれがまったく肉体的であるが故に、彼らはこの創造を驚嘆すべき崇高さをもってなしたといえる。このような崇高さ、このように偉大な崇高さは、かえって、想像力の働きによって創造したこれらの人々自身をきわめて動揺させたが、この故にこそ、彼らは、ギリシャ語で「制作者」を意味する「詩人」の名で呼ばれたのである。(2)〔三七六節〕

そして再び、「詩のもっとも崇高な仕事は感覚をもたない事物に意味と情念とを与えることである」、それはちょうど、子供たちが生命のないものを手にとって、まるでそれらが生きた人間であるかのように語りかけているのと同じである、と。〔一八六節〕というのは、「世界の幼年期には、人間は生まれながら崇高な詩人であった」からである。〔一八七節〕更に引用すれば、「想像力は理性の力が弱ければ弱い程よりたくましい。」〔一八五節〕何故なら、人間の感覚は、人間がより野獣に近いとき一層鋭敏である、というのは摂理が彼らの肉体的自己防御のためこれらの感覚を与えたからであるが、それは、反省の時期になるとだんだん弱まってくる。反省とは本能に代って生じてくるものである。「われわれがホメロスにおいてみるように、英雄の叙述は非常に華麗で輝かしい明瞭さをもっているので、後世の詩人は全て、それに肩を並べるどころか、模倣することもできなかったのである。」〔七〇七節〕しかしながら、この時代の英雄たち（この時代の終り頃にホメロスは生きていたのである）は、「粗野で、露骨で、苛烈で、野蛮で、高慢で、偏屈で、強情」であった、とヴィーコによって描き出されている。〔七〇八節〕

ヴィーコは神々の時代についても、英雄たちの時代についても、どんな幻想ももっていない。彼は人身御供の慣習について語っている――フェニキア人、カルタゴ人、ゴール人、ゲルマン人、アメリカ・インディアン、スキタイ人におけるこの慣習、またラティウムの黄金時代のそれ（プラウトゥスのいう農耕神への供犠《サテュルニ・ホスティイアエ》）。そして、こう述べる――「何という穏やかで、恵み深く、真面目で、上品で、行儀のよい時代であったことか！」〔五一七節〕これが「黄金時代の無垢さ」〔五一八節〕の中の人間の姿なのである。彼は、これが恐怖に基礎をもつ宗教的－キュクロプス（一つ目巨人族）

的権威〔五二三節〕なるものであることに疑いをもたず、しかも、それがよく訓練された最初の野蛮民族社会の創出に必要であったとするのである。〔五一八節〕

この次に英雄たちが登場する。英雄時代の中心にある姿はアキレウスである。「あらゆる法を自分の槍の穂先から発するとした」あのアキレウス。〔九二二節〕「これこそホメロスがギリシャの民衆に、英雄的徳の模範として語り、常に変りなく〈非の打ちどころのない〉という形容辞を与えた英雄である。」〔六六七節〕ヴィーコはこれを反復期《リコルソ》の蛮族時代（中世のキリスト教的騎士の時代）と、従って、「騎士物語作家が歌った遍歴騎士たちの復讐の満足」と比較している。〔同節〕そのような英雄とは、自分の（二人の）息子を殺したブルートゥス、（王の暗殺に失敗して）自分の（右）手を焼いたスカエウォーラ、（軍律を破った）自分の子を処刑したマンリウス（トルクォートゥス）、（地割れを埋めるため馬のまま穴に飛び込んだ）クルティウス、（自軍の安全のため父子が身を捧げた）デキウス一族、（敵王からの贈物をことわった）ファブリキウス等々の英雄たち――「彼らの誰にせよローマの貧しく不幸な平民のために何をしたのであろうか？」〔六六八節〕ヴィーコはわれわれに語る――彼らのなしたことは平民たちを破滅させ、彼らから奪い、彼らを牢獄に入れ、鞭打つことであった、と。平民たちを助けようと試みた者は――（ゴール人からローマを守った）マンリウス・カピトリヌスであれ、（徳政令を出した前三世紀の）スパルタのアギス王であれ――謀反人と宣告されて殺された。ヴィーコによれば、これらの社会には、徳も、正義も、慈悲もなく、貪欲、傲慢、不平等、残酷だけがあった。これが英雄時代であり、ホメロスが属し、称賛していた時代なのである。英雄時代は残酷な法律、「この上ない傲慢さ」、「我慢のならない高慢さ、底知れぬ貪欲と容赦のない残酷さ」〔三八節〕の時代であった。「貴族たちの平民たちに対する横柄な、貪欲な、残忍なやり方は、われわれがローマ史の中ではっきりと描き出されているのをみているとおりである。」〔二七二節〕

「真のホメロスの発見」と題された『新しい学』第三巻の中で、ヴィーコは「スカリジェーロ〔一四八四—一五五八、古典学者〕は(ホメロスの)殆ど全ての比喩が動物やその他の野蛮な事物から引き出されていることを見出して憤慨している」と指摘している。〔七八五節〕しかし、これはホメロスの詩的天分の一部なのである——

これらの比喩においてあれほどの成功を収めたことは——というのも、彼の比喩は比類がないのである——確かに何らかの種類の哲学によって洗練され開化された精神があったからではない。また彼があれほど多くの、あれほど多様な、そしてあれほど流血沙汰の多い戦闘を描き出し、殊に『イリアス』のあらゆる崇高性を作り上げているあのように多くの、あのように途方もなく残酷な種類の殺人行為を描き出した残忍にして野蛮な文体は、何らかの哲学によって影響され、人間化された精神から発するものではありえない。〔七八五節〕

しかしこの蛮族の詩人(ホメロス)は、ホラティウスによれば、彼以後に新しい型の人物を創造することを困難にしたのであった。〔八〇六節〕これがどうしてそうなのかといえば、ヴィーコの述べるところでは、「哲学および作詩法や批評法に先立って登場したホメロスがそれにもかかわらずあらゆる崇高な詩人たちのうちでももっとも崇高であった」からであり、その結果、「哲学および作詩法や批評法の成立以後には、はるか離れた位置においてさえ彼と競合できる詩人は現われなかったのである。」〔八〇七節〕そのように「崇高な諸性質」から出る感情、「語り口」、行動は、「野蛮で、粗野で、残忍なもの」であることがあり、それは英雄時代においてのみ生じうる。このような英雄時代の終りにホメロス的詩作は創り出されたのであり、それ以後にはもはや可能でなくなった。〔八〇八節〕

ヴィーコによれば、こういうことになるのは、この種の崇高性が「民衆的人気と切り離されえない」からである。〔八〇九節〕ホメロスの詩に登場する人物のもつ諸性格は、ひとつの類のあらゆる属性が帰せしめられる「想像的普遍」なのである。それらは類的特性であり(その点ウェーバー的理念型にまったく似ていないわけでもない)、その結果、この時代の人々にとって、アキレウスは、英雄的な勇気、短気、誇り、名誉心、怒りと暴力とへの性向、力としての正義、そのものである。そして、オデュッセウスは英雄的な知恵――「抜け目のなさ、辛抱強さ、しらばくれ、二枚舌、欺瞞」〔八〇九節〕そのものである。ひとたび真の概念――抽象的普遍――が、社会全体の想像力ではなく、文明化された理性によって創造されるようになると、この種の崇高性は終りを告げる。このようになるのは、書くことが考案されるまでは、人間は「生き生きとした感覚」、「旺盛な想像力」、「鋭敏な機知」、「猛烈な記憶力」〔八一九節〕を有していたのに、やがてそれらを失うことになるからである。

ホメロスは「崇高な詩人全ての父であり、君主である。」〔八二三節〕彼は「神々しいばかりに崇高」であり、「燃えるような想像力」を有している。〔八二五節〕「ホメロス的な戦闘と死の恐るべき情景は、『イリアス』をあらゆる驚嘆の的としている。」〔八二七節〕これは、「穏やかで、洗練された上品な哲学者」〔八二八節〕から発するものではありえなかった。だが、これこそホメロスをヴィーコにとって詩人中最大の人としているものである。これが彼を、「野蛮で粗暴な比喩」〔八九三節〕の、あるいは「戦闘と死との残酷で凄惨な叙述」〔八九四節〕の、「崇高な情熱に満ちた詩節」〔八九五節〕の、そして、やがて現われてくる文明の技法としての哲学、批評、詩学の時代〔八九七節〕には不可能になる文体のもつ「表現力と壮麗さ」〔八九六節〕に満ちた詩の達人としているのである。

ヴィーコの中心的な論点は、「特殊的なものに深く沈潜しなければならない」〔八二一節〕詩的感情というものは、人々が概念で思考するときには成り立ちえないということである。すなわち、霊感に満ちた詩人たち――その最大の人がホメロスである――は哲学者とは共存しえないのである。より後の、より穏和な、より理性的な時代――人間の時代が生み出すもの、すなわち、洗練された文明の芸術作品や科学などがどのようなものであろうと、それらは、同じ「円環」の内部にいるわれわれに「燃えるような想像力」や神々しい崇高さを与えることはできないのである。〔八二五節〕こうしたものは消滅してしまった。われわれはこうした原始的な詩作のもつ壮麗さを、それが発生した「野蛮で、粗野で、残忍な」〔八〇八節〕世界を理解することによってのみ了解できるのである。この了解は、ただ、われわれがわれわれ自身の「偉大なる時代」〔一一二三節〕の芸術的優越性という観念を放棄するときにのみ、可能となる。

ヴィーコのこうした議論は、支配的な美学理論がなお、芸術、道徳、その他全ての規範的領域における卓越性の規準は超時間的、客観的であると主張していた時期に提起された。何人かの批評家は、合理性が増大すること、神話と寓話、そして原始的で放逸な想像力から成る野蛮な世界、われわれが後に遺してきた暗黒の野獣的な時代が漸次的に消失していくということを根拠にして、芸術における絶えざる進歩があると信じた。また、古典期、とくにローマ時代の詩歌は近代のそれより優れていると信じた人々もいた。いずれの場合にも、大きな疑問もなく、判断のための唯一の超時間的基準があると考えられていた。そして、この基準を当てはめて、ある人々は、例えばラシーヌ、あるいはアディソン〔一六七二―一七一九、イギリスの詩人〕が、ミルトン、シェークスピア、ホメロスより優れていると論証できると信じ、また他の人々は、ソフォクレスやウェルギリウスは後世のどの詩人よりも偉大な詩人であると証明できると信じた。この考え方の必然的帰結として、ある芸術作品の性質、卓越性の程度は、ある時代およびその文化の一般的性質の部分的表現であるという主張が出てくる。ヴォルテールやフォントネル〔一六五七―一七五七、〈古代近代論争〉で有名〕にとっては、古典期のアテネやローマ、あるいはルネサンス期のフィレンツェやルイ一四世治下のフランスの芸術や詩歌は、彼ら自身と同じように開明的な人間によって、またそのために作られているかぎり偉大である。それは、無知、狂信、野蛮、迫害の時代と対比してみるとき明らかである。――そしてこの時代の芸術は、少数の野蛮な首領が一団の愚かな奴隷たちの支配をめぐって一握りの狂信的な坊主どもと争っていた社会そのものと同じように堕落している。〔ここではヴォルテールによる初期中世のヨーロッパの描写を借用した。)

ヴィーコの立場はこれとは根本的に異なっており、来たるべき事態の先触れとなっている。彼も「英雄」時代の支配階級の残酷さ、貪欲さ、傲慢さ、非人間性を否定しない。しかし、ある種の崇高な芸術はこのような土壌からのみ発生しうるのである。明らかに、あらゆる人間のために承認された正義の基準が存在し、人身御供の慣習がなく、過去の事実を解明する方法が神話や伝承を乗り越えている時代は、幾つかの疑問の余地なき点で、アガメムノンがその娘を女神への犠牲として殺さねばならなかった文化や、人々が天空を巨大な生き物とみて、その怒りが雷鳴や稲妻として表わされるとしていた文化と対比して優越している。しかし、人間性と知識との増大(これが一周期《サイクル》の頂点を意味する)は必然的に原始的な活力、率直さ、想像力の喪失を伴う。そしてこの損失部分は、批判的知性の発展によって可能となる何らかの部分を越えている。順次に現われるそれぞれの時代はそれ自身の独自の表現様式を発展させ、この様式は、恐らく幾分かの変容を伴いつつ、「永遠の理念史」の継起する各周期のそれぞれ対応する段階で繰り返される。何らか単一の価値尺度によって、それぞれの文化的様相とそこから出てくる創造物や生活形態および活動形態を比較したり、段階づけることは無益なことである。実際、そのようなことをすることはできない。というのは、それらは明らかに互いに比較不能なのである。それにもかかわらず、一文化の子は、他の文化の生活と活動――思想、行動様式、芸術、宗教、全生活観――の理解に、すなわち、われわれには不可能であるのに、われわれの祖先は創造しえたもの(それは彼らが彼らであり、われわれはわれわれであって、同じ周期の異なる区分を、現にそうであるとおり、占めているからなのであるが)の理解にまで到達しうるのである。

これは相対主義ではない。というのは、われわれは、他の諸社会のもつ世界観を、それらの社会をわれわれ自身の社会に一体化させなくても、たんに記録できるだけでなく、不完全ながらも理解することができるとするからである。また、ヴィーコの思想は古き絶対主義でもない。この立場では、われわれは、他の諸社会の産み出したものを、あらゆる人間、あらゆる場所、あらゆる時代に妥当する何らかの不変の規準を用いて、相互に、あるいはわれわれ自身の作品と比べて優劣を決することができる、とされるのである。しかも、もしそうであれば、あらゆる最善のものから成るひとつの完全な全体のうちに調和的な綜合が成り立つというまさにその観念は、達成されるとか達成されない(たとえ原理上のこととしても)という以前に、理解しえないものとなるであろう。太古の時代の想像力の働きの比類のない力は、発達した批判能力、哲学的あるいは科学的知識、知的分析の深みなどと結びつけられることはできない。それは概念的に不可能である。アイスキュロスの『アガメムノン』が『リア王』よりもよいとか悪いとか問うことは馬鹿気たことであろう。ショーが「聖書のうちには霊感という点でベートーヴェンの第九交響曲より偉大なものはない(3)」といったとき、彼は(ヴィーコが正しいとすれば)真偽に何らかかわらず、吟味をすれば無意味であることが分る命題を述べたのである。

ヴィーコの弟子にとっては、啓蒙期の思想家中何人かが抱いた理想、完全な社会の抽象的可能性という観念も、必然的に、両立しえない属性を結合しようとする試みになると考えられる。それらの属性は、異なったタイプの思想、行動、生活に属し、それゆえ、切り離すことも、ひとつの衣裳に縫い合わせることもできない諸々の価値、特性、資質、理想、性質なのである。ヴィーコ主義者にとっては、このような考え方は文字通り不条理であるに違いない。不条理というのは、例えていえば、アキレウスに輝きを与えているものと、ソクラテス、ミケランジェロ、スピノザ、モーツアルト、あるいは仏陀を崇敬させているものとは、概念的にぶつかり合うからである。そしてこのことは、その文脈の中では人間の達成したことだけが理解され、判断されうるそれぞれの文化について当てはまるから、価値観の衝突というこの事実だけでも、啓蒙期のこの特殊な夢想を筋の通らないものとするのである。啓蒙期の多くの思想家――ヴォルテール、ヒューム、ギボン、グリム、ルソーらがそのような理想状態の実現の可能性について抱いていた懐疑主義あるいは悲観主義は要点をはずれている。問題は、彼らすら、実際上どんなに達成困難なものであるにせよ、理想的可能性の概念によって鼓舞されていたことである。この点では少なくとも、彼らよりも楽観的なテュルゴやコンドルセと同列である。ヴィーコ以後、一元論と多元論、超時間的価値と歴史主義、こうしたものの間の葛藤が遅かれ早かれ中心的争点となることが不可避であった。たとえヴィーコがこの問題を提起する――間接的にではあるが、もっとも深遠な位相で、「真のホメロスの発見」と題する多産的な一章において――という以上のことをしたわけでないにしても、このことだけでも、彼の思想の独創性と力とを開示するに十分であったというべきであろう。

（1）『新しい学』の英訳テキストは「ヴィーコの知識概念」の注（8）をみよ。〔邦訳本は同注（14）参照。〕

（2）彼は更に続けて、「偉大な詩作」のなす努力のひとつは、「民衆の理解に適した崇高な物語を創作すること」であると述べている。次いで彼はタキトゥスを（誤まって）引用して、「彼らは想像するや否や信じ込む」（『年代記』第六巻）と書いている。〔三七六節〕

（3）'The Bible' in 'Parents and Children' (preface to *Misalliance*), *The Works of Bernard Shaw* (London, 1930–8), vol. 13 (1930), p. 99.

〔田中治男訳〕

モーゼス・ヘスの生涯と意見

モーゼス・ヘスは共産主義者でもあり、またシオン主義者でもあった。彼は共産主義の運動において決定的な役割りを演じたし、シオン主義の運動においては、実質上の創始者であった。実際のところ、彼が有名になったのは主として、いやおそらくただただ、この注目すべき事実のゆえである。しかし、その波瀾に富んだ生涯、運動に献げられた生涯において、ヘスは幾つかの高度に独創的で内容豊かな見解を表明しており、しかもそれらの見解は、私には当然に価いすると思われる評価を、今日にいたるまで与えられていないのである。彼は預言者であったが、同世代からあまり認められることはなかったし、またその国においては、おそらくまったく認められなかった。だが、彼の言ったことの多くは新しいものであったし、また次第に明らかになってきたように、重要でもあり真実でもあった。とくに彼は、一般的にはヨーロッパ社会、とりわけてはヨーロッパのユダヤ人の双方の生活に、彼の恐れたところでは死にいたる――もし死にいたるものではないとしても、いずれにしろ危険な――病いの徴候を探り当てている。この病いに対して彼が提示した治療薬は、それが効果をもっていたかどうかは別にして、いずれにしろ実現可能な明確な提案であって、自己憐憫の叫び、空虚な言葉の羅列、あるいは漠然として無益な夢といったものではなかった。だが彼が提出する諸命題は、まさにそのようなものとして、むしろその発表と同時に無視されてしまったのである。しかし、私にはこのような評決はまったく正しくないように思われる。このような評決に対抗して私が主張しようとするのは、少くとも一八四八年以降は、ヘスは例外的に透徹した独立の思想家であり、自分が取り扱う諸問題を、彼に対する批判者たちの多くよりははるかに明晰に理解し、定式化したということであり、また彼の批判者たちの診断は、その当時においては優れたものとして賞讃されたのではあるが、時間の試練には耐えることができなかったということである。もし万一、私の主張が間違っているとしても、ヘスが提起した諸問題は、まさに彼が問題を提起したその形態において、非常に今日的な問題であり、どちらかといえば今日、彼が生きていた時代におけるよりもより重要な問題になっている。もし彼には、この点以外にはわれわれの注目を引くに値いするものはなにもないとしても、それだけでも検討の対象にする理由は十分にあると、私には考えられる。

一

モーゼス・ヘスは、一八一二年にボンの町で、おそらく祖先がポーランド出であるユダヤ人家族の一員として生れた。彼の両親は、ドイツのユダヤ人たちがフランスの解放戦争によって解放された、その世代に属していた。一七九五年から一八一四年の間は、ボンはフランスの支配下にあり、ユダヤ人ゲットーの門は広く開け放たれ、何世紀にもわたって自分たちだけの生活に追い込まれていたゲットーの居住者は、陽の当る場所に出ることが許された。個人の自由(あるいは、ある程度それが拡大されたこと)、経済活動の機会、世俗的な知識、それに自由主義的な諸観念などは、新しく解放されたユダヤ人の子供たちに、感情をたかぶらせるワインのような作用をした。したがって、一八一五年にナポレオンが最終的に敗北し、ラインラントがプロイセンに併合され、国王フリードリッヒ・ヴィルヘルム三世が昔ながらのやり方にひき戻そうと試みて、プロイセンのユダヤ人に対する旧来の規制のほとんどを復活したことは、最近解放されたばかりの人びとの間に危機的な状況を生みだした。彼らのうちのある者は、以前の身分的に低い地位に逆戻りするという考えに耐えきれず、どれだけ真剣に信じていたかどうかはさまざまであるが、キリスト教に改宗して洗礼を受けた。急進的なジャーナリストであったルードヴィッヒ・ベルネは、信仰を変えたその日に名前も変えた。カール・マルクスの父であるハインリッヒ・マルクスも同じようにした。詩人ハイネ、法律家エドゥアルト・ガンス、ルードヴィッヒ・シュタール(彼は後にキリスト教社会党を創立した)、哲学者モーゼス・メンデルスゾーンの子供たちなどは、もっともよく知られているキリスト教への改宗者である。他の人びとは反対の方向へと反応した。真の敬虔さと誇りという二つの理由のゆえに、彼らは自分たちの古来の宗教により烈しく結びつけられるようになった。ヘスの家族たちもこのような人びとに含まれていた。一八一七年に、彼の父はケルンに移り、そこに砂糖の精製所を設立したが、それはじきに繁昌するようになり、そのうちに彼はこの町のユダヤ人社会の長になった。五歳になっていたヘス少年はボンに残され、そこで彼は、信仰の篤い母方の祖父から、伝統的なユダヤ人の教育と、聖書、タルムード、それに中世の注釈についての確実な知識とを与えられた。およそ半世紀のちに、ヘスはこのひたむきな老商人について感動的な説明を与えているが、それによれば彼は、イェルサレムの神殿の破壊とユダヤ人の離散について語るとき、涙をとどめることができなかったということである。この幼時の教育がヘスに消すことのできない影響を与えたことは疑いようのないところであり、ユダヤ人の歴史からひき出されたイメージやシンボルを、彼は生涯にわたって身におびていた。もし、ラビの孫であったカール・マルクスがこのようなやり方で育てられ、(実際にはそうであったように)父親――彼は穏和なヴォルテールの徒であった――によって一八世紀合理主義を栄養として育てられたのではなかったとすれば、そのことが世界に与えた影響はどのようなものであったのかと、想像をたくましくしてみるのも一興であろう。

ヘスが一四歳のとき母親が死去し、彼はケルンに移って父親と一緒に暮すことになった。一八歳のとき彼は、ボン大学に入学することを、父親によって不承不承ながら認められた。大学で彼の身に起ったことについては、なんの証拠も残されていない。実際のところ、彼が入学を許可されたのかどうかさえも疑わしい。いずれにしろ、この経験は彼になんの印象も残さなかったように思われる。この時期の彼については、次のことを別にすれば、ほとんど分っていない。すなわち彼は、他の多くの理想主義的な若者たちと同じように、当時ドイツのインテリゲンチァの間に広くいきわたっていた神秘的なナショナリズムとロマンティシズムとによって深い影響を受けていたのである。

彼の父は、彼が隆盛を続ける自分の企業を手伝ってくれることを希望した。当時モリッツ・ヘスと呼ばれていた彼は、これをきっぱりと断わっている。しかし、当時彼には、なにをしたいのかについてのはっきりした考えはなかったように思われる。彼はただ、人類に奉仕し、貧困な人びとを援助し、抑圧された人びとを解放し、そしてとりわけ、財産を造らないことを希望した。彼にとっては、財産を造ることは、もっとも嫌悪すべき形でのブルジョワ的自己中心主義と思われたのである。彼は父親と争い、ほんの僅かの金をポケットに入れただけで、世界を、あるいは少くともヨーロッパを見るために、両親の家を離れた。彼はイギリスに行き、そこで惨めな空腹に悩んだのち、オランダ、そしてフランスに行った。一八三二年には彼はパリに居り、そして、この相対的には自由な首都で当時流行だった急進的な諸観念を吸収したのは、多分、貧困なドイツからの移住者たち——その大部分は左翼の亡命者であった——の間においてであった。[1] 一八三〇年の革命はヨーロッパの自由主義者たちの間に大きな希望を生み出し、パリは社会主義の諸分派や諸観念、とりわけサン＝シモン主義とフーリエ主義の教義の影響を受けたそれらによって、沸き返っていた。これらの教義は、大体において、激烈な競争と個人企業とがもたらす悪、そしてそれによって必然的にもたらされる人間の身体と魂との衝突と破壊を認知し、それと闘うことを呼びかけるものであり、そしてまた、これらの悪の代りに、集産的な企業で協同していけば、そのことは人類の偉大な生産的エネルギーを、計画され、調和のとれた仕方で解放し、この地上に普遍的な繁栄と正義と幸福とが生み出されると呼びかけるものであった。これらの人びとのある者は、混乱した夢想家であった。他の人びとは、技術の進歩がもたらす革命的な帰結を理解している、鋭い、そして高度に実践的な組織者であった。アメリカやその他の土地に、理想主義的な、しかし短命に終った共産的な入植地を設立したのは、前者の系統の流れをくむものである。後者の系統からは、スエズ運河とパナマ運河、フランスの新しい鉄道網、それにさまざまな種類の斬新でテクノクラット的な考え方と制度とが生れ育ったのであり、それらは企業独占からニュー・ディールまで、そして巨大なカルテルと国有企業とから五カ年計画と福祉国家とにまで及んでいる。このような流れの中でもっとも急進的であったのは、処刑された革命家バブーフの追随者たち――彼らも活動を禁止されていたのだが――によって説かれ、脈々と受けつがれた徹底的な共産主義という地下運動の伝統であった。バブーフは、私有財産を愛することだけではなく、それを所有することもあらゆる悪の根源であり、正義や自由は完全な社会的・経済的平等なしには不可能であるが、その平等の実現は相続と、実質的にはあらゆる私的所有との全面的な廃絶によって可能になると宣言していたのである。

ヘスはこれらの教義を熱狂的に受け入れるとともに、フィヒテおよびシェリンクの弟子たちによって説かれたロマン主義的な直観主義への熱烈な信仰、およびロマン派が崇拝していると称していたスピノザのうち彼に理解しえた部分を、これにつけ加えた。そして、彼の世代の他の若い急進的な知識人たちと同じように、この奇妙な混合物を、その時代の偉大で支配的な哲学であるヘーゲルの体系という鋳型に投げ込もうとした。完全に困窮して、彼は徒歩でケルンに帰り、その父と和解し、家族企業である精糖所の職員に任命された。しかしこれは、当然予想されたように、完全な失敗におわった。

彼は、数カ月間は命をつないでいくことの出来るだけの金をかき集め、形而上学的な論争で彼自身の自分の言葉を発しようとする野望にもえて、最終的に父親の家を棄てた。このような論争は、当時のドイツにあっては(一部は政府の検閲のためもあって)政治論議に代るものであり、彼は、その全世界観(*Weltanschauung*)を表現した論文を書きあげた。この形而上学的な歴史哲学は、ヘーゲル流のきまり文句で満たされており、『スピノザの若い弟子による神聖な人類史』と題して一八三七年に出版されたが、今日では事実上読むに値いしないものである。この表題はスピノザの感化を主張しているものではあるが、漠然とした合理主義、それに全被造物の統一性への信念を別とすれば、本文はこの一七世紀の偉大な思想家とはほとんど関係のないものである。それはロマン主義的なプロテスタント神学からより多くの感化を受けており、またその精神はシュライエルマッハーのものである。その中心的なテーマは、人間は最初は精神と物質との未分化の統一性——すなわち私有財産の発明に先行する原始的共産主義の状態にあって生活していたとするものである。この時代は、著者によって注意深く一四の副次的な時代に区分されており、それぞれの時代は一人の偉大な支配者によって支配されていた。この最初の統一性はキリスト教によって破られたのであり、それは精神を物質と融和させようとして始まったが、中世のゆがめられた形態においては、精神を過大に評価し、その結果一面的な神秘主義に導かれた。しかしながら、ヘーゲルの歴史弁証法のダイナミックな過程は、これを正しい関係に置き直すであろう。物質と精神との合理的な調和を創出することは、その歴史的使命の意識によって武装した現代人に課された課題であり、それはドイツにおいてはシェリングによって——もっとも、著者の観点からすれば、あまりに精神が強調されているが——説かれるところであり、またフランスにおいてはサン＝シモンによって——もっともこの場合にはあまりにも物質が強調されているが——説かれるところである。この調和は新しい配分制度——「社会的ヒューマニティ」——において体現されなければならないのであり、そこにおいては私有財産制——それは強欲な欲求の社会的形態である——という悪しき制度は、競争および分業とともに、ようやくのことで廃棄されるであろう。競争と分業とによって人間は、単なる生きた財産——エリートたる資本家たちによって搾取されるべき原材料——という外観をもつほどに、けだものにされ、非人間化されるのである。かくして、ヘブライの預言者たち——新しい世界の真の先駆者たち——の正しさが、ついに立証されるであろう。この理想を達成するためには、人間は(フィヒテの精神において)相互的な自己犠牲という神聖な生活を追求せよとの道徳的命令に従わなければならない。ヘスがユダヤ人に言及しているのはただ、彼らはキリスト教によって乗り越えられるべき予備的な段階を体現しているのであり、したがって退けられるべきであるとしてだけである。たしかに、古代のユダヤ人国家は統一性——国家、教会、宗教、そして政治的・社会的生活の融合——すなわち人間生活の全体を一連の諸原理が規制している状態を表現するものとして、讃嘆すべき存在であった。人びとは神から横道にそれてしまったのであるが、彼らはいつかは神のもとに立ち返り、そして「古代の法は形を変え再び定立されるであろう……」。このようにして、ユダヤ人は民族としては消え去るであろうが、それは彼らが世界を精神的に征服して後のことである。その際に、彼らの特別な使命は満たされるであろう。まったくのところ、彼らの役割りはすでに終っている。なぜなら、彼らはキリスト教によって時代遅れのものとされ、歴史の舞台を去るように忠告を受けているからである。「彼らの神によって選ばれた民は、永久に姿を消さなければならない。その死から新しい、そしてより価値のある生命が生れ出んがためである」。

ここに書かれていることは、当時のドイツの大学が哲学的な公衆に向けて氾濫させていた無数の歴史神学的体系にとってごく普通の内容となっていた、形而上学と社会的メシアニズムと個人的熱情との寄せ集め以下のものではないが、それ以上のものでないこともたしかである。当時のこれらの論文の大部分は、その精神と目的とにおいては深く宗教的なものであり、正統的なキリスト教会が批判的な精神に対してはもはや提供することができなくなっているように思われた、個人の、あるいは民族の救済への道を、芸術や科学に見出そうと試みるものであった。ある人びとは、宗教に代るものを文学や音楽やさまざまな神秘的体験に探し求めた。他の人びと、そしておそらくはこうした精神的失業者の多数派は——いずれにしろドイツの影響下にあった諸国においては——、神あるいは絶対精神の道が進歩する方向へと啓示されるものとしての歴史に、解答を探し求めた。そしてこのことは、史智学(*historiosophy*)——歴史をして神学あるいは思弁的形而上学の役割りを果させようとする試み——と呼ぶのがふさわしいような諸学派を生み出したのであり、それらのうちでもっとも有名なのは、シェリング、ヘーゲル、コント、シュペングラー、そしてある程度までマルクス、さらにはダーヴィンの徒といった名前から連想される運動であった。アーノルド・トインビーは、今日におけるこのようなタイプの世俗的メシアニズムの、指導的な、そしておそらくは最後の代表者である。

『神聖な人類史』は読者をみつけることができず、そして当然のことながら、今日では忘れ去られている。それが興味があるのはただ、このような初期の時代においてさえ、ヘスが完全な社会主義者であり、まったくのところドイツで最初の社会主義者——フランスの平等主義者たちに忠実なドイツにおける最初の弟子——であるし、時代遅れで、そして少し観念論的な、ドイツのバブーフ主義者であるという点だけである。もう一点あげれば、それはヘスをして前衛的な哲学的左翼——極端に急進的な観点をもった青年ヘーゲル派——のメンバーとして確立させたことである。ヘーゲルの徒はすべて、彼らの師が人間の歴史の真の範型を発見したと信じていたのであり、それは、ますます増大する合理性と自由とに向っての絶えざる運動、すなわち、普遍的精神の論理必然的な目的が何であるか——歴史は、その本質と方向性とを自ら啓示しながら、批判的で創造的な人間精神という形態をとって、どちらの方向に向って展開しているのか——を人間が理解すればするほど、そのことはますます明瞭になるという状態である。能動的な主体——精神あるいは有機体——として観念される宇宙の側におけるこの自己意識の成長発展は、人間の間における理性的な知識の増大、したがって自然と人間自身とに対する人間の力の、すなわち人間の自由の増大という形態をとるのであり、そのことによって千年王国はより近いものとされる。どのような色合いの意見をもつヘーゲル派の人びとによっても、この過程は、あらゆる「レベル」——社会的、知的、経済的、政治的、物理的——における不断の闘争と力の衝突とからなり、それが危機(これは時としては社会革命の形態をとる)へと導き、このような危機のひとつひとつが、「世界精神」の上昇に一段階を画するとされるのである。ヘーゲル左派の解釈によれば、このことが意味したのは、社会のもっとも先進的な人びと——もっとも理性的な人びとであり、自分たちがいかなるものであり、どの段階に到達しており、そして精神の上昇における次の必然的な歩みはどの方向に導くかということを、もっともよく認識している人びと——の本質的な機能は、基本的に破壊的なものであり、何であれ静的なもの、死、まったくの痴愚、凍結したもの、不合理なものに対して、そしてまた何であれ、自己批判を妨げ、それによって究極目標へと向う人間性の進歩を妨げるものに対して、破壊的なものであるということである。彼らの見解によれば、絶対的合理性とは、人間性による、人間性自身とその環境とに対する絶対的自由の獲得を意味した。そして、このことが達成できるのは、このような解放にとっての障害を積極的に除去することによってだけだったのであり、この観点には明白に革命的な意味あいが含まれていた。青年ヘーゲル派のある人びとは、その急進主義を理論の領域に限定し、伝統的信念——主として宗教的および形而上学的な——を打倒することに、そのエネルギーを注いだ。例えば、ダフィト・フリードリッヒ・シュトラウスは、大胆に偶像破壊的な『イエスの生涯』を書いたし、フォイエルバッハとバウアー兄弟は、それぞれ異なったやり方で、宗教を社会的神話という観点から解釈した。他の人びとはさらに極端に走り、一八世紀の唯物論者たちと同じように、人間を無知の状態に保ち、人間性を無力さと悲惨さとに適合させる宗教的、社会的、あるいは政治的幻想を生み出してきた、社会的・心理的条件そのものが破壊されないかぎり、真の進歩をなしとげることはできないと主張した。これらの人びとの中には、アルノルト・ルーゲ、フリードリッヒ・エンゲルス、そしてもっともよく知られているカール・マルクスといった、若い素人哲学者が含まれていた。

ヘスは、この人類の魂のための戦いの最前線に立たないことは臆病なことだと感じていた。彼はいまや二五歳で、心の広い、志の高い、親切な、いじらしいほど純粋な心をもった、熱狂的な、そして抜け目がなさすぎるといったことのない青年であった。そして彼は、自分の理念のために苦難を受ける用意ができており、いやそれどころかそのことを熱望していた。また彼は、人間性に対する愛、楽天主義、抽象的概念への情熱、そして実際的な事柄の世界に対する嫌悪に満たされており、この最後の点に関しては、より抜け目のない彼の家族たちが、その方向を変えさせようと試みていた。彼の結婚ほど、彼の性格と気質とについて多くを語っているものはない。彼はケルンである貧乏なお針子——彼に関する著述では、ときとして、売春婦とされている(2)——と出会い、そして結婚したが、それは明らかに、彼女と恋に落ちたことによるものではなく、むしろ社会によって犯された不正を正そうがためであった。彼は、人間同志の間には愛と平等とが必要であることを示すような行為を、遂行しようと欲したのである。われわれに知られているかぎりでは、彼はこの妻と完全に夫婦仲の良い、幸福な生涯を過した。ジビレ・ヘスはユダヤ教徒ではなかったが、彼の生涯の終りにいたるまで彼を崇拝し、ときとして裏切り(これに対して彼は抗議したが、それほど強くではなかった)、そして貧困をともにして献身的に彼に仕えた。彼の社会主義者仲間の、強靭な精神をもった「現実主義者」たちをひどくいらいらさせたのは、おそらくこの子供じみた資質――ヘスの浮世離れと純真な性格とは、ときとして真の聖徒の域にまで達している[3]――であって、彼らはヘスのことを慈悲深い馬鹿者とみなした。しかし、彼を完全に軽蔑していたマルクスでさえ、面と向って彼を非難するような道徳的観点や過失を発見することはできなかった。

ヘスはその後の四年間を、哲学と社会理論とに関する本に没頭して過したが、推測されるところでは、その間依然として、腹を立ててはいるがけっして不人情ではない彼の家族から支援を受けていた。一八四一年に出版された彼の二番目の書物は、最初のものよりも注目を集めた。この『ヨーロッパの三頭政治』は基本的には政治的な論文であり、それは、今では忘れさられてしまっているが『ヨーロッパの五頭政治』と題され、ヨーロッパを五大強国間で分割することを称揚した書物に対する反論であった。そして、この書物は、著者の社会や政治についての見方がはるかに進歩したことを示している。著者の語るところでは、人類を救済する唯一の道は、社会主義を普遍的に受け入れること、とりわけ私有財産制を廃絶することである[4]。そして、このことの理由は、経済上の効率が必要とされるからでもなく、歴史の仮借ない要求でもなく、また、他の諸階級と闘争している特定の階級、すなわちプロレタリアート――それは不可避的に、すべての競争相手を打倒するか乗り越えるかするべく運命づけられている――の抬頭によるのでもなく、まったく単純に、ただ社会主義のみが正当だからである。マルクスおよびその一派とは鋭い対照をなすのであるが、ヘスは、社会を社会経済的諸階級にしたがって分析することを完全に受け入れているにもかかわらず、階級闘争が望ましいものとも、また不可避的なものとも信じてはいない。彼は社会主義者であり、共産主義者でさえあるが、その理由は、彼が、あらゆる利己主義は――あらゆる支配と同じように――人間の人格を破壊し、主人も奴隷も同じように駄目にしてしまうのであり、それゆえ、フランスの社会主義者サン＝シモンとフーリエとが決定的に示したように、競争の状態においては個々人の能力が完全に展開されることはありえず、それができるのはただ他人との調和のとれた協力関係においてのみであると考えているからである。ヘスにとって、共産主義とは、その時代の歴史的条件のもとで実現しうる、社会的利他主義の唯一の可能な形態であった。（一八四三年に、彼は共産主義を単なる「実践倫理」であると書いている。）彼はプロレタリアート階級の構造や要求について、立ち入った分析を試みようとはしていないが、それは主として彼が（その仲間の急進主義者であるマルクス、ルーゲ、エンゲルス、グリューン、フォイエルバッハ、それにバウアー兄弟などと同じように）この階級のほんの僅かの人びととしか個人的な面識がなく、そして彼は、その仲間たちの大部分よりははるかに正直だったからである。彼にとって歴史とは、（個々人の、諸階級の、あるいは諸国民の）自己中心的な利己主義と、その正反対の原理である利他主義、愛、そして社会正義との間の闘争である。平等、団結、そして正義への信念というものが、程度の差こそあれ、つねに人間の願望として主張されるということは、これらが人間の真の本性から出たものであることを証明している。人間同志の間での理性的で調和のとれた協力関係は可能である（この点では、ときとしてスピノザやヘーゲルの権威が、またときとしてはフランスの啓蒙哲学者たちのテーゼが援用される)が、それはつねに戦いとられなければならない。人間の幸福は人間の手のうちにあるのであり、もし十分な数の人びとが、この著者によって提出された命題の真理性を確信することができれば、人類はおのれの幸福を創出することができるようになるであろう。いわゆる「科学的」社会主義者たち——マルクスとその一徹な追随者たち——は、のちになってこの主張に、「ユートピア的」で「感傷的」で「人道主義的」な、馬鹿馬鹿しいほど理想主義的で役に立たない種類の社会主義理論であり、永遠の空虚さを運命づけられた、抽象的で非歴史的なものであり、また具体的な社会状態についての洞察から生れたものではないという、嘲笑の言葉をあびせた。そして彼らは、自分たちの標榜する社会主義が、具体的な諸事実から「演繹された」ものであるという事実だけからいっても、はるかに優れたものであると主張した。彼らの社会主義は、その実現が幸運や偶然、あるいは起るかもしれないし起らないかもしれないことにかかっているようなものではないし、また、あれやこれやの人間集団の不確かな善意や、あれやこれやの予測しがたい一連の状況などに依存しているものでもないというわけである。マルクスは(ある意味ではその前にヘーゲルが確信したのと同じように)心から次のように確信していた。すなわち、闘争するに値いする大義であると決定できる唯一の理由は、それが必然的に、理性的存在としての人間の進化における次の段階を画していることであり、その段階は、科学的な分析と予測とによってのみ、厳密に決定できると確信していたのである。この見方からすれば、社会革命——財産所有者の財産を収用して、それを公共的所有に置き換えること、そして無産階級の勝利——は、いずれにしろ必然的なものである。それゆえ、理性的な人間は社会革命を追求するであろうが、その理由は簡単で、彼らが、それ以外の何かを探し求め、また自分たち以外のいかなる集団にでも加わることは、自動的に、あらゆる個人とその思想とを規定している社会的「現実」を無視することになり、したがってまた、歴史の力による破滅を招くことになることを知っているからであり、そのようなことを欲することができるのは馬鹿者か狂人かだけである。

ヘスはこうした考え方をしようとはしなかった。彼は、社会的平等が望ましいのは、それが正しいことだからであって、それが必然的なことだからではないと信じていたし、また、正義というものは、いずれにしろ時間という胎内から当然に出現してくるようななにものかと同一視されるべきではないと信じていた。あらゆる種類の悪と不合理な状態とは、当時より以前に生み出されたものであり、それが持続してきた。あることがすでに起ってしまっているという理由だけでは、なにごとも受け入れられるべきではなく、それが受け入れられるのは、客観的にみて善であるという理由によってのみである。結局のところ、ヘーゲル的な歴史主義が彼にそれほど深く根をおろしていないことは明らかである。このような考え方は異端的であったが、彼は、社会的正義、貧困の廃絶、そしてますます豊富になる財貨(それは分配の悪さのために幸福よりも不幸を生み出している)の公平な分配を達成するための唯一の方法は、自分たちの行動が道徳的に必要とされていると確信している人びとの意思によることであると、断固として主張した。人びとがその資源を生産的で協調的な方向に向ければ、彼らの暮しは、物質的にも精神的にも、より良いものになるということを、理性的な論議によって人びとに確信させることは、可能でもあるし、また義務でもある。これがヘスの「真正社会主義」であり、それはマルクスとエンゲルスが激しくあざけったところのユートピア的なセンチメンタリズムであった。(5) 彼らはヘスをラビ・モーゼスとかラビ・ヘスとか呼び、彼のテーゼをあざけり、冷笑した。

だがしかし、その後のわれわれの経験という光に照らしてみると、ヘスは、その素直さ、伝統的なユダヤ教的道徳性、正義への訴え、そしてスピノザと『聖書』からの引用などによって、結局のところ、彼よりも有名な「科学的」社会主義の創始者たちほどには、ひどく間違ってはいなかったのではないかとさえ思われる。マルクスとエンゲルスとによって預言され、力づけられた階級闘争の激化は、当然のことながら起った。彼らがそのために働いたところの革命は、あれやこれやの形態で、人類のかなりの部分の人びとの生活を変容させてきた。しかし、革命がマルクス主義の原則と戦術とに合致するような形で、すなわち財産所有階級に対する暴力的収奪という手段によって行なわれた場合には、私有財産制の廃棄という単なる事実と、プロレタリアートを代表すると主張する共産党(あるいはその委員会)の独裁の創出とは、それ自体としては、国内的あるいは国際的協調も、経済的平等性も、個人の自由も、そして社会的正義ももたらさなかったことは明白であるように思われる。そして他方で、これらの理想が実現されるか、あるいはある程度実現に近づいているところでは、それはほとんどつねに、これらの理想そのものを目標とし、自分たちが歴史あるいはその他の動因の動かすべからざる力を体現しているなどという幻想は抱かずに、理想の実現のために働いている個々人の意識的な努力の結果であるように思われる。少くともそれは、通常は残酷さ、収奪、不正、抑圧などの行為と見なされているものが、歴史の必然性——「歴史のうちなる神」の仮借ない進軍——、歴史の弁証法などといった聖化する過程によって、有徳の行為へと、あるいは少くとも徳のための手段へと神秘的に変容させられたと、体系的に説明することによって、自分たち自身や他人を欺く傾向のある人びとの仕事では、まったくない。

その生涯を通じて、ヘスの社会主義は純粋に道徳的な前提の上にたてられたものでありつづけた。この点では彼の見解は、マルクス主義者やその他の「現実主義者」たちのそれよりもはるかに、一九世紀のキリスト教社会主義者たち、ロシアの社会革命党員たち、それに現代のイギリスやスカンディナヴィアの社会主義者たちの見解と似かよったものである。ヘスは私有財産制の廃棄を欲するが、それは彼が、人間は社会的あるいは共有的生活を送らないかぎり、お互いに闘争し、抑圧しあうことを止めないであろうし、自分たちが生み出す不正によって自分たちが毒されることも止みはしないであろうと考えるからである。そして、社会的・共有的生活にとって、私有財産制は決定的な障害であると、彼は考えるのである。私有財産制は廃棄されなければならない。しかし、この改革が、その目的であるところの道徳的現実の完全な改革を伴なって遂行されないとすれば、それは何も達成しないことになってしまうであろう。私有財産制の単なる機械的な廃棄だけで十分でないことは確実である。そこには心の変革がなければならない。しかし、心の変革は、人間の心を苦しめ続けてきた物質的・制度的条件が変えられてしまうまでは起りえない。そして、単にこの外枠を変更しただけでは、必要とされる精神的変容は当然には生み出されないのであって、そのためには、自由な人間が抱くに値いするような道徳的原理というものが理解され、意識的に適用されることが必要なのである。

これらの道徳的原理は、あらゆる人間らしい人間に具わっているのであり、もしあらゆる人間がそれにもとづいて行動してはいないとしても、ある程度まで認識はしているのであるが、それをもっとも明瞭に認識しているのは、もっとも優れたもっとも賢い人びとである。抑圧された階級の要求は、このような抑圧によって得るところのある階級の要求よりも、これらの原理をより純粋に体現しているとはいえ、その原理が必然的にある特定のひとつの階級のものだということはありえない。このようなものこそ、マルクスが――まるで「被搾取階級」という概念は抽象的なものではないというかのように――ヘスやその他のユートピア的社会主義者に責任を帰したところの、「抽象的人類愛」の観念である。ヘスの信念は、徹頭徹尾、これらの原理から引き出されている。彼の社会主義、そして後にはシオン主義は、この信念の直接的な結果であった。したがって、階級の権利という概念が人権という概念よりもより現実的であると考えるような人びと、そしてまた、人間は超人間的な力の機関であり、その力は、敵対者たちが何を希望し、何を考えていようと、おそかれはやかれ、彼らの集団に勝利を保証するだろうと信じることに、慰めをみつけだすような人びと、いいかえれば、あらゆる根っからのヘーゲル派、マルクス主義者、カルヴィニスト、そしてその他の極端な決定論者たち、それもとりわけ政治と社会生活との領域における決定論者たちは、当然に、ヘスを非現実的と考えるであろうし、また性が合わないとも考えるであろう。

『ヨーロッパの三頭政治』は、ヨーロッパの三つの文明化された強国、すなわちドイツ、フランス、そしてイギリスが連合すべきことを、詳細にわたって提唱している。それによれば、ドイツは諸思想の故郷であるとともに宗教的自由の旗手であり、フランスは有効な社会改革と政治的独立とがかちとられた戦場であり、そしてイギリスは、経済的自由の祖国であるが、その上フランスとドイツの精神を綜合したものであって、ドイツのように「過度に思弁的」でもなければ、フランスのように「粗野に」唯物的でもない。これら三つの強国は、反動の蓄積所であり、ヨーロッパを飲み込み、その自由を踏みつぶそうと脅威を与えている、野蛮な抑圧の祖国ロシアに対抗して、連合を形成しなければならない。西欧の敵たるロシアに対抗する連合という訴えは、当時のドイツにおいてはごく普通のものであったし、ヨーロッパの他の国々においてもよくみられたものである。ヘスの著作の唯一の独創性は、このごくありふれた提案を、急進的な社会改革および「平和的な革命」(彼は暴力は暴力を生み、平和的な再建のための基盤を破壊すると信じていた)の必要性と結び合わせたことにあり、そしてそのことのみが、生産と流通とにおける資本主義体制の矛盾という重荷のもとにあるヨーロッパを、崩壊から救い出すことができるでもあろうとされている。

この本はある程度の注目を集めた。ヘスはドイツの知識人社会に、雄弁な左翼のアジテーターとして登場し、その後の二年間に、さまざまなジャーナリズムのポストを提供され、それを受け入れたのであって、このことは彼と同じような志をもつ若い人びと、とりわけエンゲルス、マルクス、そしてルーゲと密接な関係をもたせることになった。共産主義者になった最初の、そしてもっとも情熱的なドイツのヘーゲル派として、ヘスは若いフリードリッヒ・エンゲルスを自分の信条に転向させた。(6) 彼がマルクスに出会ったのは一八四一年であり、そのころすでにマルクスは、ロレンツ・シュタインによってドイツで出版された、フランスの共産主義諸派の指導者たちの考え方を説明した本を通して、当時の共産主義者の教義について、うすうすは知っていた。しかし、人間の理性と訓練との表現としての官僚制的国家の神格化という、ヘーゲルの政治理論への信仰の基礎を最初に揺り動かし、マルクスをして戦闘的な社会的集産主義の道へと向わせることになったのが、ヘスの情熱的な雄弁であったことはほぼ確実である。その当時でもたしかに、ヘスの本にはマルクスを満足させることのできない部分があった。この本の倫理的な調子、そしてそれ以上に、ヘブライの預言者にしばしば言及されること、また一般的にヘブライ的な主題に満ちていることは、けっしてマルクスの趣味にはあわなかった。マルクス自身は、あまりにもはっきりと、この特殊な困惑の源泉を、彼の生活からすっかり排除しようと決心していた。彼は、より多感な、そして仮借なさはあまりもたない人びと、例えばベルネ、ハイネ、ラッサール、ディズレリィといったユダヤ人たちを、その生涯にわたって苦しめたような、両義的な立場にあることの苦悩を通り抜けようとする意図はまったくもっていなかった。彼は、彼自身に対する差別というにがにがしい、そしていら立たせるような感情のすべてを、——もし完全に意識的にではないとしても——大胆な手段によって、よりはるかに広大な領域へと移しかえた。すなわち彼は、彼自身の不満をそこらじゅうのはずかしめられ、抑圧されている人びと、とりわけプロレタリアートの不満と同一視することによって、自分自身の心理的解放をなしとげたのである。彼が声を張りあげたのは、抑圧された労働者たちの、そして象徴的な大衆——非人格的で、彼自身の世界からも彼自身の傷からも遠く離れた大衆——の名においてであって、ユダヤ人だった者として教授の椅子を拒否されるという苦痛に満ちた屈辱の名においてではなかった。彼が正義と復讐と破壊とを要求し、また預言したのは、彼らのためだけであった。ユダヤ人についていえば、彼は、ヘスに出会って二年後に書かれた論文で、次のように宣言している。すなわち、それは単にその時代の社会が病気であることのいやな徴候であり、社会という体にできた瘤であって、あらゆる社会の病気の最終的な解決によって、すなわち、きたるべき、不可避の、全世界の社会革命によって、ひとつの集団としては除去されるであろう。ユダヤ人は、人種でも民族でも、さらには他の信仰や生活様式への転向によって救うことのできる宗派でもなく、社会の寄生虫や金貸しの一団であり、彼らを生み出した、経済的に自己矛盾に満ち、不正である社会によって、不可避なものとされている集団である。この論文にみられる猛烈な反ユダヤ主義的な語調——エンゲルスがこの語調で語るときにはもっと弱い(反ユダヤ主義は当時の、さらには後の時代の社会主義者にとって、それほどめずらしいものではなかった)——は、後年にいたればいたるほど、ますますマルクスに特徴的なものとなった。それは共産主義者たち、とりわけユダヤ人共産主義者たちのユダヤ人に対する態度に影響を与えたのであり、またそれは、彼の堂々とはしているが粗野なパーソナリティの、もっとも神経症的で嫌悪すべき側面のひとつをなすものでもある。ヘスによって採用された語調は、これとは非常に異なっていた。ヘスの実際の意見は、マルクスやその他の当時の若いヘーゲル派の急進主義者たちのそれと、非常に異なっていたわけではない。彼は、彼らと同じように、解放されたユダヤ人を資本主義およびその悪と同一視している。彼はユダヤ人について、あけっぴろげの嫌悪と軽蔑とをこめて、多くの欲の深い金融業者たち──「守銭奴たち」──と呼んでいる。彼にとっては、ユダヤ人たちは利欲的な精神の縮図であった。しかしながら、その調子は、苦悩するハイネのそれとも、荒れ狂うマルクスのそれとも、異なったものである。彼は、自分を自己の本性を否定する暴力的な行動に参加しようと欲しさせるような、そういった自己嫌悪に悩むことはなかった。彼は、自分自身からその出自の痕跡を切り捨てようと試みたことはなかったが、それは彼が、その出自を、自分を窒息させたり、自分が恥じたりしなければならないような、悪性の腫瘍とは感じていなかったことによる。『ヨーロッパの三頭政治』においては、彼は四年ほど前に述べたことを繰り返しているにすぎない。すなわち、ユダヤ人にとっての課題は、散り散りになり、同化することである。彼らは、まず第一にキリスト教を生み出すことによって、そして次いで(ユダヤ教がキリスト教以上に社会的紐帯を強調するがゆえに)共産主義による社会の再生を可能にすることによって、その役割りを果してきた。彼らは、西欧の「流動性」を増大させ、それが中国のように停滞化するのを防止する、「刺激」あるいは「酵素」として働いてきたが、この機能はいまや終った。彼らは、キリスト教を拒否してきたために、現在は「死ぬことも生命をえることもできない」幽霊のような存在、単なる骸骨あるいは化石であって、いまやキリスト教徒と結婚して、消え去る時である。文明化された強国による「三頭政治」は、彼らを完全に解放し、彼らに人間としての、そして市民としての権利を与えるであろう。しかし、彼らが真に解放されるのは、他の人びとの側での彼らに対するあらゆる憎悪と軽侮とが姿を消すときだけであろう。要するに彼は、あらゆる所、あらゆる時代に自由主義的な同化論者の主要な教義となっていた、気高くはあるが陳腐な議論を繰り返しているのである。

この信条によって構成される背教の行為は、彼と献身的なユダヤ教徒である彼の父との間を、決定的に引き裂くことになった。しかしながら、当時においてもこれがヘスのユダヤ人についての感情のすべてではなかった。一八四〇年にダマスカスで、あるユダヤ人が儀式のために殺人を行なったかどで告発され、有罪を宣告された。そして、引き続いて反ユダヤ主義の暴動が起った。この古くからの恐ろしい誹謗に対する反撃として、フランスおよびイギリスの恐れをなしたユダヤ人たちが運動を起し、各地で彼らの同情者たちの憤激を煽り、結局のところは、モンテフィオーレ＝クレミュー使節団が、この不正に対するある程度の救済処置を獲得することで終った。この出来事に対するヘスの反応は苦悩に満ちたものであり、後に述べているところによれば、彼ははじめて、自分があらゆる人間悪に対して主張している一般的な解決方法が、自動的にユダヤ人の病弊をも治療することになるのかどうかを疑いはじめた。その同じ年に、当時ドイツに行きわたっていた反フランス的な排外主義の大波の中で、彼は詩人ベッカーのフランス憎悪の詩にでくわし、愛国的な感情の激発するままにこれを音楽にし、自分の作曲をこの詩人宛に送った。ベッカーは丁重ではあるがひややかな返事をよこしたが、その封筒の裏側には、変えられてはいるがそれとわかる筆跡で、反ユダヤ主義的な走り書きがそえられていた。[7] ヘスはこれによってひどく心を乱されたが、理性主義者、そして社会主義者として、ダマスカス事件およびベッカーに対する自分の感情を克服する決心をした。彼は、これらのことは死の苦しみにある社会に起った倒錯現象であると、自分自身にいいきかせようと試みた。人類の社会的再生は、これらのことを永遠に不可能にしてしまうであろう。未来の普遍的な社会においては、党派的な宗教や党派的な利害の認められる余地はない。歴史的な実在としてのユダヤ人は、四散して消え去らなければならない。普遍的な宗教が、純粋に民族的な宗教にとってかわらなければならない。もしユダヤ人たちが、自分たち自身は洗礼を受けるようにすることができないとすれば、少くともその子供たちには洗礼を受けさせなければならない。このようにすれば、「ユダヤ教的―キリスト教的商人の世界」は、おごそかに解体して終るであろう。いずれにしろ、ユダヤ人たちの苦難がいかに苦しみに満ちた、そして不当なものであったにしろ、プロレタリアートの苦難の方がより大きく、そして急を要する大目的であることはたしかである。ヘスはこうして、少くとも当面は、その傷つけられた感情を抑制した。理論――それは特別弁論によって救い出されたものである――が、経験という直接的な証拠に対して勝利を収めたのである。[8] これは彼の時代以降の多くのユダヤ人の社会主義者や共産主義者の物語りの原型をなすものである。そして、この気持を楽にさせる理論が虚偽――それは恥ずべきものではないでもあろうが、だが人を誤らせる虚偽である――の上に成り立つものであることを認識した者はごく僅かであり、ヘスが生前にそれを認めていることは、彼の信用を永遠に高めるものである。二〇年後にこの理論を虚偽であると診断した彼は、そのことを、非常な率直さと勇気とをもって、世界に向って宣言している。彼は、その生涯のいかなる瞬間においても、何かを隠すということをしなかった。彼は、しばしば素朴であって批判的ではなかったから、誤りをおかした。彼は道徳的な洞察力によって救われていたのであり、それは個人的な虚栄心や独断などによって曇らされることはなかった。そして、彼の良心はつねにはっきりしていたのである。

迷妄からさめなければならない時は、まだ将来のことであった。一八四一年に、ヘスはカール・マルクスのものの見方の見事さと大胆さとに魅惑されてしまった。彼はその年の八月にマルクスと会い、共産主義を説いたが、すでに早く九月には、彼の懐疑的な友人であるアウエルバッハにあてて次のように書いている。(9)

彼は現在実際に生きている中では最大の、そしておそらくはただ一人の真の哲学者である……。マルクス博士――これが私の偶像の名前である――はまだごく若い(せいぜいのところ二四歳)が、将来、中世的な宗教と政治とを決定的に破壊するような一撃を加えるであろう。彼は哲学的な深みと辛辣な機知とをあわせもっている。ルソー、ヴォルテール、ドルバック、レッシング、ハイネ、そしてヘーゲルが、いいかげんに寄せ集められるのではなく、単一の人格へと融合された状態を想像すれば、それがマルクス博士である。

ラインラントにおける事態があまりに急迫したものとなるまで、彼は急進的な『ライン新聞』(*Rheinische Zeitung*)を、マルクスと共同して編集した。ドイツにおける暴力的な共産主義の煽動の源泉(暴力の行使に強く反対した、平和を愛好する理想主義者が背負うには奇妙な歴史的責任であるが)としての罪を——まったく当然にも——帰せられて、彼はその新聞の通信員として、安全なパリに送り出された。パリでは彼は、名高いロシアの革命家ミハイル・バクーニンの革命的共産主義——それは晩年の彼のアナーキズムに先行したものであった——への転向に手を貸し、また、一時的にではあるが、プルードンの熱狂的な支持者になった。彼は、プルードンとカベ——当時のもっとも狂信的な社会主義者——とが、貧困な人びとや抑圧された人びとに直接の訴えかけをしており、サン＝シモンやフーリエのように、開明された専制君主や百万長者が、自分たちに代って自分たちの社会化計画を成しとげてくれるのを待ったりしてはいないことに感心した。彼は一八四三年にケルンに帰り、労働者の間に入って煽動し、また日常的に左翼的な論文を出して、私有財産、宗教、そして国家の圧政を攻撃した。彼は自分の政治的立場を、共産主義とアナーキズムとの中間に置くようになっていたように思われる。(10) この当時、彼はある結束の固い結社の活動的なメンバーであったが、この結社にはプルードン、ブルーノ・バウアー、カール・グリューン、マックス・シュティルナーが含まれており、彼らはすべて、後になってマルクスに、単に抽象的なモラリストにすぎないとして非難された。彼らは資本主義を、それを悪だと信じているという理由だけで非難する人びとであり、それは客観的判断を偽装した主観主義にすぎないというわけである。マルクスの主張によれば、あらゆる人間はその属する階級の立場、そしてその階級内におけるその人間の立場によって規定されており、また彼らの道徳的・政治的意見は彼らの利害（すなわち、彼らの階級が一定の発展段階において、何を必要とし、また欲しているか、あるいは何によって危険にさらされ、また何を恐れているか）の合理化であるから、人間が、争いや階級闘争を越えた、ある中立的な立場から、賞讃したり非難したりすることができると考えることは、「形而上学的な」幻想というう致命的な欠陥におちいることになるというわけである。所与の観点、制度、体制などを合理的に攻撃し、それを破壊するために行動することのできる、唯一真に客観的な根拠は、歴史発展についての新しい弁証法的科学が与えるそれだけである。合理的な政治とは、歴史——階級闘争——がもたらすであろうものを支援し、それが破壊するほかないものを断罪することである。したがって、客観的で物質的な諸要因と、それらが人間の意識にもたらす効果——そして反映——とを通して作動している、歴史の運動に抵抗することは、恣意的で、非合理的で、文字通り自殺的なことである。この意味では、プルードン、カベー、ヘスは「理想主義者」であり、ユートピアンであって、自らを無能力——後にトロツキーが「歴史のがらくたの山」と呼ぶところのもの——へと運命づけている。

マルクス、そしてとりわけエンゲルスは、以前の彼らの師に対する軽蔑（そしておそらくは先駆者に対する嫉妬心）にもかかわらず、ヘスとの間に比較的良好な関係を保ったのであり、彼らが一八四七年の末に執筆した『共産党宣言』(11)に、ヘスの草稿の若干を（たとえただそれを非難するためだけだったとはいえ）使用している。そして彼を、恩きせがましいアイロニィと不機嫌ないらだちとを混ぜ合わせて扱った。後のマルクス主義者たちは一致して、彼の思想を「感傷的で観念的な共産主義」と呼んだが、まさにそれにふさわしいアイロニィといらだちであった。彼はあまりに純真で、あまりに自尊心をもたなかったので、このような侮辱的な態度にも反応しなかったし、注目しさえしなかった。彼は悪意に報いるに善意をもってする傾向を示し、その生涯の終りにいたるまで、この「科学的」社会主義の父祖たちに、深い尊敬をもって、さらには忠誠心をもってさえ接している。ヘスは彼らの中に、その欠点がなんであれ、抑圧された労働者たちの正義のための、不屈の働き手を見出していたのである。そして、彼にとってはそれで十分であった。不正に抵抗し、あらゆる人びとのより自由でより良い生活のために闘う人びとは、誰であれ、彼の友人であり、同盟者であった。

パリで、さまざまなドイツ人亡命者の雑誌のために、こまぎれの仕事をして生きていくという不安定な生活を送ったのちに、彼は一八四五年にブリュッセルへ行き、出たり入ったりしながら、一八四八年までそこに滞在した。彼はなんどかドイツを訪れ、エンゲルスがエルバーフェルトで『社会の鏡』(*Der Gesellschaftsspiegel*)という左翼の雑誌を編集したり、煽動したりするのを助け(彼らはあらゆるところで同調者を獲得したが、労働者の中では駄目だった)、豊富さの真只中での生産過剰と貧困との原因としての資本主義に内在する悪について書き、貨幣そのものを——人間存在を金によって売買される商品へと変えてしまうことによって——非人間化過程の一要素であるといって非難し、そして最終的には、「フランスの社会主義と共産主義の、少しばかり哲学的な味つけをした弱々しい繰り返しにすぎない」として、マルクスによって片付けられた。

一八四八年の革命は、彼がドイツに滞在している時に起った。彼の妻は、後になって、彼がこの革命に参加したかどで死刑を宣告されたと主張しているが、この点はおそらく、彼に対する信頼が生み出した作り話であろう。革命の敗北は彼の意気を挫くこともなかったし、人類に対する信頼感を減少させることもなかった。フランスとドイツにおける彼の急進的な同盟者たちの大部分――民主主義諸勢力に対するビスマルク、オーストリア皇帝、そしてルイ・ナポレオンの勝利は、道徳的にも知的にも破産状態をもたらした――とは異って、彼は敵の陣営につくこともなかったし、また典型的な亡命者の心境――ときどきは自己の行動を正当化し、他のすべての人びとの行動を非難しようとする努力によって中断されるが、あとは遺恨を含んだ沈滞に陥っている状態――にひきこもってしまうこともなかった。彼は、飢えに苦しみながらスイス、ベルギー、オランダを放浪し、マルセイユでブラシ屋の店を開き、そして最終的には、一八五四年にパリに帰り、二〇年以上におよぶ放浪の生活の後に、ついにここに定住した。困窮の生活を送り(一八五一年に死去した父親が残した遺産によって、短期間は楽になったが)、ときおりの寄稿によって生活を支えながら、このドイツ共産主義の父は、確固として、階級のない社会の実現と全人類の完成可能性を、そして経験的世界における発見と発明がこれらに果す役割りを信じ続けた。彼は人類学、生理学、そして自然科学一般を勉強したが、それは彼が、科学的知識が公共的精神をもった熟達の士によって利用されれば、人類は再生しうると確信していたからである。政治的には、光に向って進んでいると思われるものにはなんにでも同調した。彼はフェルディナント・ラッサール――「ユダヤ人の肩の上にゲーテの頭をもった男」――の友情と尊敬とをかちえ、その新しいドイツ労働者総同盟――ヨーロッパの組織化された全社会民主主義の基礎――の創立の試みに協力した。同じ時期に、彼は、イタリアの統一と独立とを目指す闘争を熱烈に歓迎した。イタリア人たち、とりわけマッツィーニとその友人たちとは、彼がつねづね理解し、そして信奉していた意味でのナショナリズムの原理を体現していた。ヘスは、ナショナリズムは歴史の基本的な要因ではありえない、というマルクス主義の教義を受け入れなかった。彼はコスモポリタニズムを、人類を豊かなものにしている現実の歴史的差異を、意図的に、そして不自然に抑圧するものであるとして非難した。しかし、だからといって彼は、ある国民が自らを他の国民に優越しているものとみなす権利をもっているとは考えなかったし、また彼は、「歴史をつくる」国民と不幸な「水面下の」諸国民――その優越性のゆえに「歴史的役割を演じる」ように選ばれた、より好戦的な国民は、これらの諸国民を併合し、支配する「歴史的」権利をもつ――というヘーゲル的な分類を、激しく拒否した。彼は、一八世紀のヒューマニストであるヘルダーと同じように、人類はそれぞれ別の人種、あるいは国民へと、ごく自然に分化していると信じていた。彼はこれらの概念を定義するために思い悩むことはなかったが、それは彼が、これらの概念は正気の人間であれば誰でもが認めるであろうような内容を表わしており、それらが評判のよくない連想を伴うようになったのは、人種とか国民といった概念を用いて行なわれた、そして今も行なわれつつある、残酷な行為のためであるにすぎないと考えていたからである。彼はプロイセンの盲目的愛国主義を、なんのためらいもなく非難した。彼はロシアの膨張主義と暴政とを憎み嫌った。しかし、自分たちの土地に自分たち自身の自由な国を確立しようとするイタリア人たちの願望は、彼の温かい同情を呼びおこした。彼は、イタリアの後進性、不統一、そして経済的な、また精神的な悲惨さの主要な原因を、外国からの侵略というよりはむしろ教皇制に見出しており、この点で彼は、マキアヴェッリから現代にまでおよぶイタリアの愛国者たちと同じ見解をもっていた。彼がイタリアのナショナリズムの諸問題を考察し、またイタリアの愛国的な運動の足跡を、心からの同情と讃嘆との念をもってたどり、ヨーロッパの(そしてとりわけイギリスの)あらゆる自由主義者たちが、ガリバルディおよびマッツィーニとその一党に共鳴していることを知るにつれて、彼自身が属する、散りぢりになっている「水面下の」人びと——すなわちユダヤ人たち——の本質と運命とが、再び彼の思索の中心を占めるようになった。プロイセン国王の政治犯の恩赦によって、彼は一八六一年にケルンに帰った。一八六二年に彼は『ローマとイェルサレム』(*Rom und Jerusalem, die Nationalitätsfrage*)を出版したが、これは彼の著書のうちで最良の、そしてもっとも有名なものであり、そこでは彼の新しい理論が展開されている。

ラッサールのナショナリズムの色彩をもった社会主義——この時代にはヘスはラッサールと密接な協力関係にあった——が影響を与えたのか、あるいは彼の思想が彼自身の内にあったある範型に従って成長したのか、いずれにしろ彼は、この時以降、大転機を経験した人物であるかのように語り、かつ書いていることには疑いがない。彼の本は、当時もその後も、政治的活動家やヨーロッパの一般読者から、ほとんど注目されなかった。この本は、ヘス自身と同じように、当時の中心的な潮流の外にいた。しかしながら、教育を受けたドイツ系ユダヤ人たちにとっては、この本は爆弾を落されたような衝撃であり、そして実際のところ、それは意図されたところでもあった。この本の出版以来百年以上たった今日——この間、当然ながらその大部分は時代遅れのものになり、そしてひとたびは猛烈にユートピア的で幻想的とみなされた多くの部分が、ときとしてはほとんど認知しがたいような歩みを通してであるが、現実に通用するものとなってきた——においてさえ、それは大胆で独創的な社会分析の傑作として、人びとに感銘を与える。それは明晰で、透徹した、率直な、妥協を許さない書物であって、一方では、各地のユダヤ人たちの中の自由主義的な同化主義者たちに鋭い不安をひき起すように計算された、心を乱す痛切な真実の集積であるとともに、同時に、——ときどき使われる大袈裟な言いまわしにもかかわらず——直接的で、単純で、人の心をゆさぶる信仰告白でもある。それは西欧におけるユダヤ人の置かれた状態の記述であり、彼らの病状の診断であり、そして未来のためのプログラムである。国際主義的な社会主義の友人たちの小うるさい小言は、明らかに、もはやヘスになんの影響も与えていない。彼は、長年にわたって抑圧してきた、そして消し去るにはあまりに強いものであることがついに証明された、支配的な信念に表現を与え、そして平安を感じたのである。

二

『ローマとイェルサレム』は序文、ある未亡人宛[12]に書かれた一二通の手紙、エピローグ、それに一〇編の補足的な覚え書きからなっている。それは同じ中心的な主題――ユダヤ人、それはいかにあるか、そしていかにあるべきか――の非常にさまざまな局面を取り扱っている。その基調はこの本の最初に近い部分、すなわち第一の手紙で与えられており、著者はそこで以下のように述べている。

私は、二〇年間離れていたのちに、再び私の同胞〔ユダヤ人〕の真只中に戻ってきました。私は、その喜びと悲しみとの日々に、その追憶と希望とに、そしてその精神的闘争に参加しています。この精神的闘争は家庭内部でのものもあれば、また、文明化された諸国民――われわれは彼らの真只中に生活していますが、二千年におよんで生活を共にし、努力を重ねてきたにもかかわらず、彼らとの完全な一体化を達成できないでいます――の間でのものもあります。私が自分の胸から永久に消し去ったと信じていたひとつの思いが、再び私にいきいきとよみがえっています。その思いとは私の民族性についてであり、それは私の父祖からの遺産や聖なる土地――かの永遠の都、すなわち生命の神聖な一体性と未来における全人類の兄弟愛とに対する信仰の生誕の地――と分ちがたいものです。[13]

ヘスは、さらに続けて、民族性は実在的なものであると断言する。諸民族は、家族や肉体的な諸特徴と同じように、自然に歴史的に形成されてきたものである。このことを否定するのは、事実を欺くことであるにすぎず、それは恐れや臆病といった好ましくない動機に源を発するものである。ユダヤ人の場合には、そのある者たちが、ナショナリズムや中世的偏見に反対して用いる響きのよい言葉は、彼らが自分自身を「不幸な、迫害されてきた、そして侮蔑されてきた人びと……」から引き離したいという欲求を隠蔽しようとする試みであるにすぎない。「現代の自由主義的なユダヤ人たちは、人間性や啓蒙についての美辞麗句のゆえに軽蔑されるべきである。それらは彼らの兄弟たちに対する不実を隠すことを意図したものである」(14)。このようなことは誤った状況を創りだすのであり、それは次第に誰にとっても耐えがたいものになってきている。ヨーロッパ人たちは常に、ユダヤ人の存在を変則的な状態とみなしてきた。正義と人間性とにおける進歩が、いつの日か、ユダヤ人たちにとっての正義へと導き、彼らはおそらく解放されるでもあろう。しかし彼らが、「私が幸福に暮すところ、そこに私の祖国がある」(15)という原則に立って行動するかぎり、彼らはけっして尊敬されることはないであろう。民族性の否定はあらゆる人びとの尊敬を失う。同化はいかなる解決でもない。すなわち、「卑しむべきは、自分の民族性を否定するという誤った使い方をするよりはとむしろ自分の舌を切り取ってしまった、昔の敬虔なユダヤ人ではなく、運命の重い手が抑圧を加えるからといって自分の人種を否認する、現代のユダヤ人たちである」(16)。啓蒙の旗をかかげたからといって、それが彼らを世論という苛酷な評決から救い出してはくれない。「さまざまな地理的な、あるいは哲学的なアリバイに訴えて申し開きをすることは役に立たない」(17)。現代のユダヤ人は、自分たちが沈みつつある船と考えるものを離れようと試みることによって、ただ軽蔑されているだけである。「あなたは千もの仮面を身につけ、あなたの名前と宗教と生活様式とを変え、あなたがユダヤ人であることに気づかれないように、この世界を匿名で忍び通すこともできるであろう。だが、ユダヤ人の名前に対する侮辱にであうたびに、あなたは、自分の家族に忠実でそのよき名前を守っている、名誉を尊重する人間以上に傷つけられることになるであろう」(18)。ドイツに住むユダヤ人のある者は、自分たちの宗教を近代化するか、あるいは最終的には改宗することによって、自分たちは救済されると考えている。しかし、このことは彼らの助けとはならないであろう。「改革も洗礼も、また教育も解放も、ドイツのユダヤ人に対して社会生活の扉を完全に開くことにはならないであろう」(19)。彼はドイツ人たちは人種的に反ユダヤ人的であると繰り返し語る。背が高くブロンドの髪をしたドイツ人たちは、背が低く黒髪のユダヤ人たちを、本能的に自分たちとは異なった存在として、あまりにも強く意識しすぎている。ドイツ人が憎むのは、ユダヤの宗教やユダヤ人の名前であるよりは、むしろユダヤ人の鼻である(20)。明らかに、信仰や名前を変えることはなんの役にもたたない。したがって、ユダヤ人が否定したい気になっているのは、その宗教であるよりはむしろその人種である。しかし、彼らの鼻が消え去ることはないし、彼らの髪もちぢれたままでいるのであり、結局のところ、彼らの典型は古代エジプトの浮彫り以来変らないままできたのであって、その浮彫りには、よく知られているように、まったく間違いようもなくセム族の特徴がみられるのである(21)。彼らは、「故郷がないままでいるかぎり、不幸にも自分の子供たちによってさえその存在を否定される人種であり、同胞であり、民族であって、通りの腕白小僧どもが軽蔑することを義務だと考えるような存在なのである」(22)。故郷がないということがこの問題の核心である。なぜなら、土地なしには「人間は、他人に依存して食べていく寄生者の地位におちる」[23]からである。あらゆる背信はそれ自体として卑劣なものである。「もし、ユダヤ人の解放がユダヤ民族に執着することと両立しないというのが真実であるとするなら、ユダヤ人は民族に執着することのために解放を犠牲にすべきである」[24]。そして、語調はより激しくなる。すなわち、「ユダヤ人はひとつの宗教的な集団ではなく、ひとつの独立した民族、特別な人種であって、このことを否定する現代のユダヤ人は、背教者であり宗教的反逆者であるばかりでなく、自分の民衆、自分の部族、自分の家族に対する裏切者である」[25]。ヘスは、当時もその後も、人種的な排外主義——あらゆる形態のナショナリズム——を、もっとも情熱的な言葉使いで非難している。しかし、自分の民族あるいは人種を否定することは、少くともその民族の優越的な権利と力とを主張するのと同じように嫌悪すべきことである。ドイツのユダヤ人たちはこのことを理解できない。彼らはドイツの反ユダヤ主義にまったく困惑させられている。彼らは、自分たちが真の愛国者であり、ドイツのために戦ってきた兵隊であり、他のドイツ人たちと同じようにフランス人に対して激しく敵対的な、「熱狂的ドイツ主義者」[26]であると感じている。彼らは、ポピュラーなドイツの愛国歌を、ドイツ人たちと同じように熱心に歌う。しかし、このような歌のひとつの作詞者であるベッカーは、それに作曲しようとしたヘスの試みを侮蔑した。その行為は残酷で嘆かわしいものではあったが、ある意味ではそれは、ほとんど本能的な自然の反応だったのであり、彼はいまやそのことがよく分ったと宣言する。不寛容なナショナリズムはたしかに悪であるが、ひとはそれが人種問題における悪であることを理解しなければならない。

なぜなら、諸人種が存在するのであり、そしてユダヤ人は、ドイツ人とは異なった人種に属しているからである。このことを否定するのは事実を偽ることである。ある人種あるいは民族であるということは、人種的な、あるいは民族的な優越性を欲するということではない。他の民族を支配しようと求めるのはナショナリズムの疾病であるが、ユダヤ人たちは、他の人びとと同じように、正常な民族としての生活を必要としている。ヘスはさらに次のようにまで言う。すなわち、フランスの偉大な歴史家オーギュスタン・ティエリは、一九世紀初頭に、歴史は階級闘争によってばかりでなく、人種間や民族間の闘争によっても支配されていると主張したが、彼の主張は正しかったと。「セム族」と「テュートン族」という概念は、いずれも自らの優越性を主張する資格をもつものではないが、しかし単なる言語的な区別ではない。それぞれの人種はそれぞれに異なった、比較しようのない資質をもっており、そしてこれらの資質はすべて、人種を豊かにすることに貢献できるのである。ヘスに従えば、アーリア人種は説明の才能――科学の才能――と美を創造する才能、すなわち芸術のための能力とをもっている。セム人の特性は異っており、それは彼らの倫理的洞察力と聖なるものへの感覚とにあり、したがって宗教によってこの世界を神聖化することにある。優越した人種と劣った人種とがあるわけではない。あらゆる人種は自由にされなければならないのであり、そしてそうなったときにのみ、各人種は平等なものとして協力しあうであろう。他の人びと、すなわち多くのキリスト教徒や回教徒と同じように、ユダヤ人たちは墓石の下で長い眠りについていたのであり、その墓石の上にはさまざまな説教者たちが、眠けをもよおすきまり文句を刻みつけてきた。しかし、ゴールの雄鶏のときの声〔フランス革命〕が、眠れる人びとの王国を覚醒させ、進歩のための軍隊であるフランス人たちが墓石をうち壊し、人びとはその墓から立ちあがりはじめるであろう。[27] インノケンティウス三世以来永遠の眠りの都でありつづけてきたローマが、今日、イタリアの自由のために戦う大胆な愛国者たちによって、じょじょに永遠の生命の都として復活させられているのとちょうど同じように、イェルサレムもまた目覚めるであろう。ティベリス河の水の音——北イタリアにおける勝利の響き——は、ユダヤ人をその惰眠からゆり起し、シオンの丘にこだまするであろう。彼は、自分自身もまた、その生活を夢の中に過してきたと宣言する。彼が、真実がどこにあるかを突然理解したのは、ようやく一八四〇年、ダマスカスのユダヤ人に対して儀式のための殺人という嫌疑がかけられたときのことであった。「私が、不幸で、中傷され、侮蔑され、そして追い散らされた人びとに属しているという事実にはじめて目覚めたのは、社会主義者としての活動の真只中においてであった」[28]。しかし、彼がつづけて言うには、彼はこの苦悩の叫びをおし殺した。なぜなら、当時彼は、ヨーロッパのプロレタリアートのより大きな苦難のために、その生涯をささげなければならないと考えていたからである。

ポーランドのナショナリズムは、明らかにヘスにほとんど感銘を与えていないが、それはこのナショナリズムがローマのカトリシズムと結ばれており、ローマは依然として反ユダヤ主義的な毒を生み出す源泉だったからである。しかし、イタリアの覚醒——世俗的な、そしてヒューマニズムによる——は彼に、民族的な大問題、すなわちユダヤ人問題もまた、ついにここにいたって、解決に到達するにちがいないと考えさせた。彼は、この問題はあまりにもながきにわたって、ユダヤ教の民族的な性格を否定する合理主義者や博愛主義者の、奇妙な幻想の背後に隠されてきたと宣告する。ドイツのユダヤ人たちの間での宗教上の改革運動は、ユダヤ人の生活に空虚さをもたらし、ユダヤの木から大枝を折りとること以外には、なんらなすところなかった。恥ずべきほどに誇りを欠いた指導者たちは、ユダヤ人たちに、他民族の間に身を隠すことを説いた。その結果はどうであったであろうか。彼らは自分たちの名前を変えたが、それはただ、反ユダヤ主義者たちが本来のユダヤ的な名前を掘り起してきて、彼らの顔に投げつけるという結果をもたらしただけであった。たとえば、あわれな作曲家のマイアーベーアは、いまでは常に、反ユダヤ主義者たちによってヤコブ・マイアー・リップマン・ベーアと呼ばれているし、またルードヴィッヒ・ベルネは常に、彼の本来の名前であるバルッフと呼ばれている。(29) ドイツの社会主義者たちも、(30) 他の人びとにおとらず、このような気晴しに満足している。この状況はひどく屈辱的なものである。ユダヤ人たちは迫害され、虐殺されてきたが、しかし中世においては、その父祖伝来の諸価値を確信し、それに忠実でありつづけることによって、少くとも退歩だけはまぬがれてきた。現代のユダヤ人、とりわけその名前を変えた人びとは、公然と、あるいは秘密裡に彼らにあびせかけられてきた侮蔑に値いする。

ヘスは語ったことを言葉通りに果す行動に着手した。彼は、今後は、自分の名前はモリッツではなく、ヘブライ名前のモーゼスであると宣言した。(31) 彼は自分が〔ユダヤ人であることを示す〕イッィヒという姓で呼ばれていないことを残念に思うといっている。偽りの旗のもとで行動することほど悪いことはないというのである。[32] この本の最初の方の感動的な一節で、彼は、モーセは聖なる地に葬られなかったが、ヨセフの骨はかの地に運ばれたと語っている。その理由は、ラビたちによれば、[33] モーセが未来の義父たるミデヤンの祭司エテロの前に姿をあらわして、その娘を妻にと請うたときに、彼は自分の真の出自を明らかにせず、エジプト人と考えられるままにまかせたのに対して、ヨセフはその兄弟たちに自分の身分を明らかにし、誰をもまたなにごとをも、けっして拒否しなかったからである。一瞬の弱さが、モーセから、父祖の地に葬られるという権利を奪ったのであり、彼は沈黙によって父祖を否定したのである。その結果、聖書によれば、彼の墓がどこにあるかは誰にも知られていない。

ではいったい、ユダヤ人たちが哀れな偽善者、あるいは価値のない存在として諸民族の間にとどまるべきではないとすれば、彼らは何をなすべきなのか。ヘスは、ユダヤ人たちはその宗教そのものによって、パレスチナ愛国者にされていると断言する。彼の祖父が、涙を流しながら、〔ラバンの娘、ヤコブの妻〕ラケルがラマの墓の中で、自分の眼の前からバビロンの捕囚へと連れ去られていく子供たち[34]〔ユダヤ人たち〕のことを嘆き悲しんでいるという、エレミヤの幻想を読んで聞かせてくれたときには、あるいはまた、彼にオリーヴとなつめやしを示して、眼を輝かせながら、「これらのものはイスラエルの地から[35]やってくる」と語ったときには、彼の祖父は自分の生れた土地であるラインラントからはるかにへだたった所〔イスラエル〕にいた。さらにつづけて彼は言う。ユダヤ人たちは、葬られるときにその体を横たえるために、パレスチナに土地を買う。彼らは、かりほ住まいの祝いの間は、きんばいかで束ねられた棕櫚の小枝をもち歩く。さらに彼は、次のように付け加えることもできたであろう。すなわち、彼らは、その祖先たちが聖なる地で行なったと同じように、季節ごとに雨乞いをし、また露がおりるようにと祈ると。これらのことは迷信とかドグマとかいったこと以上のものである。パレスチナに由来する、あるいはパレスチナを想い起させる全てのものは、彼らを感動させるし、彼らにとってなにものにもかえがたくいとおしいものである。もしドイツ人たちが、ユダヤ人を受け入れる対価として、その人種、宗教、気質、彼らの歴史的な記憶、そして彼らの基本的な性格といったものを否定することを要求するとすれば、この対価は精神的にあまりにも高すぎるというだけでなく、まったく支払い不可能なものでもある。すなわち、このような提案は胸の悪くなるようなものであるだけではなく、非現実的なものでもある。

また、この問題の解決は、自分たちの頭を砂に埋め、あらゆる科学、現代の世俗生活のあらゆる側面を非難する、狂信的なファンダメンタリストたちの間に探られるべきでもない。ではユダヤ人たちは、何も学んでこなかった改革派のラビたちのニヒリズムと、何も忘れることのなかった正統派の保守主義との間に、いかに架橋すべきであろうか、と彼は問う。解決はたったひとつしかないのであり、それはヨルダン川の土手の上でユダヤ人たちを待っている。フランス国民が彼らを援助するであろう。偉大な解放者であり、古くからの桎梏を打破し、他の人びとと同じようにユダヤ人にも市民的自由を宣言した最初の国であるフランス。このフランスは、ひとたびスエズ運河を建設しおわれば、必ずや、ユダヤ人たちがその沿岸に入植地を建設することを可能にしてくれるであろう。なぜなら、土地なしには(ヘスはこの点を何回もくりかえしている)、国民生活はありえないからである。だがしかし、この東方の不毛の土地におもむくのは誰であろうか。それが西欧のユダヤ人たちでないことは確実である。彼らは、その教育をうけ、文化を享受し、そして名誉ある社会的な地位を獲得してきた、さまざまなヨーロッパの国にとどまるであろう。彼らはあまりにも深く西欧文明と結びあわされている。彼らはユダヤ人としての活力を失ってしまっている。彼らは遠く、そして不毛の地に移住することを望みはしないであろう。彼らはその知識、富、そして影響力を、移住者の用に供することはあるかもしれないが、自ら出かけていくことはないであろう。彼らにとってパレスチナは、せいぜい、ヘスの言うところの「精神的神経中枢」[36]にとどまるであろう。そこには大学ができ、また全ての移住者が話す共通の言語ができるであろう。ではいったい、誰がそこに行くのか。それについてはなんの疑いもない。古くからの信仰がユダヤ人たちを結束させ、そして周囲から孤立させられてきた東欧その他の国ぐにのユダヤ人、これらの人びとが、そしてこれらの人びとだけが移住するであろう。[37]彼らの活力は、ときとしてエジプトのミイラの墓でみつかる穀物の種子に似ていて、土地と光と空気とを与えられれば、それらはふたたび成長し、豊かにみのる。[38]西欧のユダヤ人社会は、衰退した合理主義の時代おくれの産物である、古ぼけた残りかすに被われていて、それは内からの力では取り除くことができず、それができるのはただ外からの衝撃だけである。しかし、東方の、正統派という堅い外皮のもとでくすぶってきた、民族的な感情の火花が聖なる炎を点火させ、それが新しい春とこの民族の新しい生命への復活とを告知するとき、東欧のユダヤ人社会の進歩を妨げてきたこのような外皮は、融けさってしまうであろう。[39] いうところの宗教的蒙昧主義をいみきらうユダヤ人同化論者たちは、これらの迷信を根絶しようとする。しかし、ユダヤ教が包まれている律法学者の堅い外皮を押し潰すことは、その中にある種子をも押し潰すことである。必要とされるのは破壊ではなく、それが成長するための土地なのである。

この本にはまた、〔一八世紀中葉に始まった〕ハシド(敬虔)派の運動についての並々ではない補説[40]が含まれている。モーゼス・メンデルスゾーンによって鼓吹された改革運動が、ユダヤ教を希薄なものにし、ユダヤの人びとを異郷の地において自由にする――それは明らかに不可能である――試みであるのに対して、ハシド派の偉大な信仰再興運動は、ユダヤの宗教の真正な発展であり、敬虔な大衆の生命への真の希求、そして古くからの象徴に新しい意味づけを求める要求に答えるものであり、したがってまた、偉大な未来へと運命づけられている。改革派の人たちは、ユダヤ教という材木を非ユダヤ的な目的のために使用し、ひそかに、ユダヤの宗教は宗教というよりもひとつの不幸であるとのハイネの観点にたち、そして改宗したユダヤ人たちでさえ、欲すると否とにかかわらず、ユダヤ教徒の大衆が置かれた状態によって傷つけられていることを忘れているが、これとは異なって、ハシド派はいきいきとした精神的な力である。ヘスがハシド派の分派ハバド運動の創設者の名前を取り違えて、シュネ・フル・ザルマンの代りにヴィルノのサムエルをあげているのは事実である。しかし、注目すべきことは、ひとりの亡命した共産主義煽動家が、そもそもこの運動について聞き知っていたことであり、また、これほど早い時期に、この運動の創始者――かのバール・

シェム〔神の名をもつ人＝イスラエル・ベン・エリーゼルの呼名〕——が結局はモーゼス・メンデルスゾーンに勝利することを理解していた点である。なぜなら、ハシド派の運動とシオン主義とは、過去においても現在においても、いきいきとした力であるのに対して、改革運動は、そのヒューマニズム、文明、学識にもかかわらず、いまやそうした力ではなくなっているのである。

ヘスによれば、パレスチナに移住して新しい国家を創造するのは、啓蒙されていない人びと、すなわち後進的な諸国のユダヤ人たちであり、このような人びとは、ロシア、プロイセン、オーストリア、それにトルコの各帝国の領域内には何百万人といる。新しい国家においては、ユダヤ人とはそもそもどういった存在であるのかということは、「証明される必要もないし、証明されることによって片付けられるものでもない[41]」であろう。他のユダヤ人たちについていえば、もしそれを希望すれば、彼らはその生れた国に同化されていくであろう。そして、このようにして、自分がその国の人びととは異なった出自であることを認め、自由な選択という行為によって自らの国籍を変えるという決断をした者は、交換すべき国籍を持っていないふりをしている者よりも、より多くの尊敬をかちえるであろう。今日（すなわち前世紀の六〇年代）のところは、「ユダヤ系ドイツ市民たちの、自らをドイツ化しようとする骨のおれる努力」のすべてをさげすみ、彼らがたえず口にしているさまざまな「文化的貢献」にまったく関心を払わないでいるドイツ人たちでさえ、ひとたびユダヤ人が、その祖先たちの土地において、ひとつの国民となれば、個々人としての彼らに対しては拒否したものを、国民としての彼らに与えることになるであろう[42]。

しかし、それが実現する日は近くはないかもしれない。そして、その日がくるまでは、宗教はユダヤ精神の偉大な防壁であるから、けっして稀釈されたり、時代に合ったものにされたりすべきではない。ヘスにとっては、ユダヤの宗教は、その世俗的な側面からみれば、あらゆる平等主義と社会主義との基礎である。なぜなら、それはいかなるカーストも階級も認めず、全被造物の一体性を想定しているからである。それはいかなる封建制もいかなる社会的階統制も認めず、それは正義と平等とであり、現代の高邁な社会運動の真の源泉である。それは国民性が存在するという原理は認めるが、しかし(ヘスの主張によれば)プロイセンのそれのような熱狂的なナショナリズムは、道徳的な悪として排除する。もっとも、それはナショナリズムの反対物である空虚で作為的なコスモポリタニズムも、同じように排除する。コスモポリタニズムは、国民性の正統な主張さえも否定することによって、事実を偽り、幻想にすぎない理想をうちたて、そのにせの内容説明によって無垢の人びとを破滅へと誘惑するのである。真のインターナショナリズムのための第一の条件は、諸国民が存在するということである。インターナショナリズムは、諸国民を消滅させるのではなく、結合させるための運動である。したがってヘスは、ドイツのユダヤ人たちの間でユダヤ史の編纂が再興されたことを歓迎し、ヴァイル、コムペルト、ベルンシュタイン、ヴィール、そしてとりわけグレーツなどの名前をあげて賞賛している。彼はグレーツとは友人になっており、そのユダヤの民の歴史——「教会や宗教ではなく、人びとに注意を向けよ」——から、喜んで大量の引用をしている。二〇年以上にわたって抑えつけられてきたものが、いまや噴出することになった。彼は、その父と祖父とによって植えつけられた信仰へと、たえず回帰する。「私は異端的な教義を抱いているが、もし家族をもっていれば、正統派のシナゴーグに加わり、家庭ではあらゆる祝日と断食日とを遵守するであろう。それは私自身と子供たちとの心に、私の民の伝統をいきいきと保つためである」[43]。彼はあらゆる形態の不純物と妥協を、また現代の必要性に対応するためのあらゆる形態の適応を非難する。祈りの言葉はけっして省略されてはならないし、またヘブライ語の代りにドイツ語への翻訳が使われてもならない。ユダヤ教の説教者には最大限の尊敬が払われなければならない。彼がもっとも恐れているのは、彼がいうところの「ニヒリズム」である[44]。彼は改革運動を、浅薄で説得力をもたないものであり、感傷的で粗野なキリスト教の模倣であり、古来の独特なものに対する現代が生んだにせの代替物であるとみなす。もし撰択しなければならないとすれば、彼はむしろ、シュルハン・アールークの六一三の掟をすべて守ることを選ぶであろう。いつの日か新しいサンヘドリンがイェルサレムに会して、これらの掟を変更し、廃棄するでもあろうが、そのときまでは、ユダヤ人たちはその所有するもの――彼らの真正な精神的継承物――を、変更を加えないまま保持しなければならない。彼は、ユダヤ人のうちのある者たちが、自分たちは他の諸国民の間で果すべき「使命」[45]――他の宗教に対して寛容を教えること、あるいは「純粋有神論」[46]の教義を広めること、さらにはまた交易の技術を普及させること――をもっているのであると自認しているが、これは架空の使命であるとしてあざけり笑う。「ユダヤの民の民族的再生を信じないユダヤ人が、今日の啓蒙されたキリスト教徒と同じように、その宗教の解体に努力するのはまだよい。人がいかにしてこのような見解を抱くかを私は理解できる。しかし、私にとって理解できないのは、一人の人間がどうして、「啓蒙」を信じながら同時に流謫のユダヤ人の使命を信じること、すなわちユダヤ教の究極的な解体と継続的な存在とをまったく同時に信じることができるのかということである[47]」。「自由」とか「進歩」とかいった抽象的な観念のために、その歴史的過去を犠牲にすることを望むユダヤ人たちは、それで欺かれる人間がいると、本当に考えているのであろうか[48]。マイアーベーアがそのオペラで、聖書的な主題を注意深く避けているからといって、そのことで自分自身以外にだまされている者がいると、本当に考えているのであろうか。

ドイツのユダヤ人についての説明を終えたヘスは、パレスチナへの入植という実際的な問題に目を向ける。彼は、すでにトルンのラビであるヒルシュ・カリシァーが、まさにこのような運動の計画を描いていることを書きとめている[49]。また彼は、エルネスト・ラアラーヌという人が、『新しい東方問題』という本の中で、この見解を支持していることも書きとめている。ナポレオン三世の私設機関に傭われていたラアラーヌは、キリスト教徒でしかもシオン主義の熱心な唱道者であった。彼は、豊かな解放されたユダヤ人をその無関心のゆえに、また敬虔なユダヤ人をその敗北主義のゆえに非難し、パレスチナにおける国家こそがユダヤ人問題の唯一の解決策であると断言していた。トルコの皇帝とローマ教皇とは、疑いもなく、この計画に抵抗するであろうが、しかし、究極的には、自由なフランスの民主主義が両者に対して勝ちをおさめるであろうと、彼は確信していた。彼は、ユダヤ人の歴史的故郷に対する基本的な権利について語り、また、あまりにも楽観的に、トルコ人たちは、ユダヤの銀行家たちによって投げ与えられる(あるいはおそらく、ユダヤの民全体からの民主的な拠金という、より高貴な手段によってえられる)ひとつかみの金貨によって、ユダヤ人の大規模な入植を容認するであろうと信じていた。彼はユダヤ人が生存しつづけてきたというかぎりない神秘について叙情的に語るが、それは人類の歴史において比肩するもののない事実であり、彼らは、あらゆる時代に多くの敵――アレクサンドロス大王のギリシャ、ローマ、アジア人、アフリカ人、野蛮人、封建君主たち、大異端審問官、ジェスイット、近代の専制君主たち――に直面しながら、しかも生きのび、その数をふやしてきたのである。フランス人とユダヤ人とはともに行進し、力をあわせて、乾燥したパレスチナの土地に再び活力を与え、それを恐るべきトルコの手から救い出さなければならない。フランスの民主主義、ユダヤ人の天才、それに近代科学、これらが新しい三角同盟をなすべきであり、そうすればただちに、古き民は救済され、古き土地は復活されることになるであろう。

ヘスは、容易に想像されるように、この考え方を熱狂的に歓迎した。独特の終末論的な気分にひたりながら、彼は、ユダヤの宗教の基礎である民族的な団結と統一とが、あらゆる人びとをじょじょにひとつにするであろうと預言している。自然科学は労働者たちを解放し、人種間の闘争は、そしてまた階級間の闘争は終りをむかえるであろう。ユダヤの宗教とユダヤの歴史と(これは巨大な融合物であり、彼はこの中に旧約聖書とタルムード、それにエッセネ派とイエスの教えを含めて考えている)は、人びとに次のように語っている。すなわち、「抑圧者ではなく抑圧される者であれ。

侮蔑を身に受けるともそれを返すことなかれ。神への愛を汝のあらゆる行為の動機とし、苦難にあってそれを喜べ(50)」と。この福音によって世界は再生するであろう。しかし、そのために最初に必要とされるのは、パレスチナにおけるユダヤ人国家の建国である。富裕なユダヤ人は土地を買い、農業技術者を養成しなければならない。「イスラエル人同盟」(*Alliance Israélite*)――フランスのユダヤ人の博愛主義的団体――はハンガリーのシュトゥール・ヴァイセンブルクのラビであるナトネクを援助しなければならないが、彼はすでに、ウィーン駐在トルコ大使の推薦状を手にして、この計画についてトルコ皇帝と会見する用意ができている。ユダヤ人入植者たちは、反啓蒙主義的なラビたちによってではなく、近代的な思考方法と行動との訓練を受けた人びとによって指導されなければならない。この計画は実現が可能である。それは実現されなければならない。狂信と人為的なコスモポリタニズムとを別にすれば、実現の妨げとなるものはなにもないのであり、しかもユダヤ人の大部分は、これら二つの考え方からは本能的に身を遠ざけている。ヘスは、この尋常ではない説教を、非常に熱狂的な調子で結んでいる。

『ローマとイェルサレム』で使われている言葉は、百年たった今日では、古くさいものに思われる。語り口は、ときとしては感傷的であったり、誇張されていたり、またまったく平板であったりする。そこには多くの脱線があるし、また現在では完全に忘れ去られてしまった多くの問題についての言及もある。にもかかわらず、それはひとつの傑作である。それが現在もなお生きているのは、その輝くような誠実さと恐れを知らないこと、その構想力の具体性、そしてそれが明らかにする問題の現実性のゆえである。ヘスが診断し、治療しようとした病弊は、まだ消え去ってしまってはいない。それどころか、それは現代でもヘスの時代と同じように広がっており、しかもその徴候はよりよく知られるようになっている。したがって、この本は、文学的才能の欠如にもかかわらず、時代遅れのものとはなっていない。そして、それは簡明であり、またマルクスとその追随者たちのもっとも独創的な文章のあるものを台なしにしているような、すたれた公式や(今ではしばしば無意味である)ヘーゲル流の饒舌によって妨げられていないために、その衝撃力は非常に新鮮であり、また直接的である。それは、現在でもなお、共感を、あるいは激しい反対を、引き起しうる。それは分析的で論争的な、第一級の著作であり続けている。その中心的なテーマに関わりをもつ人びとは、この本を無関心に読みすごすことはできないであろう。

三

ヘスは、若い時代の猛烈な反宗教的共産主義と反民族主義からここにたどりつくまでに、はるばると長途の旅をした。同化主義的な改革派に対する激しい攻撃も、もちろん一部は彼自身の死せる自己に対する攻撃だったのである。体系的な他民族との結婚と子供たちを自分の信仰とは異なった信仰へと教育することとによって、民族の名誉ある解体をもたらすという解決方法を、彼はいまや猛然と非難しているのであるが、それはかつては彼自身が提唱したところのものである。彼が青年ヘーゲル派であったころの誠実なインターナショナリズムに代って、ユダヤ人問題というのは特殊ななにものかであり、それはもっとも強力で普遍的な万能薬にも抵抗するのであるから、この問題だけに適合した特殊な解決を必要とするように思われるという現実認識(このような現実認識は、その人の考え方を問わずに、おそかれ早かれ、ほとんど大部分のユダヤ人社会思想家をおとずれる運命にあるように思われる)が生れてきたのである。しかしこの認識は、ヘスの場合には、迫害され疲れはてた老社会主義者が、その普遍主義的な夢の実現を待ちくたびれて、一時の便法として限定された一民族の解決で満足したり、あるいは、全世界的な社会闘争という過度の重荷から逃れて、幼い時代の幸福で状況に順応していた日々に立ち戻るといった、最後のあがきを意味するものではなかった。このように考えることは、ヘスをまったく誤解することである。彼は、いかなる信念であれ、理性的な方法によってそれが誤りであったと自分自身で確信するまでは、それらを捨て去ってしまうような人間ではなかった。明らかに彼は、共産主義者としての理想とユダヤ民族の解放統一運動に対する信念とが、両立しがたいものだとは感じていなかった。彼は、ヘーゲルやマルクスのように、それまでの伝統と断絶し、それまで注目されなかった(あるいは、少くとも明白には記述されなかった)諸関係を認識し、そのヴィジョンを人類に押しつけ、そして人間がその置かれた状況、またその過去と未来の運命とを考える際に用いる諸範疇を変えてしまうような、天才的な歴史思想家ではなかった。しかし彼は、それゆえにこれらの独裁的な体系構築者が陥りがちな欠点からも自由であった。彼は知的には(そして他のあらゆる観点からみても)完全に誠実な人間であり、いかなる心理的あるいは戦術的理由によっても、事実を、あらかじめ考えられたある教条的な類型にはめこもうとはしなかった。彼の著作の、とりわけ後期の著作の、もっとも顕著な特徴は、率直でときとしては子供のような単純さをもって表現された、真実への純粋な心をもった献身であった。彼の言葉を心を奪うものにし、この時代のより著名な預言者たちの豊かで重みをもった文章以上に、長く記憶にとどまるものにしているのは、まさにこの点である。

ヘスは社会主義もシオン主義もいずれも放棄しなかったが、それは彼が、この両者に矛盾を見出さなかったからである。彼の社会主義――それは社会的正義と調和ある生活とへの願望そのものであった――は、ラッサールの社会主義と同じで、あらかじめ国民性を排除してしまうものではなかった。彼は、真実のように思われ、真の必要性に対応したものであり、そして道徳的に善であるような諸目的や諸政策の間に、必然的に衝突が起ると考えることはできなかった。たとえば、過越しの祭を祝うことやその他の宗教的義務を行なうことが、時代遅れのものの残り滓であり、また迷信であって、開明的な科学の展望とはなんらの共通性をもたないからといって、現代のユダヤ人がそれを行なうことを阻止され、あるいは行なわないように説得されるべきだというような考えは、彼にはまったくおこらなかった。彼は、ひとつの真実が、そしてひとつの価値が、他の真実や価値を抑圧することはできないということを、当然のことと考えていた。したがって、社会主義の道徳的価値と、ある人間の自己の社会的・民族的過去についての感覚として表現された真実とは、正しく認識されさえすれば、互いに衝突しあうことはありえない。善なるもの、真なるもの、そして美なるものを犠牲にすることによって、人生は、まったくいわれもなく、いたく貧しいものとなるであろう。当時、今日そうである以上に、頑固一徹な革命家たちが嘲笑したのは、このような「理想主義」、このような「素朴さ」だったのである。

ラッサールの〔「全ドイツ労働者同盟」の〕ケルン代表をつとめたのち、そして『ローマとイェルサレム』――彼は、終りの日にいたるまで、この本のテーゼにゆるぎなく忠実でありつづけた――の出版から五年後、一八六七年に、ヘスは「国際労働者協会」〔第一インターナショナル〕――それは、よく知られているように、彼の戦友であり、同時に容赦のない批判者であるカール・マルクスによって創立された――に加わった。彼は、第一インターナショナルにおいてはベルリンの労働者を代表し、一八六八年と一八六九年とには、マルクス主義者の代表として、プルードンおよびバクーニン――彼が深く尊敬していた古くからの友人たち――の代表者たちと戦ったが、それは彼らの理論が労働者階級の統一を崩壊させると考えたからである。彼は正統派のマルクス主義者になったことはけっしてない。彼はいぜんとして、暴力と階級闘争とが、逃れることのできない歴史の範疇であると信じてはいなかった。そして、彼はなによりもまず一人前のシオン主義者であった。しかし、彼はまた社会主義者でもあり、パレスチナにおけるユダヤ人国家について語る場合には、この国の土地は、私的な搾取を防止するために、単一の民族的一体として行動するユダヤ人たちによって獲得されなければならないと主張した。同じように彼は、未来の入植者間における労働の完全な法的保護を必須の条件とみなし、工業、農業、それに商業の組織化はモーセの――それは彼にとっては「社会主義の」と同義語であった――原則にしたがわなければならないと主張した。彼は、ユダヤ人の新しい国家に、ラッサールがドイツで組織したような形態の労働者の協同組織がつくられることを望んだのであり、それはプロレタリアートがパレスチナ住民の大半を占めるようになるまでは国からの援助を受けるが、そのような時代になれば、国家は、自動的に、平和裡に、そして革命もなしに、社会主義共和国になるであろう。

当然に予想されるところであるが、このような考え方のすべては、教育のあるユダヤ人たち、とりわけヘスのもっとも鋭い攻撃の対象とされているドイツの自由主義的なユダヤ人たちからは、過度に敵対的な受け取り方をされた。たしかに、彼らにむかってこのような言葉があびせかけられたことは、いまだかつてなかったのである。ドイツに住むユダヤ人たちは、ほとんど一世紀にわたって、多くのことを訴えかけられ、また多くの議論の対象とされてきた。メンデルスゾーンとその追随者たちは、彼らを、ただただそれだけのために意味もなくゲットーにしがみついており、また、ようやく彼らを受け入れようとして開かれた、西欧文明の世界に入るというすばらしい機会を、やみくもに避けようとしているといって非難した。また正統派は、不信仰、異端者の罪などの責任を彼らに帰した。彼らは、彼らの古来の信仰にしがみつけといわれ、またそれを放棄しろといわれた。さらに、それを現代生活に適応させろ、それを稀薄にしろ、彼ら自身の古代を批判的に吟味することによってドイツ文化と張りあえ、歴史家や学者や高度な批評家になれ、また自分で扉を開いて西欧文明に入れ、いや、他の人によって開かれた扉を通って入れ、いや、まったく入るな、などなどといわれた。しかし、このようなさまざまな声の大混乱の中で、いまだかつて誰も、自分たちをそのあるがままに、すなわちひとつの民族――奇妙で類例はないが、なおひとつの民族――として認識することを提案する者はいなかった。したがってまた、なにごとも諦めないこと、自己欺瞞を避けること、現在も過去も自分たちのものではないものが、真に自分たちのものであるものよりも価値が高いと、自分で思い込もうなどとはしないこと、また、ただそれだけを真に愛することのできるもの、すなわち彼ら自身の習慣、ものの見方、記憶、伝統、彼らの歴史、彼らの誇り、彼らの民族としての一体感など、すなわち、他の人びとにとってと同じように、彼らユダヤ人の本質であり生活の基礎をなしているもののすべて、いいかえれば、彼らが自らも誇り、他人も尊敬することのすべてを、苦痛とたえがたい屈辱感とをもって犠牲にしたりはしないことなど、こういったことは誰も提案したことがないのである。他の人びと――すなわち、イギリス人、フランス人、イタリア人――の方が、おそらく、ヘスの語りかけた相手である解放されたユダヤ人たちより以上に、この主旨をよりよく理解したであろう。自分の国のために闘争している人びとはすべて、決定的な矛盾に陥ることなしには、ユダヤの民が自分の土地を手に入れる権利を否定することはできないと、彼は書いている。そして、二〇世紀になって当然に、また見事に、彼の言っていたような結果がもたらされたのである。しかし、当時の状況下にあっては、彼の言葉は多くの人びとを傷つけるものだったのであり、それが真実であるからといって、傷つけることが減るものではなかった。彼はその論敵たちを、公正さを欠いた辛辣な言葉で、「キリスト教社会の教育のある成上り者」(51)と呼んだのである。彼は、ちょうど改宗者が自分がそこから抜け出してきた盲目の大衆に敵対するように、苛酷な情熱をもって相手の傷口に酢をこすりつけたのである。彼らがどのように反応したかは容易に想像されるであろう。当時もっとも著名であったドイツ系ユダヤ人の学者シュタインシュナイダーは、比較的穏やかな言い方ではあるが、それでもヘスを悔い改めた罪人と呼ぶとともに、この本が、すでにパレスチナにいるユダヤ人の敵たちによって悪用されないように希望するとつけ加えた。[52]名声の高い学者で評論家であり、改革派ユダヤ教の首唱者であったアブラハム・ガイガー――かつてヘスは、彼が民族性を否認しており、またユダヤ教徒でありながらヘーゲル派のドイツ人であるかのように感じ、考えようと、おおいに努力していることを、痛烈な言葉で嘲笑した――は、当然のことながら敵意をこめて反応した。すなわち、「古いロマン主義、新しい反動」と題された匿名の書評で、彼はヘスの本を徹底的に論難したのである。彼は著者のことを、「ほとんど完全なアウトサイダーであり、社会主義者として破産し、あらゆる種類のぺてんを行なったのちに、ナショナリズムで一山当てようと望んでおり……チェコ、モンテネグロ、〔ルーマニアの少数民族〕セークラー、その他の民族を国家として復活させる問題と並べて……ユダヤ人をも国家として再興させようとしている」と述べている。[53]また、『ユダヤ一般新聞』(*Allgemeine Zeitung des Judentums*)は、「……われわれは、まずなによりも第一に、ドイツ人、フランス人、イギリス人、そしてアメリカ人であり、その次にユダヤ人であるにすぎない」と書いた。[54]文明の成長は、東欧のユダヤ人の間にあるパレスチナへの憧れを、霧散させてしまうであろうというのである。

こうして、「シオン主義」という言葉が聞かれるようになる三〇年以上も前に、この問題についての論争――この論争は、今日でもなお、決着がついてしまってはいない――が始まった。世界イスラエル同盟(*Alliance Israélite Universelle*)は用心しながらもその機関誌『アルシーヴ・イスラエリト』(*Archives Israélite*)をへスに開放し、あまり熱のない支援を申しでた。同盟は、このようによく知られた評論家を自分の側につけるという考えに惹かれたのであるが、しかし、パレスチナへの組織化された移民という考え方にはおびえていた。当時すでに、パレスチナに入植するためのささやかな努力がはじめられており、同盟は、その結果としてかの地におもむくことになったユダヤ人を支援する用意ができていたにもかかわらずおびえていたのである。

この著書によって引き起された騒動は次第に沈静していった。それは、初期のヘスの著作と同じように、これまでに確認しうるかぎりでは、なんらの影響力ももたなかった。つまり、ユダヤ人のパレスチナへの帰還ということは、敬虔なユダヤ人とキリスト教徒の夢想家とによって語られたばかりでなく、エジプト遠征の際のかの偉大なナポレオンによっても、フィヒテによっても、フィヒテと同じようにヨーロッパからユダヤ人を駆逐しようと望んだロシアの革命的なデカブリストであるペステリによっても、フランス系ユダヤ人の評論家ジョゼフ・サルヴァドールによっても、風変りなイギリスの旅行家ローレンス・オリファントによっても、ラビのカリシァーによっても、さらに他の彼らほど有名ではない人びとによっても語られていたのである。パリでヘスに会った〔イギリス人の著述家でジョージ・エリオットの内縁の夫〕ジョージ・ヘンリー・ルーイスが、ヘスの見解をジョージ・エリオットに話し、それに影響された彼女が、ユダヤ人の民族主義的な英雄の登場する小説『ダニエル・デロンダ』を書いたということは、ありうることである。しかし、東欧(そしてまったく奇妙なことにはオーストラリア)に散在するほんの僅かのグループを別にすれば、誰もこのような問題を真剣にとりあげようとはしない世界にあっては、ここにあげたようなことはとるにたらないものにすぎなかった。ヘスは、その生涯の間に、彼の理想が充足される兆候をさえ目の当りにする運命にはなかった。

彼の残りの生涯はあまりにも独特なものである。他の困窮した亡命ジャーナリストたちと同じように、彼はドイツとスイスのさまざまな雑誌や新聞の通信員として働き、またシカゴのドイツ語の週刊新聞『イリノイ州新聞』(*Illinois Staats-Zeitung*)の通信員もつとめたが、この新聞には、彼は一八六五年から一連の通信を寄稿しており、そこでのヨーロッパの出来事についての把握は、『ニューヨーク・トリビューン』のヨーロッパ通信員——カール・マルクス——のそれにほとんど劣るものではないし、また、ものごとの予測においてははるかにすぐれた能力を示している。(55) 彼は一八七〇年にこの新聞を解雇されたが、その表向きの理由は、彼が政治に対して過度な関心を示しており、ドイツ系アメリカ人の読者たちは、この問題にそれほど関心をもってはいないということであった。同じ年、普仏戦争の勃発にともなって、彼はプロイセン国民としてパリから追放された。もっとも彼は、当然想像されるように、全力をあげてビスマルクの侵略を非難し、またフランス——それは自由と博愛との発祥の地であり、革命と人間の理想との故郷である——に同情を寄せるようにと、ユダヤ人に呼びかけていたのである。彼はブリュッセルに行き、そこで「ロシア化されたドイッ」、すなわちフランスが人類をより幸福にしようとしているという理由だけでそれを打倒しようとしている国に対抗する、あらゆる自由な人びとの同盟を呼びかけた。彼は、一八七五年に、それまでの人生の大部分がそうであったと同じように、人に知られることもなく、貧困のうちに、世俗離れし孤立した人間として、この世を去り、彼自身の希望にしたがって、〔ケルン近郊〕ドイツのユダヤ人墓地に、その両親と並んで埋葬された。彼の遺著『力学的物質論』(*Die Dynamische Stofflehre*)は、その献身的な妻によって、追憶のための敬虔なモニュメントとして、一八七七年にパリで出版された。彼女はこの本が彼のライフ・ワークであると主張したが、それは混乱した、半分は哲学的な、半分は科学的な考察であり、今日では関心をよせられてもいないし、価値をみとめられてもいない(56)。彼の真のライフ・ワークは、あの単純で人を動かす作品〔『ローマとイェルサレム』〕であり、それはユダヤ人についての真実を、一九世紀においても今日においても、同種のいかなる書物よりもより多く含んでいる。この作品は、その著者と同じように、その後の出来事が両者を不当な忘却から救い出すまでは、まったく忘れ去られていた。今日では、イスラエルの国の二つの主要な都市の通りが、彼にちなんで名付けられており、このこと以上に彼を驚かせ、喜ばせることはなかったであろう。一八六二年以降は、彼はまず第一にユダヤ人であり、ついでマルクス主義者であった。したがって彼は、その考え方と人格とに対するエンゲルスおよびその追随者たちの徹底的な非難も、自分の全存在をあげて信じていたユダヤ人の国家が彼に感謝の意を表明したことによって十分に償われたと考えているだろうと、私には思われる。しかし、彼の生きていた時代には、ユダヤ人の国家の実現など、およそありそうにもないことだったのである。

四

知的に誠実で、道徳的に感じやすく、そして恐れを知らない人びとの例にもれず、モーゼス・ヘスはある種の基本的な事柄について、より才能があり、また学識もある社会思想家たちよりも、さらに深い理解をもっていたことが明らかになってきた。彼は、社会主義者であった時期——それは死にいたるまで続いたのであるが——に、私有財産制の廃棄と中産階級の破壊とが、必然的に、また自動的に楽園に導くものではない、なぜなら、それらは必然的に不正を正し、社会的平等や個々人の平等を保障するものではないからであると語った。これは、当時の社会主義者としては、大胆で独創的な見解であった。彼の同志の大部分は、明晰な社会構造を求める欲求、合理的というよりは合理主義的な、社会問題をほとんど幾何学的な黒か白かといった言葉で解決しようとする欲求に支配された人びとであった。一八世紀の彼らの先駆者たちと同じように、しかし異なった仮説で武装して、彼らは、歴史を厳密な科学として取り扱い、それを研究することから、人間を永遠に自由で、平等で、幸福で、善であるようにすることが保証された、単一の行動計画を演繹しようと試みた。このように教条主義的で不寛容な環境にありながら、ヘスは、次のように疑ってみることをあえてしたのである。すなわち、新しい世界を築く人びとが、正義の原則にしたがって生活し、人間性一般といったことではなく個々の人間存在に対して、善意と愛情とを感じるようにならないかぎり、いいかえれば、社会改革や政治改革をいくら積み上げても、そのこと自体によっては保証されないようなある種の性格と識見とを、これらの人びとが身につけないかぎり、いかなる解決も、原理的に、このような目的を達成できないのではないかと疑ってみたのである。多くの社会問題のたったひとつの最終的な解決のためにすべてをかけるということは、(たとえそれが高貴で無私な性質を証明するものであるとしても)未成熟のしるしであることはたしかである。このような未成熟さに仮借ない意思と組織化の才能とが加えられて、それが人間を、その性質やその人の意思に関係のないひとつの型に押し込むことを可能にしたとき、純粋で無私の理想主義として出発したものは、必然的に、抑圧と残酷さと流血とに終る。均整と規則性との感覚、それに厳密な演繹の才能は、ある種の自然科学に適合していることの前提条件ではあるが、社会組織の領域においては、それが十分な感受性と理解力と人間性とによって修正されないかぎり、一方においてはおそるべき弱い者いじめに、他方においては言語を絶する苦難に、必然的に導くことになる。ヘスは自分が、畏敬はするが暴君的な戦友であるマルクスとエンゲルスとによって、愚鈍であり、無智であり、無責任なユートピア主義者であるとして、容赦なく非難されるであろうことを知ってはいたが、だからといって、彼らのゆがんだ眼鏡を通して世界を見るようにすることは、彼にはできなかった。彼は人間の本性についての彼らの見方を受け入れなかった。彼は、いくつかの一般的な人間的価値は、永遠に、そして普遍的に妥当すると信じていた。彼は、その生涯の終りにいたるまで、人間的な感情、自然な愛情、社会正義への願望、個人の自由、それに歴史的に継続した集団——家族や宗教集団や民族

――内における連帯といったものは、それ自体が善として評価されるべきだと、かたく信じていた。彼は、これらの深く根をおろした人間の関心事が、時と所とによって修飾を受けることはあるとしても、歴史の進化によって必然的に変えられたり、あるいは、いわゆる科学的なマルクス主義者たちがいうほどに決定的な範囲まで、階級意識とかその他の相対的には一時的な現象によって条件づけられたりする、とは考えなかった。民族的な独立への願望の相対的価値と重要性とに関しては、民族的感情についての正統派マルクス主義的解釈が誤っていることの証拠として、ハンガリー、ポーランド、その他における最近の出来事[57]を指摘すれば十分であろう。この解釈によれば、もはやはっきりと資本主義的ではなくなった国の労働者階級には、民族的感情は影響を及ぼさないとされるが、この誤りこそ、これらの事件に巻きこまれた人びとにとってきわめて悲劇的なものであったことが、証明されたのである。これらは、ヘスがその仲間たちよりもはっきりと見きわめていた真実について、ごく最近のもっとも際立った例をあげたものにすぎないが、彼にはいささかの狂信的排外主義も病的なナショナリズムもみられないのであり、しかもさらに付け加えるなら、それは、彼自身がもっとも純粋でもっとも雄弁な代表者の一人である、極左翼の社会主義という文脈の中でなされたのである。この点だけからしてさえ、その批判者に抗して、彼には社会理論家としての資格があると主張するのは困難でないことは確実のように思われるし、また、彼の重要性は、長年にわたって、忠実なマルクス主義者たちによって、自分たちの信条の栄光をますために、体系的に低く評価されてきたのであるが[58]、それは歴史の真実を犠牲にするものであったことも、確実であるように思われる。

五

ユダヤ人問題(と通常いわれている問題)に関するヘスの見解についていえば、彼の預言は不気味なまでに正確だったことがその後はっきりしてきた。たとえば彼は、どちらかというと預言的な文章のひとつで、ドイツの自由主義的なユダヤ人たちは、いつの日か、そのひどさをおよそ想像することもできないような大災厄を蒙るであろうと述べている。いずれにしろ、この預言があまりにも恐しい形で立証されたことを、否定する者はいないであろう。同じように、ヘスは当時全盛だった同化論に反対を唱えたが、同化論者が自分たち自身とその犠牲者たちとを追い込んできた誤った立場について、彼が述べたことのすべては、その後に起った出来事によって、その正しさが完全に立証されてきたように、私には思われる。ユダヤ人は(そして他のどんな人間も)自分たち自身についての困惑させるような事実に直面できないという理由で、「さまざまな地理的な、あるいは哲学的なアリバイ」(59)に隠れて、自分たちがまさにそうであるものとは違ったものであることを立証しようと試みる、とヘスは書いているが、そこで彼が言おうとしていたこと、すなわち、そうしたことをしてもそれは自分自身を欺くだけであり、友人たちには不快感と恥辱感とをおこさせ、また敵の側には優越感と侮蔑感とをおこさせ、そしてついには憎悪をもたらすということを、今日では誰でも知らないふりをしてすごすことはできないであろう。ヘスは、どんなに巧妙に定義をごまかして否定的な証明をしようとしたところで、ユダヤ人は実際にひとつの民族なのだということを看取し、したがってその事実を単純な、そして人によっては驚愕し、動転させられるような言葉で述べた。そして、もし実際にはユダヤ人たちが彼の想定したようなものではなく、彼の論敵たち、すなわち正統派のラビ、自由主義的な同化論者、あるいは教条的な共産主義者などが想定したようなものであったとすれば、イスラエルの国家が——それに対してどのような態度をとるかは別にして——存在するようにはなりえなかったことは、明白であるように思われる。さらにまた、西欧のユダヤ人たちは、それぞれの社会でどんな困難に遭遇しようと、——彼らはあまりに幸福で快適であり、またあまりによくその社会に統合されているので——自分たちの意思で移住を撰択することはないであろうと想定した点でも、彼が正しかったことは証明されてきた。友人であるハイネと同じように、彼はドイツの蛮行がさらにくり広げられることをある程度予想してはいたが、ヒトラーは二人の想像をはるかに越えるものであった。したがって、内部的な団結と経済的な絶望とから、新世界へ、そしてとりわけパレスチナにおける自治的な共同体の建設へとかりたてられるのは、ドイツのではなく東欧のユダヤ人たちであると考えたのは、当時手に入れることのできる証拠からすれば、正しかったのである。

彼は自然科学を応用して社会福祉を生み出しうることを信じていた。また彼は、協同組合、共同化された作業、そして国有制あるいはなんらかの公有制を信じていた。今日、これらの原理は大幅に——他の形態の社会組織を好む者にとっては愉快でないほど大幅に——イスラエルの国家においいて実現されてきている。彼は、歴史的伝統の忠実な保持の必要性を、深く信じていた。彼はこのことについて、バークやフィヒテと比較して、熱心さにおいてはほとんど劣っておらず、しかもはるかに偏見と非合理性の少ない言葉で語った。彼が伝統の保持を主張したのは変化を恐れたからではなく――彼は結局のところは急進派であり、革命家であった――、その極端に急進的な信念の中に、次のような確信が存続しつづけたからである。それはすなわち、ある抽象的な理想のために自らを犠牲にしたり、貧困になったりする義務はけっしてないこと、また、何びとにも、自分自身を生体解剖し、人間に知られているかぎりでももっとも深い精神的満足を与えるようなもの――すなわち、自己を表現すること、個人的関係を結ぶこと、親しみのある場所や生活形態を愛すること、美しいものを愛すること、自分自身の、自分の家族の、そして自分の民族の過去の根源と象徴とを愛すること、などの権利――を放棄するように要求することはできないし、また要求してはならないという確信である。また彼は、何びとも、人間生活を構成している分析不可能な諸関係――その核心をなす感情的な、また知的な諸経験――を犠牲にさせられるべきではないと信じていた。たとえ一時的な方便であるにすぎないとしても、それらを犠牲にささげて、抽象的で非個人的な前提から演繹された、ある整った解決を求めたり、また、個人とは無縁な源泉からひきだされ、人為的な手段によって人間に押しつけられ、具体的な状況に見当違いな一般的な規則を機械的に適用したと感じられるような、そういった生活形態を求めたりすることは、なされるべきではないのである。晩年になってからのヘスが書いたり言ったりしたことはすべて、人が内心において真実だと知っていることを否定し、またいかなる戦術的な、あるいは教義上の動機によるにもせよ、事実を無視することは、下劣なことであるとともに不毛なことでもあるという想定にもとづいている。社会主義者でありかつシオン主義者である彼の信念の基礎は、まったく恥じることを知らないほどに、道徳的なものであった。さらに彼は、経験的知識の問題として、人間的な事柄においては道徳的信念が主要な役割りを演じるということを確信していた。

彼が非常に純粋な心で説いた社会主義者の道徳と、また彼が理想化した形態のナショナリズムとは、全体としてみれば、左右両翼のよりマキアヴェリズム的な論敵たちの、より「現実的」な解決策よりも、はるかに時の試練にたえ、またはるかに人間の自由と幸福とを生み出すものであることが証明されてきた。この理由のゆえに、彼は、高貴で、真実で、そして今なお第一級の重要性をもつ多くのことを語った、われわれの時代の真の預言者のひとりに数えられるべきである。この真の預言者というのが、「共産主義者のラビ」であり、ハイネとミシュレの友人であり、そしてカール・マルクスがめずらしく機嫌のいいときには、いつも「ロバのモーゼス・ヘス」と呼びならわしていた人間に与えられるべき、不朽の称号である。

(1) この点については Edmund Silberner, 'Der junge Moses Hess im Lichte bisher unerschlossener Quellen,' *International Review of Social History* 3(1958), 43–70, 239–68 によって疑問が投げかけられている。

(2) 一八五四年のケルン警察のある記録はジビレ・ペッシュのことを売笑婦と記しており、またヘスの家族はこの種のことを信じていたように思われる。Edmund Silberner は、彼の書いたヘスの伝記の決定版の中で、この点について若干の疑問を提出しており、証拠は決定的なものではないとしている。はっきりと分っていることは、ジビレは敬虔なカトリック教徒であり続けたことであり、またヘスは、おそらくは父親をあまりに動転させることを恐れて、彼が死去するまでは彼女と正式に結婚しなかったということである。

（3） ヘスの道徳的性格は、ドストエフスキーの『白痴』や『カラマーゾフの兄弟』の主人公たちに体現されている、「積極的に善良な人間」という理想像と強い類縁性をもっている。だが、ユダヤ人の共産主義者というのは、ドストエフスキーが自分の理想像のモデルを探し求めたとしても、一番縁の遠い人間類型である。

（4） Edmund Silberner は *Historia Judaica* 13(1951), 3–28 所収のモーゼス・ヘスに関する非常に啓発的な論文の中で、本書で展開される教義は、私的相続の廃絶と所有の共同性との主張にもかかわらず、まったくの社会主義とはいえないと述べている。彼の意見では、ヘスの教義をその根幹をなしたフランス社会主義と多少とも区別させることになるのが何であるのか、私にはよく理解できない。実際のところヘスは、カベの域にまでは達していない。しかし彼は、少くともルイ・ブラン程度には社会主義者であることは確実であるし、フーリエ主義者やプルードン以上に社会主義者である。

（5） この時代（一八四三年）の彼の見解は *Einundzwanzig Bogen aus der Schweiz* と称する亡命者の論文集に掲載された'Sozialismus und Kommunismus'と'Philosophie der That'という二つの論文ではっきりと示されているし、また *Vorwärts* や *Deutsch-Französische Jahrbücher* それにカール・グリューンがヴェーゼルで編集していた *Der Sprecher* に掲載されたパリでの諸論文でもよく示されている。

（6） エンゲルスは、オーウェン主義者の雑誌 *The New Moral World* の論文で、共産主義者になった最初の青年ヘーゲル派はヘスであると言っている。*New Moral World* No. 21, 18 November 1843. また Karl Marx, Friedrich Engels, *Collected Works* (London/New York/Moscow, 1975–), vol. 3(1975), p. 406 を見よ。

(7) 「オマエはユダヤだ」。*Rom und Jerusalem, die Nationalitätsfrage*(Leipzig, 1862)(本書は今後は *R. J.* と略記する), letter 5, p. 25. 今後 *R. J.* の手紙を参照する場合には、手紙の番号とページ数をV 25のように表記する。

(8) しかし完全にではない。*R. J.* の中でヘスは、ユダヤ人問題の解決のためにはユダヤ人自身による決定が必要であることを宣言している、この時代に書かれた手稿について触れている。この素描の運命は知られていない。もっともありそうなことは、ヘスがそれを *R. J.* に組み入れたということであろう。しかし、この初期の時代の断片の一つが残されており、その断片の発見者であるEdmund Silbernerが親切にも私に話してくれたように、それはユダヤ人の国家としての存在が必要であることを宣言している。このことはヘスが、ユダヤ人の国家という観念をはじめて抱いた時期を、よく疑われてきたように無意識のうちに遡らせていたのではないことを証明している。しかし、この段階ではそれはおそらく大胆な幻想以上のものではなかったであろう。若きラッサールもまたこの時期に、新しいユダヤ国という観念をもてあそんでいる。一八三〇年代と四〇年代とには、多くの途方もない政治上のもくろみが見出される。しかしながら、ときどきみられるこの種の気分にもかかわらず、この時期にはヘスは完全な反民族主義者であり、しつように頭に思い浮び、そして後にはそれに帰っていくことになったシオン主義の考え方を、意識的に拒否していた。

(9) ケルン、一八四一年九月二日付。Karl Marx, Friedrich Engeles, *Historisch-kritische Gesamtausgabe*, Abteilung 1, Band 1. 2(Berlin, 1929), pp. 260–1 を見よ。

(10) 注(5)を見よ。

(11) このようなことは、それより少し以前に、彼らの生前には出版されなかった『ドイツ・イデオロギー』でも起っているのであり、ヘスは、いつもの通りの無関心さから、その一部分を執筆したと思われるが、その彼は、この著作の他の部分で悪口雑言をあびせられているのである。Eduard Bernstein, 'Vorbemerkung', in *Dokumente des Sozialismus* (Berlin, 1901–5), vol. 3, p. 17 f.

(12) この夫人は、(Edmund Silberner が確定したように)実際にヘスの本当の友人であったが、一九世紀にはこのような形式は政治的思考を伝えるための普通のやり方である。
(13) I 1〔注(7)を見よ〕。
(14) V 27–8.
(15) 'Ubi bene, ibi patria.' V 27.
(16) *ibid.*
(17) V 28.
(18) *ibid.*
(19) IV 14.
(20) *ibid.*
(21) IV 15.
(22) V 31.
(23) XII 110.
(24) IV 17.
(25) *ibid.*
(26) V 26.
(27) V 28–9.
(28) V 23.
(29) VI 42.
(30) そして彼は、フランス、ロシア、その他の多くの国々をつけ加えたでもあろう。
(31) 彼の作品はどっちつかずの 'M. Hess' という名前で出され続けてきた。
(32) VI 42.

(33) 彼はその出所として J. Rabbinowitz の英訳(London, 1939)によれば *Midrash Rabba* on Deuteronomy, II 8, p. 37 をあげている。

(34) IV 19–20.

(35) 彼らはそれを実際は「イースロエル Yisróel」と呼んだ。IV 18.

(36) *R. J.*, note 9, p. 234.

(37) このことは、四分の三世紀後に起った出来事についての、もっとも正確な真の預言のひとつをなすものであったことは確実である。

(38) V 29–30.

(39) XII 121.

(40) VI note 5(on pp. 208–11).

(41) IV 17.

(42) *ibid.*

(43) VII 50.

(44) *R. J.*, *passim*, e. g. VII 52, VIII 63.

(45) VIII 66.

(46) VIII 65.

(47) VIII 67.

(48) IX 74.

(49) カリシァー Kalischer の *Drishath Zion* は *R. J.* の数カ月前に刊行された。この二人の著者は、ちょうどニュートンとライプニッツのように、お互いの思考の過程についてほとんど知らなかった。

(50) 彼は H. Graetz, *Geschichte der Juden*, 2nd ed., vol. 3(Leipzig, 1863), p. 226, note 1 に引用されている *Sabbath* 88b, *Roma* 23a それに *Gittin* 36b といった諸論稿の章句を参照している。*R. J.*, p. 137, note を見

よ。

(51) *R. J.*, note 9, p. 234.

(52) 'Ein Baal Teshuvah'. Theodor Zlocisti, *Moses Hess, Der Vorkämpfer des Sozialismus und Zionismus 1812–1875* (Berlin, 1921), p. 312 から引用。

(53) *Jüdische Zeitschrift für Wissenschaft und Leben* 1(1862), 252.

(54) *Allgemeine Zeitung des Judenthums* 26(1862), 610. さらに Israel Cohen の優れた論文 'Moses Hess: Rebel and Prophet', *Zionist Quarterly* (Fall 1951), 45–56, especially pp. 51–2 を見よ。これらの引用はこの論文に負っている。

(55) 政治的預言者としてのヘスの才能の証拠、さらにその他多くの興味あることが Helmut Hirsch, 'Tribun und Prophet. Moses Hess als Pariser Korrespondent der Illinois Staats-Zeitung', *International Review of Social History* 2(1957), 209–30 に見出されるであろう。さらに、同じ著者によるすぐれた著作である *Denker und Kämpfer* (Frankfurt, 1955) も見よ。

(56) ヘスの最初の伝記作者 Theodor Zlocisti はこれとは違った考え方であり、*op. cit.*〔注(52)〕, p. 412 で彼を現代原子理論の先駆者と呼んでいる。

(57) 本論文は一九五七年に書かれた。

(58) 例えば Auguste Cornu は、その学問的で明快な著書 *Moses Hess et la gauche Hégélienne* (Paris, 1934) で、ヘスを、小物でいくらか愚鈍なマルクスの先輩であり、その考え方はマルクス主義によって時代遅れのものにされてしまったとしている。Cornu のその後の著作はこの見解をさらに押し進めている。これは結果的には Georg Lukács の論文 'Moses Hess und die Probleme der idealistischen Dialektik', *Archiv für die Geschichte des Sozialismus und der Arbeiterbewegung* 12(1926), 105–55 の見解でもある。Irma Goitein はその *Probleme der Gesellschaft und des Staates bei Moses Hess* (Leipzig, 1931) ではるかに深い洞察を示している。

(59) V 28〔注(17)参照〕。

〔有賀　弘訳〕

ロシアと一八四八年

一八四八年という年は、通常ロシア史においてとくに画期的な年とはみなされていない。この年の革命は、ゲルツェンにとっては、陰鬱な日に「生気をもたらしてくれる嵐」であるかのように思われたが、ロシア帝国までには届かなかった。一八二五年のデカブリストの蜂起〔訳注1〕を鎮圧した後の帝政政府側の政策の急激な変化は、きわめて効果的であったように思われた。一八三五年のチャアダーエフ〔訳注2〕事件のような文学的な嵐や、ゲルツェンと彼の友人たちが処罰される原因となった自由な学生談義〔訳注3〕、さらには四〇年代はじめの辺鄙な地方区での比較的小さな農民騒動もあっさり片付けられた。一八四八年だけについて言えば、この広大でなおも拡張しつつある帝国の平和を乱すさざ波ひとつたたなかった。ニコライ一世によって発明されたものではないとしても、彼によって補強され締め上げられた官僚的・軍事的支配という巨大な狂人拘束服《ストレイト・ジャケット》は、多くの場合、愚劣で腐敗していたにもかかわらず、いちじるしい成果を収めているように見えた。自立の思想や行動の効果的なあらわれはどこにもなかった。

一八年前、一八三〇年のパリからのニュースは、ロシアの急進主義者たちに新しい生命を注ぎこんだ。フランスのユートピア社会主義はロシアの社会思想に深い印象を与えた。ポーランドの反乱〔訳注4〕

は、それから一世紀後のスペイン内戦で共和制政府がまさにそうであったように、各国の民主主義者たちの結集点となった。しかし、この反乱は鎮圧された。その大火の残り火はその少くとも外にあらわれたものに限ってみるならば、ペテルブルクにおいてもワルシャワと同様、一八四八年までにはすべてが事実上踏み消されていた。同情的であるか敵対的であるかを問わず、西ヨーロッパの観察者たちにとっては、ロシアの専制はゆるぎないものに見えた。それにもかかわらず一八四八年は、ロシアの発展においてもヨーロッパの場合と同様にひとつの転換点である。それはマルクスとエンゲルスが革命的社会主義の生誕を祝って書いた『共産党宣言』のなかで予告しているように、以後のロシア史において革命的社会主義が決定的な役割を演じたという理由だけからではない。むしろもっと直接的に、ヨーロッパの革命の失敗がロシアの世論、とりわけロシアの革命運動にたいして与えることになった影響のためであった。もっとも、当時にあってはその影響をあらかじめ見通すことはほとんど不可能であった。冷静な政治観察者――グラノフスキー〔チモフェーイ・ニコラエヴィッチ、一八一三―五五、西欧中世史家・モスクワ大学教授〕とかコシェレョーフ〔アレクサンドル・イワノヴィッチ、一八〇六―八三、スラヴ派の評論家〕のような人々が、穏健な改革についてさえその可能性についても暗い見通しをもっていたとしても不思議ではない。革命を予期するのはあまりにも遠いことのように思われた。

一八四〇年代には、おそらくバクーニンやペトラシェフスキー・サークルの〔訳注5〕一、二のメムバーを除けば、よほど大胆な人々もロシアにおける早急な革命の可能性を見込んでいたとは思えない。イタリア、フランス、プロイセン、オーストリア帝国に勃発した革命は、既存の支配体制に公然と反対して多少とも組織化された政治的諸党派によって遂行された。それらの党派は急進主義的知識人あるいは社会主義的知識人たちから構成されるか、あるいは彼らと連携して活動した。それらは世間によく知られた政治的・社会的教義や党派を代表する著名な民主主義者たちによって指導されていた。また、自由主義的なブルジョワジーの間で、あるいはさまざまな発展段階にあって挫折した民族運動から支持を得ており、その意味で多様な理想によって推進されていた。それはまた、不満をもつ労働者や農民たちからも大きな力を引き出していた。しかしロシアにおいては、それらの要素は西欧の状態に似た意味では、どれも明確でなかったし、組織されることもなかった。ロシアと西ヨーロッパの発展の対比はいつの場合も表面的で誤解を招きがちである。しかし、敢えて比較すると一九世紀ロシアは、一八世紀のヨーロッパの方に類似している。デカブリストの蜂起につづく厳しい弾圧の後に、三〇年代半ばと四〇年代のはじめになってロシアの自由主義者や急進主義者の抵抗は一層大胆で鮮明になったが、それは一九世紀の西ヨーロッパの大衆組織や民衆運動よりも、フランスの百科全書派の人々やドイツ啓蒙主義(*Aufklärung*)の指導者たちが教会や専制君主に反対して行なったゲリラ的戦法によほど似ている。三〇年代と四〇年代のロシアの自由主義者と急進主義者は、スタンケーヴィッチ〔ニコライ・ウラジーミロヴィッチ、一八一三—四〇、哲学者、詩人〕を中心に集ったサークルのように哲学的あるいは美学的論題に自ら限定した場合でも、ゲルツェンやオガリョーフ〔ニコライ・プラトーノヴィッチ、一八一三—七七、詩人、革命家〕のように政治的、社会的問題にかかわりをもった場合でも孤立した自称哲人(*lumières*)、すなわち少数の高度に自覚的な知的エリートにとどまっていた。彼らはモスクワやペテルブルクの客間やサロンに集まって議論をしたり、お互いに影響しあったりしたが、民衆の支持もなく、政治的党派の形にせよ、あるいはフランス大革命では前もって存在していた非公式だが広汎な中産階級の反対という種類のものにせよ、いずれにせよ広くひろがった政治的または社会的わく組みというものをもたなかったし、はなればなれになっていたこの時期のロシアの知識人たちは依拠すべき中産階級をもたなかった、農民からの援助をもとめることもできなかった。「人民は馬鈴薯の必要は感じていますが、憲法についてはなんら必要を感じていません。それはただ教育をうけた都会の住民たちだけが欲しがっているものであり、彼らはきわめて無力です」と、ベリンスキーは一八四六年に彼の友人たちにあてて書いている。そして同じ趣旨のことを、一〇年後のチェルヌィシェフスキー〔ニコライ・ガブリロヴィッチ、一八二八—八九、哲学者、評論家、革命思想家〕が「ヨーロッパには権利にたいして人民の大多数がほとんど無関心で、自由主義者たちだけがそれにたいして願望と関心をもっているというような国はありません(1)」という彼独自の誇張された形で繰り返していた。このような発言は当時あるいはそれ以前の西ヨーロッパの大抵の国については真実とは言い難いが、ロシアの後進的な状態を充分正確に映し出していた。ロシア帝国の経済的発展が西欧タイプの工業および労働の諸問題、それにともなって西欧タイプの中産階級とプロレタリアートを生み出すまでは、ロシアの民主的革命は夢にとどまっていた。そして、そのような条件が最終的に一九世紀最後の二、三〇年に見られたような急速なテンポで現実化してからは、革命の到来はひどくおくれることはなかった。「ロシアの一八四八年」は一九〇五年におこったのである。その時までに、西欧の中産階級はもはや革命的でもなく、戦闘的改革者でさえもなかった。そして、この半世紀の時間的ずれがそれ自体有力な要因となって、一九一七年の自由主義的社会主義と権威主義的社会主義との間の最終的な分裂をみちびき、つづいてロシアとヨーロッパの間の進路の宿命的な分岐をもたらした。ゲルツェンがエドガー・キネにあてた手紙のなかで「諸君はプロレタリアートの道を経て社会主義に〔進むでしょうが〕、われわれは社会主義の道を経て自由に向うのです[2]」と書いた時に念頭においていた進路の分岐点とは、まさにこれであるとF・I・ダン〔フョードル・イリーチ、一八七一—一九四七、別名グルーヴィッチ。メンシェヴィキ、評論家〕が考えたのは、おそらく正しかった。この時期のロシアと西欧との間の政治的成熟度の違いは、ゲルツェンが一〇年後にパトニー亡命中に書いた『フランスとイタリアからの手紙』への序文のなかであざやかに描かれている。彼のとりあげた話題は西ヨーロッパにおける一八四八年の革命であった。

> 自由主義者というあの政治的プロテスタントは、自らもまたもっともおそるべき保守主義者になりました。改革された憲章や憲法の背後に彼らは社会主義の幽霊をみつけて恐怖のあまり青ざめたのです。彼らは失うべきなにものかをもち、怖れるべきなにものかをもっているのですからこのことはべつに驚くことではありません。しかし、われわれ〔ロシア人〕はもともとそのような立場にはないのです。すべての公的問題にたいするわれわれの態度は、もっと単純で

素朴です。

自由主義者は、彼らの自由を失うことを怖れています――われわれは自由をもっていません。彼らは産業の領域での政府による干渉について神経質です――わが国では、政府はとにかくなにごとにつけても干渉しています。自由主義者は個人の権利を失うことをおそれていますが――われわれはまだそれを獲得しなければならないのです。

われわれのいまだ無秩序な生活のもつひどい矛盾――わが国の法律的および憲法上の概念のすべてに安定性が欠けていることは、一方ではもっとも無制限な専制政治や農奴制および軍事的植民を可能にしています。そして他方では、ピョートル一世やアレクサンドル二世の改革のような革命的変革の施行を容易にする諸条件をつくりだしているのです。家具つきの借間に住んでいる人間は、自分自身の家をすでに手に入れている人間よりもはるかに容易に引越しできるのです。

ヨーロッパは、その積荷――遠い、危険な探検で貯えられた莫大な宝――を捨てることができないために沈没しつつあります。われわれの場合は積荷のすべては人工的なバラストです。それを船外に放り出し、それから大海にむかって帆を全開して船出しよう。すべての政党が色あせたアナクロニズムと化し、すべての人々が、ある人々は希望をもって、他の人々は失望しながら、経済的革命の雷雲が近づいていることを指摘しているまさにその時に、われわれは力とエネルギーにみちて歴史に加わりつつあります。そして、それ故にわれわれもまた隣人たちを見ている時には、近づきつつある嵐に怖れを感じはじめ、彼らと同じように、この危機について沈黙するのが一番よい方法だと考えるのです。しかし、あなた方はこれらの脅威におびえる必要はありません。安心しなさい。われわれの財産の上には――土地の共同所有――という避雷針があるのですから。(3)

　言いかえれば、基本的権利や自由が完全に欠けていた一八四八年以降、七年におよぶ暗黒の年々は、絶望と無関心を誘うどころか、一人のロシアの思想家以外の人々にも自分の国とヨーロッパの比較的自由な諸制度との間には完全な反対命題《アンチテーゼ》があるのだという認識をもたらした。それは、はなはだ逆説的なことに、その後のロシア的楽天主義の基礎ともなった。ロシアだけに運命づけられた比類なく幸福で輝かしい未来についての極めて強い期待がそこから湧き出たのである。

　ゲルツェンの事実分析は全く正しかった。語るに足るようなロシアのブルジョワジーは存在しなかった。ジャーナリストのポレヴォーイ〔ニコライ・アレクセーエヴィッチ、一七六六―一八四六〕も、文学好きの商人でベリンスキーやトゥルゲーネフの友人であったボートキン〔ヴァシリー・ペトローヴィッチ、一八一一―六九〕も、さらにはベリンスキー自身さえも目立った例外であった。そのくらいだから、革命はいうまでもなく、思い切った自由主義的諸改革のための社会的条件すらも存在しなかった。とはいえ、カヴェーリン〔コンスタンチン・ドミトリエヴィッチ、一八一八―八五、法制史家、ペテルブルク大学教授〕のような自由主義者や、さしものベリンスキーさえもがひどく悲しんだまさにこの事実こそが、注目すべきそれ自身への埋め合わせをもたらしたのである。

ヨーロッパでは一つの国際的な革命が勃発して、失敗した。そしてその失敗は、理想主義的な民主主義者や社会主義者の間に苦い幻滅感と失望感を生み出していた。いくつかの場合にはそれは人々を冷笑的な無関心に導いたし、さもなければ無感動なあきらめや宗教やあるいは政治的反動の隊列に参加することのいずれかのなかで慰めを見出そうとする傾向へと導いた。これは一九〇五年のロシアでの革命の失敗が、『道標《ヴェーヒ》』〔訳注6〕グループによる悔悟や精神的価値への呼びかけを生みだしたこととまことによく似ている。ロシアではカトコーフ〔ミハイル・ニキホロヴィッチ、一八一八―八七、社会評論家〕は保守的なナショナリストになったし、ドストエフスキーはロシア正教に転じ、ボートキンは急進主義に背をむけ、バクーニンは不本意な「告白」に署名した。しかし、総じてロシアはそれまでに革命も、そして革命に反比例する深い幻滅も経験したことがなかったという事実によって、西ヨーロッパの発展とは大いに違った方向へ導かれたのである。重要なことは改革にむけての情熱――革命的情熱、および大衆的圧力、扇動、ある人々が考えたような陰謀といった方法による変化の可能性についての信念――が弱まらなかったということである。反対にそれは一層強まりさえした。しかし、政治的革命を支持する論議は西側における革命の失敗が極めて歴然とするにいたって、以前にくらべて明らかにその説得力を弱めた。その後三〇年間、不満で反抗的なロシアの知識人たちは、彼らの関心を自国内の情況の特殊性にむけた。そしてそれからは、彼らは西方から輸入され、せいぜいロシア人が用意した反抗的な原木に接ぎ木できるだけの出来合の解決を求めるよりも、ロシアだけが提示している特殊な諸問題に細心に適用された新しい教義と行動様式の創造にむかった。彼らは学ぶだけでなくそれ以上のことを覚悟していた。すなわち、彼らは西ヨーロッパのもっとも進んだ思想家たちのもっとも忠実で熱心な弟子となったが、それ以上に以後、ヘーゲルやドイツの唯物論者たちや、ミル、スペンサー、コントの教義をとくにロシアの必要に適するように変形することになる。トゥルゲーネフの『父と子』のなかのバザーロフは彼の戦闘的な実証主義と唯物主義と西側への尊敬にもかかわらず、本物のコスモポリタン的思想のもち主であった四〇年代の人々——たとえばあの想像上の人物ルージン、あるいはその汎スラヴ主義やドイツ嫌いにもかかわらず、実際にルージンの原形と想像されているほかならぬあのバクーニン自身——よりもはるかにロシアの土壌のなかに深い根をもち、そのことについて一種の自覚した誇りをもっていたのである。

ロシア帝国を「革命の病い」の感染から守るために政府によってとられた各種の措置は、革命の勃発の可能性を阻止するうえで疑いなく決定的な役割を演じていた。しかし、この「道徳的隔離」政策の重要な結果は、西欧の自由主義の影響を弱めるということになった。そのことはロシアの知識人の目を内向きにさせ、以前にくらべて彼らの目前にある痛ましい問題を避けて西欧からの万能薬を漠然と探し求めるようなことを一層困難にした。それに国内のさまざまの道徳的、政治的勘定の厳しい決算がつづいた。西欧自由主義に歩調を合わせて進もうという希望が後退するにつれて、ロシアの進歩的運動は次第に内向的になり、非妥協的になっていった。もっとも決定的で驚くべき事実は、進歩派の側で内部的崩壊がなく、革命派と改革派の意見が一段と民族主義的になったにもかかわらず、以前にましてしばしば非妥協的な論調を帯びたことであった。それは自覚的に厳しい反美学的な諸形態、大袈裟に唯物論的で、露骨で、功利的な形態を好み、ゲルツェンよりもむしろベリンスキーの晩年の著作の思想を引き継ぎ、依然として自信にみち、楽天的であった。一八四八年のあとの「七年の長い夜」の間の最悪の時期においてさえも、同じ時期のフランスやドイツでひどく目につく平板さや無感動はない。しかし、このことはインテリゲンツィヤの内部での深刻な分裂という代償を払ってあがなわれたのである。新しい人間、チェルヌィシェフスキーとナロードニキ左派たちは、西欧あるいは自国の自由主義者のいずれからも、彼らの先輩の誰よりも広い谷間でへだてられていた。一八四八年から一八五六年の抑圧の時期にこの境界線はますます現実的なものとなった。スラヴ派と西欧派との間の境界はそれまでは容易に往き来されていたものであったが、今や分断の壁となった。かつては二つの陣営をむすぶ友情と相互の尊敬という枠組——「二つの顔をもち心臓はひとつのヤヌス」——の中で、ベリンスキーやゲルツェンのような急進主義者は、カトコーフやホミャコーフ〔アレクセイ・ステパノヴィッチ、一八〇四—六〇、スラヴ主義者、哲学者〕やアクサーコフ兄弟〔セルゲイ・チモフェーエヴィッチ、一七九一—一八五九とコンスタンチン・セルゲーエヴィッチ、一八一七—一八六〇の兄弟、スラヴ主義者〕といった人々と激烈に議論しても、深い尊敬の念をもち、時には愛情さえまじえた雰囲気の中で議論できたが、そのような状況はもはや存在しなかった。チチェーリン〔ボリス・ニコラエヴィッチ、一八二八—一九〇四、法制史家・評論家・モスクワ大学教授〕と一八五九年にロンドンで会った時に、ゲルツェンはチチェーリンを論争相手ではなく、敵とみなしたが、それももっともなことであった。急進派自身のなかでは、さらに苦痛に満ちた分極化が進んでいた。六〇年代の『鐘《コーロコル》』の穏健派とペテルブルクの急進派との間の争いは一層厳しいものになった。ひきつづき共通の敵――帝政警察国家――が存在したにもかかわらず、古い連帯は最終的に破れた。ロンドンでのチェルヌィシェフスキーとゲルツェンの会見は、堅苦しく、気まずくて、まるで形式的な行事のようだった。左派と右派に分れた反体制派間のへだたりは確実に拡がっていった。そしてこのへだたりは、左派が西欧の諸思想にたいして以前よりもはるかに批判的になり、右派のように西欧から輸入された自由主義的、あるいは社会主義的教義から合成された普遍的救世策への信頼を失い、土着の諸制度と特殊ロシア的な解決に救済を求めていたにもかかわらず、それでもなお生じたのである。

そのようなわけで、ずっと後に、一八九〇年代のロシア社会民主主義者たちの正統マルクス主義という形で、直接的な西欧の影響がついに再現してきた時には、ロシアの革命的インテリゲンツィヤの間には、一八四九年から一八五一年当時のヨーロッパにおける自由主義的期待の崩壊という前例によってはくじかれないという状態が生れていた。その信念と諸原則は支配体制へのまともな敵意のために腐敗からまぬがれていた。また、幻滅感を混えた妥協があまりにも多くの成果をもたらすために、その結果として軟弱さとあいまいさが増すという危険――西欧における彼らの古くからの同盟者たちの間にひろがっていた危険――からも自由であった。結果的に、社会主義者たちの間にほとんど世界的に沈滞 *malaise* がおおっていた時期にロシアの左翼運動はその理想と戦闘精神を保持していた。それは絶望のゆえにではなく、強さのゆえに自由主義とすでに決裂していた。それは自らの強靭で急進的な、土地均分論の伝統をつくり出し、鍛えていた。それはまさに進軍の用意のできた一つの軍隊であった。一八四八年から四九年にかけての嵐のなかで生まれたロシアの急進主義の独自の発達――その傾向の原因となったいくつかの要因は思い返すに値するであろう。

　皇帝ニコライ一世は、彼の全生涯を通じてデカブリストの蜂起の思い出にとりつかれていた。彼は無神論、自由主義および革命の恐怖から自らの臣民を救うべく神意によって任命された統治者であると自任していた。その名称に違わず、その実際でも絶対専制君主であった彼は、あらゆる形の政治的な異端と反対派を除去することこそが彼の政府の第一の目的であるとみなしていた。それにもかかわらず、厳格をきわめた検閲やもっとも苛酷な政治警察といえども、比較的平穏な二〇年がつづいては幾分かはその警戒をゆるめるものである。ロシアではこの長い平和を乱したのはポーランドの反乱だけで、国内ではとりたてて危険な陰謀のきざしはどこにも見られなかった。支配体制にとって危険なものといえば、わずかな数の小規模で地方的な農民の騒動、急進的な精神をもった大学生たちの二、三のグループやひとにぎりの西欧化された教授たちや作家たち、それに加えてあちこちにチャアダーエフのようなローマ教会の風変りな弁護者や、あるいはギリシャ語の元教授で変り者の救世主会神父のペチェーリン〔ウラジーミル・セルゲーエヴィッチ、一八〇七―八五、モスクワ大学教授、その後カトリック神父となり亡命〕のように実際にローマ教会へ改宗する者がいるにすぎなかった。この結果、四〇年代半ばには『祖国の記録《アチェーチエストヴエンヌイ・ザピースキ》』や『現代人《ソヴレメーンニク》』のような自由主義的な雑誌が勇気をふるって出版をはじめた。もっとも、厳存する検閲と政治警察のドゥベリト将軍の鋭い目の下では、政府にたいする公然たる反対の論文を印刷することは問題外であった。しかし、掲載論文は、表面上は西ヨーロッパかまたはオスマン帝国の諸問題をとりあげて、一見したところ平静な態度で書かれていたが、行間を読むことのできた人々にとってはそこにロシアの支配体制を批判する漠然とした暗示や隠された風刺がふくまれているのだった。すべての進歩的精神の持主にとっての魅力の中心はもちろんパリであった。それは世界でもっとも先進的で自由を愛するすべての人々にとっての故郷であり、社会主義者たちやユートピアンたち、ルルーやカベー、ジョルジュ・サンドやプルードンにとっての故郷であった。それはやがては人類を自由と幸福に導くはずの革命的な芸術、文学のセンターであった。

四〇年代の典型的な自由主義的サークルに属していたサルトゥイコフ・シチェドリン〔訳注7〕は、彼の回想録の有名な一節で次のように述べている。(4)

ロシアではすべてのことが終り、さながら五つの封印で閉じられて、あらかじめ宛先き不明と決定されている受信人にむけて発送するために郵便局に運ばれているかのように思われた。(これにくらべて)フランスではあらゆることがはじまりつつあるように見えた、……われわれの(フランスへの)共感は一八四八年前夜にはとりわけ深いものとなった。ルイ・フィリップの統治の最後の数年のドラマの激動のすべてを、われわれは興奮をかくしきれずに見つめた。われわれは情熱的にルイ・ブランの『一〇年の歴史』を読みふけった。……ルイ・フィリップやギゾー、ドュシャテやティエール、――これらの人々はほとんど自らの不倶載天の敵であったし、おそらく憲兵隊司令官L・V・ドウベリトにくらべてさえもより危険な敵であった。

ロシアの検閲はこの時期には明らかにその厳格さの極点には達してはいなかった。検閲官たち自身が、時には一種おくびょうな右翼的自由主義への傾向をもっていた。いずれにせよ、多くの場合に彼らは、「不忠」な歴史家やジャーナリストの底知れぬ巧妙さや、とりわけそのとどまることを知らぬ粘り強さにはかなわなかったので、余儀なく「危険思想」の幾分かを見逃さざるを得なかった。事実上政治警察の代理人として行動していた編集者ブルガーリン〔ファヂェイ・ヴェネヂクトヴィッチ、一七八九―一八五八〕とグレーチ〔ニコライ・イヴァーノヴィッチ、一七八七―一八六七〕のような専制主義の熱心な番犬たちは、しばしば彼らの主人にたいする私的な報告のなかでこのような検閲官たちの目こぼしを非難した。しかし、有名な愛国的三位一体の標語「正教、専制、国民性」を作った文部大臣ウヴァーロフ伯は、自由主義傾向を非難されるおそれのほとんどない人物であったにもかかわらず、頑固な反動主義者という評判を得ないようにと心配するあまり、自由主義的な著作のなかでもあまり目だたない表現については見て見ぬふりをすることもあった。西側の基準からすれば、ロシアの検閲は例を見ぬほど厳しいものであった。たとえばベリンスキーの手紙は、検閲官たちがどの程度まで彼の論文を骨抜きにしたかをきわめて明らかにしている。それにもかかわらず、ペテルブルクでは自由主義的な雑誌は何とか生き残っており、そのことは一八二五年の直後の時期を記憶している人々や皇帝の気性を知っている人々にとっては、注目に値することであった。自由の限界はもちろんきわめて狭かった。この時期のもっとも目ざましいロシアの社会的文献は、亡命者の著作を別とすれば、ベリンスキーがゴーゴリの著作『友人との往復書簡抄』を非難して彼にあてた公開の手紙であった。〔訳注8〕それはロシアでは一九一七年まで完全な姿で出版されることはなかった。ベリンスキーの手紙は教会や社会制度や皇帝と彼の官僚たちの専横な権威にたいしての激烈な非難であり、ゴーゴリが自由と文明の大義について中傷しただけでなく、奴隷化された救いようのない自国の国民性に執拗に中傷を加えたことにたいする告発であり、比類なく雄弁で強烈な体制批判であったから、それは不思議ではなかった。一八四七年に書かれたこの有名な攻撃文は、モスクワやペテルブルクの境界をはるかにこえて手写しで秘密裡に回し読みされた。実際、ドストエフスキーが死刑を宣告され、その二年後にほとんど執行寸前までいったのは、主として彼がこの手紙を不平分子の私的な集まりで朗読したためであった。一八四三年にアーンネンコフ〔パーヴェル・ヴァシリエヴィッチ、一八一二―一八七、作家、批評家、西欧主義的自由主義者〕がわれわれに語っているように、首都ではフランスの破壊的な諸教義が公けに討議されていた。警察長官リプランディは、禁じられている西側の印刷物が書店に公然と陳列されているのを発見した。一八四七年にゲルツェンとベリンスキーとトゥルゲーネフはパリでバクーニンやその他のロシアの政治的亡命者たちと会った。彼らの新しい道徳的、政治的経験は、その反響をロシアの急進的な印刷物の中で見出せる。この年は検閲の寛容度がその頂点にたっしていたことできわだっていた。一八四八年の革命は、そのようなことのすべてを以後数年にわたって終らせたのである。

次の話はよく知られているし、シーリデルの書物のなかでも見られるであろう。(5) フランスにおけるルイ・フィリップの失脚と共和制の宣言についてのニュースを受けとった皇帝ニコライは、ヨーロッパの支配体制の不安定さについての彼の最悪の予感がまさに実現しそうに感じて直ちに行動すべく決意した。グリムの(あまり出所のはっきりしない)話によれば、皇帝はパリからの不吉なニュースを聞くや、四旬節の前夜祭の大舞踏会がひらかれている、彼の息子将来のアレクサンドル二世の邸にすぐさまかけつけた。舞踏室にとびこむと、彼は皇帝らしい身ぶりで踊り手たちを制止し、大声で「紳士諸君、出陣の準備をせよ、共和制がフランスで宣言されてしまったのだ!」と叫んだ。そして一群の廷臣たちをひきつれてさっさとその部屋から出ていった。この劇的なエピソードが果してあったかどうかはともかく――シーリデルはそれを信じていないが――当時の一般的な雰囲気を十分正確に伝えている。ピョートル・ヴォルコンスキー侯がこの頃にV・I・パナーエフ〔ウラジーミル・イヴァーノヴィッチ、一七九二―一八五九、大臣官房長、作家〕に語ったところでは、皇帝はヨーロッパでの予防戦争を宣言する気持になっていたようだが、ただ軍資金が不足だったから思いとどまったということである。実際には大増援部隊が「西部の諸地方」、すなわちポーランドの防衛のために派遣された。この不幸な国は、一八三一年の反乱にあたっての野蛮な鎮圧によってだけではなく、さらに一八四六年のガリシア地方の農民蜂起後の措置によっても痛めつけられていて、身動きさえできなかった。しかしパリやその他の自由主義者の宴会では、当然どこでもポーランドの自由は喝采をうけ、ロシアの専制主義は非難されていた。そして、このことは当時パスケーヴィッチ〔イヴァン・フョードロヴィッチ、一七八二―一八五六、ポーランド、ハンガリーの反乱の鎮圧者〕の軍靴の下にあったワルシャワでは反響を呼びおこさなかったとはいえ、皇帝はいたるところに反逆があると思っていた。なぜバクーニンの逮捕にあのような重要性が与えられたのかという基本的な理由の一つは、実は皇帝が、バクーニンとポーランドの亡命者たちとが密接な関係をもっていたとか――それは事実であった――、また彼らがポーランドの新たな反逆を企てており、バクーニンはそれに加担していたとか――それは嘘であった――を信じていたからであった。もっともバクーニンの大袈裟な公言が、そのような想像にいくぶん色を添えることもあり得たろう。だが、バクーニンは彼が捕われた時には、皇帝の側にあるこの妄執については全く気づかなかったようだし、それゆえに自分がどう思われているかについても知らなかったようである。彼の告白はほかの点では空想的で、概してあまりにも官憲に妥協的であるが、それでもこのありもしなかったポーランドの陰謀の話は含まれていない。ベルリン暴動の後間もなく、皇帝は一つの宣言を公表した。彼はそのなかで、反逆と混乱の波が、幸いにしてロシア帝国の難攻不落の国境地方にはまだ到達していないこと、この政治的疫病のひろがりを抑えるために彼の力のおよぶかぎりあらゆることをなすつもりであること、そして、そのような時には彼の忠実な臣下のすべてが王座と教会の危険を防ぐために彼のもとに結集するものと確信していると言明した。皇帝秘書ネッセリローデ伯爵は『聖ペテルスブルク新聞 *Journal de St.-Pétersbourg*』のなかに発表する皇帝の宣言文に、内意をうけてその好戦的な調子を和らげるための注釈をつけた。この注釈は、ヨーロッパでの効果はどうあろうとも、ロシアでは誰一人も欺けなかったように見える。ニコライがその宣言を自らの手で起草し、それを目に涙をたたえながらコールフ男爵〔モデスト・アンドレーヴィッチ、一八〇〇—七六、帝国尚書、後に国務院法制局長〕に読んで聞かせたということが知られていた。コールフもまた涙を流さんばかりになったようで、(6) 前もって起草するよう命じられていた自分の草案を価値のないものとして直ちに破棄したのであった。皇位継承者アレクサンドルは、近衛将校の集会でその宣言を読みあげた時に感涙にむせんだ。憲兵長官オルローフ公爵は、これにおとらず深く感動した。この文書は愛国的感情の本物のたかまりを呼びおこした。もっとも、それは長続きはしなかったようである。皇帝の政策は少なくとも上層階級と官僚層の間では、一般の感情にある程度は呼応したものであった。一八四九年にパスケーヴィッチが指揮するロシアの軍隊は、ハンガリーにおこった革命を粉砕した。ロシアの影響力は、オーストリア帝国のその他の諸州やプロイセンにおける革命の鎮圧で主要な役割を演じた。ヨーロッパにおけるロシアの支配力とそれがロシアの国境外のすべての自由主義者、立憲主義者の胸中に注ぎこんだ恐怖と憎悪は、その頂点にたっした。ロシアは当時の民主主義者にとって、まさにわれわれの時代におけるファシストの諸国のようなものであった。すなわち、自由と啓蒙にたいする大敵であり、暗黒と冷酷と抑圧の貯蔵庫であり、亡命した自国の息子たちからもっともひんぱんに、もっとも激烈に告発された国であり、無数のスパイと密告者たちの奉仕する不吉な権力であった。彼らの秘密の手は、ヨーロッパで国民的および個人的自由の成長にとって不利な政治的発展があるところではどこでも発見された。自由主義者たちのこの憤りの波は、ニコライにとっては彼が自らの権力行使ばかりか自らの範例によってヨーロッパを道徳的、政治的滅亡から救ったのだという確信をつよめさせることになった。それまでも、彼にとって自らの義務は常に明白であった。彼は追従にも悪罵にも動ぜず、整然と無慈悲にその義務を遂行した。

ロシアの国内問題へのこの革命の影響は直接的で強力であった。土地改革のためのすべての計画、とりわけ私有、国有を問わず農奴の状態の緩和のための提案は、——かつて皇帝がかなり同情的な配慮を与えたこともある農奴解放のための計画については言うにおよばず——すべてが突然却下された。長年の間、農奴制が経済的のみならず社会的にも悪であるということは、自由主義的サークルの場以外でも常識とされていた。キセリョーフ伯爵〔パーヴェル・ドミトリエヴィッチ、一七八八—一八七二〕はニコライが信頼して、かつて彼の「農業問題参謀長」になるようにと招いた人物であったが、この見解を強く保持していた。積極的改革の推進を妨げるために全力を傾けていた地主たちや反動的官僚たちといった人々でさえも、それまでの数年はこの制度そのものの弊害について異議をとなえることが有利だとは考えていなかった。しかるに、今やゴーゴリがその不運な『友人との往復書簡抄』のなかで示したお手本が、政府公認の一、二の学校教科書のなかでも見習われることになった。それはもっとも極端なスラヴ主義者よりもさらに極端なもので、農奴制の機構を神によって認められたものとして、他の家父長制的ロシアの諸制度と同じように不動の基礎の上に置かれた——皇帝自身の神聖な権利と同じく——それなりに不可侵なものとして描きはじめていた。地方自治体について計画されていた改革も同様にうち切られた。「革命という怪物《ヒドラ》」は帝国をおびやかしつづけていたし、それゆえに、ロシア史においてしばしばそうであったように、国内の敵対者たちは見せしめ的な苛酷さで取り扱われた。まずとられた措置は検閲に関するものであった。

　ブルガーリンとグレーチから絶えず流されていた秘密の告発は、ついにその効果をあらわした。コールフ男爵とメーンシコフ公爵〔アレクサンドル・セルゲィヴィッチ、一七八七―一八六九、ロシアの海軍提督〕は、検閲の緩和と定期刊行物のなかで見つけた危険な自由主義的論調の実例を示す覚え書きをほとんど同時と思われる時期に作製した。皇帝は、こんなことがもっと早く見つけられていなかったことに彼自身が衝撃をうけており、憤慨していると言明した。メーンシコフ麾下の委員会がただちに設立され、検閲官たちの活動を調査し、これまでの取締りをもっと強化するように命令された。この委員会は、『現代人』と『祖国の記録』の編集者を召喚して彼らに「全般的な不穏当」を理由に強く警告した。後者はその論調を変え、その編集兼出版者クラエフスキーは一八四九年に正統派的(*bien pensant*)論文を出版し、そのなかで西ヨーロッパとそのすべての所業を非難し、ロシアにおいてさえも当時は前代未聞で、ブルガーリンの『北方の蜜蜂《セーヴェルナヤ・プチェラー》』のなかでもめったに見当らないほどに卑屈なお追従を政府にむけて提供した。『現代人』に関していえば、そのもっとも有能な寄稿者で、なにものによっても堕落させられず沈黙させられないベリンスキーが、一八四八年のはじめにすでに死亡していた。[7] ゲルツェンとバクーニンは、パリにいた。グラノフスキーは、抗議するにはあまりにも温厚でかつ不幸であった。ネクラーソフ〔ニコライ・アレクセーエヴィッチ、一八二一―七七、詩人〕はロシアの主だった文学的人物のなかでほとんどただ一人残されてたたかいをつづけていた。彼はその並はずれた機敏さと役人たちへの対応の巧みさを発揮することによって、また優に数ヵ月間も低姿勢を保つことによって、首尾よく生きのびたうえに出版までもやってのけた。そして、彼はそうすることによって法律の保護の外におかれた四〇年代の急進主義者たちと、五〇年代と六〇年代のたたかいに加えられた迫害によって苦しめられ鍛えられた新しい、より熱狂的な世代との間の生きた連携をつくりだした。メーンシコフの委員会は、初めはD・P・ブトゥルリーン、後にはN・N・アーンネンコフを長とする秘密委員会——一般には「四月二日委員会〔訳注9〕」という名で知られていた——によってやがてとって代わられていった(皇帝は複数の秘密委員会に重大な問題を付託する習慣があったが、委員会の方ではしばしばお互いの存在について知らないままに食い違った活動をすることがあった)。この委員会が課せられている役割は事前検閲の仕事ではなく(それは文部大臣の指揮のもとにある検閲官たちによってひきつづき行なわれていた)、すでに出版されたものを吟味することであり、必要な刑罰的処置を執行する責任を負っている皇帝自身に、「不穏当」のいかなる形跡をも報告せよという指令をうけていた。この委員会はいたるところに存在する憲兵隊の、司令官ドゥベリトを通じて政治警察ともつながっていた。それは盲目的で情け容赦のない熱心さで他のあらゆる部局や機関を無視しながら活動した。そして、ある時など熱心さのあまり皇帝自身によって是認されていた風刺詩を実際に告発したことさえあった。(8) この委員会はさほど多くない定期刊行物にあらわれたすべての言葉を徹底的に篩にかけることによって、あらゆる形の政治的・社会的批判を——専制権力と正教会への無限の忠誠を示す因習的な表現以外のまさにすべてのものを――実質的に窒息させることに成功した。これはウヴァーロフにとってさえいささかひどすぎることが明らかになって、彼は健康の不調を口実として文部大臣を辞任した。彼の後任者は愚昧な貴族――シリンスキー・シフマートフ公であった。[9] 彼はそれ以前に、不忠の主要な原因の一つはロシアの各大学で許されている哲学的思索の自由にあるに違いないと指摘した覚書を皇帝に提出していた。皇帝はこの命題を受け入れて緊急の勅令を発し、正教信仰の戒律をより厳格に遵守させるため、とくに哲学とその他の危険な傾向を制限して大学教育を改革するために彼を大臣に任命した。この中世的な命令は名実ともに実行されて、マグニッキー〔ミハイル・レオンチェヴィッチ、一七七八―一八四四、カザン地区の教育主事〕が一〇年前に行なった悪名高いカザン大学の「浄化」さえもしのぐ、教育上の「粛清」をもたらしたのである。

一八四八年から一八五六年までは、一九世紀ロシアの蒙昧主義の暗夜の中でももっとも暗い時期であった。当局者たちをよろこばせることに小心翼々としている、あの臆病でへつらい者のグレーチ――パリからの一八四八年の手紙のなかで、第二共和制のもっとも穏健な自由主義的法令を、ベンケンドルフ〔アレクサンドル・クリストフォローヴィッチ、一七八三―一八四四、思想警察長官〕自身もおよび難いような軽べつをこめて非難していた――このあわれな手合グレーチさえもが、五〇年代に書いた自伝[10]のなかで、この新しい二重検閲制度の愚かさについては一種悲痛な調子をこめて不平を述べている。おそらく、この文学上の「白色テロ」のもっとも鮮やかな描写は、ナロードニキ作家グレープ・ウスペンスキーの回想記のなかの次の有名な一節であろう。[11]

人は身動きすることができませんでした。人は夢みることすらできなかったのです。思想のいかなる印――あなたがおそれていないという事実の印を示すことは危険でした。反対にあなたが心の傷跡をのこしていること、たとえ実際に根拠がない場合でさえもおびえているように見せることが求められていたのです。それがこの数年間にロシアの大衆のなかにつくり出されてしまったものでした。絶え間ない恐怖が……当時は一般にひろがっていました。そして公共的な意識をうちくだき、思想のためのあらゆる希望と能力をうばい去ったのです。……地平線上には一点の明りもありませんでした。「汝は滅びる」と天も地も大気も水も人も獣も叫びました。そして、すべてのものが身ぶるいし、災厄を避けて最寄りの兎の穴の中に逃げこんだのです。

ウスペンスキーの記述は他の証拠によって裏付けられている。多分、チャアダーエフの行動はそのもっとも鮮明な例であろう。一八四八年には、この非凡な人物はもはや(ニコライ一世に)「勅令で宣告された精神異常者」ではなかったが、ひきつづきモスクワに住んでいた。一八三六年の『望遠鏡《テレスコープ》』誌の没落は、彼の名をひろめていたが、彼はこの不幸によってくじけてはいないようであった。彼の誇り、独自性、独立性、会話の魅力、ウィット、それらにもまして知的自由のための殉教者としての名声は、政治的反対者たちをさえもひきつけ、魅了した。彼のサロンにはロシア人とすぐれた外国人訪問者たちが訪れたが、彼らは一八四八年の衝撃が襲うまでは彼がひきつづき非妥協的に、そして(当時の政治的雰囲気を考慮すると)おどろくほど自由に、彼の親西欧的共感を表明していたことを証言している。スラブ主義の集団たちのなかでの比較的極端な人々、そのうちでもとくに詩人ヤズィコフは、時々彼を攻撃したし、ある時には、事実上彼を政治警察に告発した。(12) しかし、彼の威信と名声はなおあまりにも偉大であったから、第三課は彼には手をふれなかったし、彼もひきつづき毎週のサロンにロシアと外国の両方のさまざまな著名人たちをうけいれていた。一八四七年に彼はゴーゴリの『友人との往復書簡抄』に強く反論した。そしてアレクサンドル・トゥルゲーネフ〔一七八五―一八四六、デカブリストのニコライ・トゥルゲーネフの兄〕への手紙のなかで、それをあの不幸な天才にあらわれた誇大妄想狂の徴候だとして非難した。チャアダーエフは自由主義者でもなかったし、ましてや革命家ではなかった。彼はどちらかといえば浪漫的な保守主義者であり、ローマ教会と西方の伝統の賛美者であり、東方教会とビザンティウムへのスラヴ主義者の妄執にたいする貴族的な反対者であった。彼は右翼的な人物で、左翼ではなかった。しかし、彼は当時の支配体制にたいするおそれを知らぬ反対者と自負していた。彼は、なによりもその個人主義と不屈の意志とその性格の不朽の純粋さと強さと権威に屈服することへの誇り高い拒否によって尊敬されていた。一八四九年にこの西欧文明の勇敢な擁護者は突然ホミャコーフにあて、ヨーロッパは大混乱のさなかにありロシアの援助を深刻に必要としていると書き、さらにハンガリー革命粉砕のためにロシア皇帝が大胆なイニシアティブをとる必要についてすこぶる熱心に語った。これは、当時の多くの知識人たちの間で感じられていた民衆蜂起への怖れによるものだと思われるが、これで話は終わらない。一八五一年にゲルツェンがチャアダーエフへの情熱的な賞賛をふくむ一冊の書物を国外で発行した。[13] チャアダーエフはそのことを耳にするやいなや直ちに政治警察長官に手紙を送り、彼があまりにも悪名高い非道の人から賞賛されたことを聞き知って困惑し憤っていることを伝え、さらにこの世の秩序の回復のために神意の代弁者としてつかわされた皇帝にたいして、もっともへりくだった忠誠の感情を表明した。「どうしてそのような卑劣な感情を?」と問うた彼の甥で腹心の友でもある人物にたいして彼は、結局「人は自分の身を守らなければならない」と述べただけであった。当時のロシアにおいてもっとも誇りたかく、そしてもっとも自由を愛する人物の側でのこのあきらかに冷笑的な自己卑下の行為は、奇蹟的にシベリア送りや絞首台を逃れた貴族出身の反逆者たちの古い世代の一員に加えられてきた長い抑圧の影響を示す悲劇的な証拠である。[訳注10]

これが有名なペトラシェフスキー事件が裁判にかかった時の雰囲気であった。この事件の主な興味は、それが当時のロシアにおいて発見された西欧の思想の直接的影響による唯一の重大な陰謀だったという事実にある。ゲルツェンがそのニュースを聞いた時に、「鳩がノアの箱舟にもたらしたあのオリーヴの枝」――洪水の後の希望の最初の微光――のように感じたものであった。[14] この事件については、それに連座した人々によってかなり多くのことが書かれている――そのなかには事件の共犯者としてシベリアに送られたドストエフスキーがいる。後年、あらゆる形の急進主義と社会主義(むしろ世俗主義一般)を憎悪したドストエフスキーは、明らかにこの事件での彼自身の役割を小さく見せようと努めたし、また『悪霊』のなかで革命的陰謀についての有名なカリカチュアを試みている。ペトラシェフスキー事件の調査委員会の一人、コールフ男爵は、後にこの陰謀がかつて主張されたように重大なものでも広汎なものでもなかったこと——それは主に「思想上の陰謀」であったと語っている。後世の証拠に照らしてみると、とくにソヴェト政府の発行した三巻の記録文書(15)によると、コールフ委員の判断は疑わしいといえよう。もちろん、形のととのった陰謀はなかったというのは事実である。事件の全貌は、不満をもった相当な数の若者たちが定期的に二、三の家に寄り集まって改革の可能性を論じあったということであった。ブタシェヴィッチ・ペトラシェフスキー自身がフーリエに思想的に傾倒していたにもかかわらず(彼が自分の所領にその農民たちのために小さな共同宿舎を建てたところ、農民たちはそれを悪魔の発明したものだとして、間もなく焼き払ったという話はあてにならない)、これらのグループは、そのすべてが受け入れる明確な原則のもとに統合されるということはなかった。例えば、モムベーリ〔ニコライ・アレクサンドロヴィッチ、一八二三—九一〕は、労働者や農民のためになるというより、彼自身の属するような中産階級のために、相互扶助団体を創立したいという希望を抱いていたにすぎなかった。アクシャールモフ〔ドミトリー・ドミトリエヴィッチ、一八二三—一九一〇〕、イェヴロペーウス〔アレクサンドル・イヴァーノヴィッチ、一八二七—八五〕、プレシチェーエフ〔アレクセイ・ニコラエーヴィッチ、一八二五—九三〕はキリスト教社会主義者であった。A・P・ミリュコーフ〔一八一七—九七〕のはっきりしている唯一の罪状は、ラムネーを翻訳したことらしい。バラソグロ〔アレクサンドル・パンテレイモノヴィッチ、一八一三—?〕はロシアの社会秩序にたいする恐怖に打ちひしがれた——たとえばゴーゴリ自身と同じ程度に——温和で感じやすい若者で、より浪漫的なスラヴ主義者たちの思想に近い穏健なナロードニキの線での改革と改良を望んでいた。それは実際にはコベットあるいはウィリアム・モリスのようなイギリスの作家たちの新中世賛美者的ノスタルジアとあまり違わないものであった。事実、科学的解説を装って「破壊的」〔訳注12〕な諸項目をふくんだとされたペトラシェフスキーの百科全書〔訳注11〕ほどに、コベットの有名な文法書に似たものはなかった。しかしながらこれらのグループは、パナーエフ〔イヴァン・イヴァノーヴィッチ、一八一二―一八六二、作家、回想記の作者〕、コールシ〔ヴァシリー・ヴラジミーロヴィッチ、一八一〇―九七、批評家〕、ネクラーソフ、それにベリンスキーさえも含めたかつての急進的文筆家たちの気まぐれな集まりとは違っていた。少なくとも参加者のうち幾人かは、現存する支配体制にたいする反乱を助長する方法について具体案を考えるという明確な目的のために集まったのである。

これらの案は非実際的であったし、また、フランスのユートピア思想家たちやその他のいわゆる「非科学的」な思想に由来する夢想的なものを多く含んでいた。だが、彼らの目的としたのは現存支配体制の改革ではなく、その転覆であり、さらに革命政府の樹立であった。ドストエフスキーの『作家の日記』および他の個所での描写は、たとえばスペーシネフ〔ニコライ・アレクサンドロヴィッチ、一八二一―八二〕がその気性と意図において天性の革命的アジテーターであったことや、少なくともバクーニン（彼はスペーシネフを嫌っていた）におとらず真剣に陰謀を信奉していたこと、そしてそれらの討論グループに実際的な目的をもって出席していたことを明らかにしている。『悪霊』のなかの彼の肖像であるスタヴローギンはこの側面を強調している。同様にドゥーロフ〔セルゲイ・フョードロヴィッチ、一八一六—六九〕、グリゴーリエフ〔ニコライ・ペトロヴィッチ、一八二二—八六、近衛将校〕やその他の一、二人が、革命はいつなんどきでも勃発し得ると信じていたことは確かなようである。彼らは大衆運動を組織することが不可能であることに気づいていたが、ワイトリングとドイツの共産主義的労働者たちや、おそらくこの時期のブランキのように、彼らも訓練された革命家たち、職業的エリートの小さな細胞の組織化に望みを託していた。そして、この職業的エリートは時が到れば、すなわち抑圧されていた諸階層が立ち上り、廷臣や官僚たち——ロシアの人民とその自由の間に立ちはだかっているただ一つの脆弱な軍隊——を粉砕する際には効果的にかつ無慈悲に行動し、指導権を握ることができるであろうと信じていた。当時のロシアにおいて革命的状況というにふさわしいようなものはなにも存在しなかったから、彼らの言うことはほとんどは無駄な話にすぎなかった。それにもかかわらず、これらの人々の意図はバブーフや彼の友人たちのものと同じように具体的であり、暴力的であり、そしてゆるぎなく管理された専制政治の条件の下では唯一の可能な実際的陰謀の方法であった。スペーシネフが共産主義者であることはかなり確実で、デザミによってのみでなく、おそらくはマルクスの初期の著作——たとえば反プルードン主義の『哲学の貧困』からも影響をうけていた。バラソグロが彼の証言のなかで述べているところでは、ペトラシェフスキーの討論グループが彼をひきつけた理由の一つは、全体としてそれが自由主義的なおしゃべりや無目的な討論を避けて、議論を具体的な問題に関連づけ、統計的な研究を直接的な行動の見地から処理していたためであった。ドストエフスキーが仲間の陰謀者たちの傾向

——*poliberalnichat* 自由主義者風のふるまい——に軽蔑的に言及しているのは、主に彼自身の汚名をそぐためのように見える。実際には、ドストエフスキーにとってこのサークルの主要な魅力は、おそらくバラソグロをもひきつけていた魅力にほかならなかった。——すなわちその雰囲気がまじめできびしいものであり、パナーエフ夫妻、ソログープ〔一八一三—八二、ロシアの作家〕、あるいはゲルツェンによって催されるにぎやかな夕べのつどいのような適度に自由主義的で、華やかで、形式ばらず、親密で、文学的・知的なゴシップを与えてくれるようなものではなかったためである。彼はそんなつどいでは鼻であしらわれたり、ひどい苦痛を味わされてきたようである。ペトラシェフスキーは異常なほど生真面目な男であった。そして、そのグループは彼自身のものもそれに従うものも、またそこから生まれたいっそう秘密のものさえも——たとえば、チェルヌィシェフスキーが大学生として所属していた同盟組織の「サークル」〔訳注13〕のようなものまでも——いずれもが真面目に実践を意図していた。この陰謀は一八四九年の四月に露見した。そしてペトラシェフスキー団員たちは裁判にかけられ、流刑地に送られたのである。

一八四九年からクリミア戦争終結期のニコライ一世の死にいたる間は、自由主義思想のかすかな輝きすらも存在しない。ゴーゴリは悔い改めない反動主義者として死んだが、その追悼文のなかで彼をあえて風刺の天才として讃えたトゥルゲーネフは、そのために直ちに逮捕されてしまった。バクーニンは獄中にあった。ゲルツェンは国外で生活していた。ベリンスキーは死に、グラノフスキーは沈黙し、精気を失い、そしてスラヴ主義への共感を深めていた。一八五五年のモスクワ大学の百年祭は陰気な行事となった。スラヴ主義者も、自由主義的革命とそのあらゆる所業を拒否し、西欧の影響に反対する絶え間ないたたかいをつづけているにもかかわらず、政府の抑圧の重い手を感じていた。アクサーコフ兄弟、ホミヤコーフ、コーシェレフ、サマーリン〔ユーリー・フョードロヴィッチ、一八一九―七六、スラヴ主義者、社会活動家、評論家〕はちょうどそれまでの一〇年間にイヴァン・キレェフスキー〔一八〇六―五六、初期スラヴ主義の指導的理論家〕が経験したと全く同じように政府の監視のもとにおかれた。秘密警察と特別委員会は思想そのものを危険視した。特にオーストリア帝国内の抑圧されたスラヴ系諸民族の大義を支持し、そのため事実上君主的原理や混合民族帝国に反対の立場をとる民族主義の思想を危険視した。この時期の政府と各種の反対党派との間の戦いは、一八七〇年代、八〇年代の左翼と右翼の間の戦い、一方の側に自由主義者たちや初期の人民主義者や社会主義者、他の側には例えばストラーホフ〔ニコライ・ニコラエヴィッチ、一八二六―九六、社会評論家、哲学者〕、ドストエフスキー、マーイコフ〔アポロン・ニコラエヴィッチ、一八二一―九七、詩人〕、とくにカトコーフとレオーンチェフ〔コンスタンチン・ニコラエヴィッチ、一八三一―九一、宗教思想家、文学者〕を配してたたかわれた長い対立のようなイデオロギーの戦いではなかった。一八四八年から五五年の間、政府と(当時の通称に従えば)「官製愛国主義」の党派は、思想というだけで敵意をもっていたようで、したがって知識人の支持者たちを得ようという試みをしなかった。自ら協力を申し出る者があれば、いくぶん侮られて受け入れられ、利用され、そしてたまには報酬を与えられるのであった。そもそも、ニコライ一世が思想にたいして思想をもってたたかおうと意識的な努力をしなかったのは、彼が思想や思索そのものをすべて嫌っていたからであった。彼は彼自身の官僚機構に深い不信をいだいていたが、おそらくその理由は、それが官僚制である以上は、いかなる形の合理的組織にも必要な最小限の知的な活動を必要としていると感じていたからであった。

「この時代を生きた者にとって、この暗いトンネルはどこにも出口がないように思われた」とゲルツェンは一八六〇年代に書いた。「それにもかかわらず、この数年の影響は決してすべてが否定的だというわけではなかった。」そして、このことは鋭い正確な意見であった。一八四八年の革命はその失敗によって、法と秩序の力によって、いとも容易に鎮圧されてしまったヨーロッパの革命的インテリゲンツィヤへの不信によって、深い幻滅の気運を生み出した。進歩の理念そのものにたいする不信――説得という手段、あるいは自由主義的信念の持主にひらかれている何らかの文明的な方法によって自由と平等が平和的に達成できるという可能性への不信が生まれた。ゲルツェン自身が、彼の希望と思想のこの挫折から完全に回復することはなかった。バクーニンはそのために方向感覚を失った。モスクワやペテルブルクの自由主義的な知識人の古い世代の人々はちりぢりとなり、幾人かは保守派の陣営に吹き寄せられ、残りの人々は非政治的な分野に慰めをもとめた。しかし、一八四八年の失敗が、ロシアのより若い急進主義者のなかのさらに強い意志の人々にもたらした主要な結果は、彼らに皇帝の政府との本当の和解は不可能であるということを強く確信させたことであった。その結果、クリミヤ戦争の間のかなり多くの指導的知識人が敗北主義者になりかかっていたし、それはまた決して急進主義者たちや革命家たちに限ったことではなかったのである。コーシェレフは八〇年代にベルリンで出版されたその回想録[17]のなかで、彼や彼の友人――民族主義者とスラヴ主義者――は、敗北がロシアの最上の利益にかなっていると考えたと明言している。そして戦争の成行きについての公衆の無関心さについて詳しく書いている。クリミヤ戦争中にそのような事実があり得たということよりも、その出版が認められたのが汎スラヴ的宣伝の絶頂期に当たるということの方がより衝撃的である。皇帝の非妥協的な方針は道徳的危機を促進し、最終的には反対派の固い中核を日和見主義者たちから分離させることになった。そして前者は、より狭く彼ら自身の問題に取り組むことになったのである。このことはどちらの陣営にもあてはまった。アクサーコフ兄弟やサマーリンのようにスラヴ主義者であり、西欧を拒否するにせよ、チェルヌィシェフスキーやドブロリューボフ〔ニコライ・アレクサンドロヴィッチ、一八三六―六一、文芸批評家〕、ピーサレフ〔アレクサンドル・イヴァノヴィッチ、一八四〇―六八、文芸批評家〕のように唯物論者、無神論者、また西欧の科学的思想の擁護者であるにせよ、彼らはいずれもロシアの特殊な民族的および社会的諸問題について、とりわけ農民問題――その無知、悲惨、その社会生活の諸形態、その歴史的起源、その経済的将来――にますます熱中した。四〇年代の自由主義者たちは農民の窮状によって心からの同情と憤りを呼びさまされていたといえよう。農奴制はすでに長期にわたって重大な国民的問題となっており、それは実に大きな周知の悪であった。しかしながら、彼らは西欧から入ってくる最新の社会、哲学思想に夢中になっていたので、農民の実際の状態や未踏査の一群の社会的および経済的諸事実について資料を集めたり、退屈な調査をするために彼らの時間を費すことに意欲を感じなかった。それらはすでにキュスティーヌによって極めて表面的ながらとりあげられていたし、後にはハクストハウゼンによってずっと詳しく記述されていた。[18]トゥルゲーネフは彼の『猟人日記』のリアリズムによって、農民の日常の生活様式 *byt* についての関心を呼び起こすためにすでにいくらかの寄与をしていた。グリゴローヴィッチ〔ドミトリー・ヴァシリエヴィッチ、一八二二―九九、作家〕は一八四七年に出版した彼の『村』や『アントン・ゴレムィカ』のなかの悲劇的で、しかし後世の趣味からすると生命感のない、こりすぎた農民描写でベリンスキーとドストエフスキーの両方を感動させた。しかし、これらのことは表面のさざ波であった。一八四九年以降孤立を強め、ヨーロッパともども反動の手中にあって、ただゲルツェンのもの悲しげな声のみが遠くからかすかに聞えてくる間に、混乱を生き抜き社会的意識をもったロシアの知識人たちは、同胞の大多数が生活している現実の条件に彼らのおそれを知らない鋭い分析装置をむけたのである。ロシアは、一〇年あるいは二〇年前にはベルリンやパリの永久的な知的属国になる危険がかなりあったが、今やこの孤立によって自国本来の社会観、政治観を発展させることを余儀なくされたのである。急激な変調は今や刮目すべきものがあった。無情で、唯物主義的で「ニヒリスティック」な六〇―七〇年代の批評は、単に経済的および社会的な条件の変化によるものでもなく、その結果としてヨーロッパと同じく新しい階級と新しい傾向がロシアにも発現したことによるだけでもない。それは少なくとも、ニコライ一世がおよそものを考えることができる彼の臣下たちの生命を監獄の壁に閉じ込めたことに見合った反応であった。それは上品な文化や過去への、非政治的な関心からの鋭い分裂をもたらし、気質の全般的な強硬化や政治的社会的相違の激化の方向へと導いたのである。右翼と左翼の間の溝――ドストエフスキーやカトコーフの弟子たちと、チェルヌィシェフスキーあるいはバクーニンの追随者たちの間、一八四八年のあらゆる典型的な急進主義的知識人たちとの間の溝――は非常に広く深くなってしまっていた。やがて実践的な革命家たちの広汎な、成長する組織集団が現われた。彼らは彼らの問題のとりわけロシア的な性格を意識し――あまりにも鋭く意識しており――、特殊ロシア的解決を模索していた。彼らは一八四八年の解放運動のヨーロッパにおける破綻によって、ヨーロッパ的発展の一般的潮流からひきはなされていた（いずれにせよ、ロシアの歴史はあまりにも共通性が少ないように見えた）。彼らは西欧での失敗が間接的に彼らに課したひどく苛酷な訓練から力を引き出していた。以後、ロシアの急進主義者たちは、物質的力によって全面的に支持されない思想と煽動は必然的に無力化するという見解を受け入れた。そして彼らは、この真理を採用し、そして感傷的自由主義《センチメンタル・リベラリズム》を放棄した。しかも自らの解放の代償として、西欧のきわめて多くの理想主義的急進主義者たちには耐えがたいと思われた、あの苦い個人的な幻滅や鋭い欲求不満という形での代価の支払を強いられずに済んだ。ロシアの急進主義者たちは、この学習と模範という方法によっていわば間接的に、そして彼らの内的な力を破壊することなしにこの教訓を学びとった。この暗黒の数年の間の闘争の中で双方の側が獲得した経験が、ロシアにおけるその後の革命運動の非妥協的な性格を形成する決定的な要因になったのである。

（1） F. I. Dan, *Proiskhoezdenie bolshevizma*(New York, 1946)pp. 36, 39. からの引用。

（2） *Kolokol*, No. 210(1 December 1865)：Dan の前掲書参照。

（3） A. I. Herzen, *Sobranie sochinenii v tridtsati tomakh*(Moscow, 1954–65), vol. 5, pp. 13–14.

（4） 'Za rubezhom', *Polnoe sobranie sochinenii*(Moscow/Leningrad, 1933–1941), vol. 14, p. 162.

（5） N. K. Shilder, *Imperator Nikolay Pervyi, ego zhizn' i tsarstvovanie*(St. Petersburg, 1903), 'Primechaniya i prilozheniya ko vtoromu tomu'('Notes and Supplements to Volume 2'), pp. 619–21.

（6） Shilder 前掲書（注5）参照。このエピソードは同書にもとづいている。

（7） この偉大な批評家の死については最近のソヴェトの出版物のなかでもなお見出されるひとつの伝承がある。それは、彼の死に先立って、彼の逮捕令状がすでに発行されていたという話である。ところでドゥベリトが後に、彼の死を残念がって「そうでもなければ、われわれは、彼を森の中で腐らせるはずだった」といったというのは本当である。(M. K. Lemke, *Nikolaevskie zhandarmy i literatura 1826–1855 godov*, 2nd ed. [St. Petersburg, 1909], p. 190)。しかし、レムケは結論的にそのような令状は署名されていなかったし、この話の大きな原因となったドゥベリトのところに出頭するようにというベリンスキーへの召喚は、主に第三部（思想警察）が、当時回読されていた匿名の破壊的な手紙の筆蹟と比較するために彼の筆蹟の見本をとりたいと望んでいたためだったということを明らかにしている。（同書、pp. 187–90）

（8） Shilder, 前掲書（注5）

（9） 「シフマートフはチェクメイト(checkmate 王手詰み)――みんなにとっての教育だ」という語呂合せがペテルブルクで流行した。

（10） N. I. Grech, *Zapiski o moei zhizni*(Moscow, 1930).

（11） G. I. Uspensky, *Sochineniya*(St. Petersburg, 1889), vol. 1, pp. 175–76.

（12） M. K. Lemke, 前掲書（注7） p. 451.

（13） *Du développement des idées révolutionnaires en Russie*(Paris, 1851).

(14) A. I. Herzen, *Sobranie sochinenii*(注3) vol. 10, p. 335.
(15) *Delo petrashevtsev*(Moscow/Leningrad, 1937, 1941, 1951).
(16) Shilder, 前掲書(注5) vol. 2.
(17) A. I. Koshelev, *Zapiski*(Berlin, 1884), pp. 81-4.
(18) 大意は「生活の仕方」。

〔訳注1〕 デカブリスト――ロシアの専制・農奴制の変革を要求して一八二五年の一二月(ロシア語のデカーブリ)一四日にペテルブルクで武装蜂起した貴族出身の革命家たち。その多くは若い士官であり、対ナポレオン戦争に参加して西欧諸国の実情にも触れ、自国の専制・農奴制の改革の必要を感じていた。彼らは秘密結社をつくり、立憲制の樹立や農奴制の廃止などについての改革案を起草して改革の機をうかがっていた。一八二五年一二月アレクサンドル一世の死去による空位期に蜂起したが、政府軍に鎮圧され、五名の首謀者は絞首刑となり、約一〇〇名がシベリアに流刑とされた。

〔訳注2〕 チャアダーエフの事件――デカブリストに近い貴族出身思想家ピョートル・ヤコヴレーヴィッチ・チャアダーエフ(一七九四―一八五六)は、ロシアの現実への批判と懐疑をこめた『哲学的書簡』を一八二八―二九年に書いた。そのうちの第一書簡が一八三六年に発表されると大きな反響を呼んだが、皇帝ニコライ一世の怒りをかい、チャアダーエフは公けに「狂人」と宣告された。掲載した雑誌『テレスコープ』は閉鎖され、その編集者ナジェージジンは流刑となった。

〔訳注3〕 ゲルツェンと彼の友人たちの自由な学生談義――ゲルツェンはモスクワ大学の学生時代からの親友オガリョーフ、サーチンらとともにサン・シモン、フーリエなどのフランスの政治思想に関する研究やロシアの社会問題についての討議を中心とする学生グループを組織していた。卒業の翌年、一八三四年に官憲によって摘発され、オガリョーフらとともに追放処分をうけた。

〔訳注4〕 ポーランドの反乱――一八三〇年一一月、ロシアのデカブリストの反乱やフランスの七月革命な

どの影響のもとにワルシャワでロシアからの独立運動が起り、翌三一年一月二五日、ポーランド議会は独立宣言を発して臨時政府を樹立したが、同年九月、ロシア軍のために鎮圧された。

〔訳注5〕 ペトラシェフスキー・サークル——ミハイル・ヴァシリエヴィッチ・ブタシェヴィッチ・ペトラシェフスキー(一八二一—六六)を中心として一八四五—四九年にかけてペテルブルクにおいて活動した学生、教師、作家、官吏、将校などのインテリゲンツィヤからなるサークル群。一八四九年四月二三日、六〇名をこすメンバーが官憲により摘発され、そのうち二一名が軍事裁判にかけられ、最初のうち二一名が銃殺刑を宣告され、後に刑を一等減じて流刑と強制労働に処せられた。

〔訳注6〕 『道標《ヴェーヒ》』グループ——一九〇五—〇七年のロシア革命の後、一九〇九年にP・ストルーヴェの編集によって創刊された文集『道標《ヴェーヒ》』の執筆者たち。N・ベルヂャーエフ、M・ゲルシェンゾーン、A・イズゴーエフ、B・キスチャコフスキー、S・フランクらをふくみ、マルクス主義などの階級闘争理論に反対して、信仰を通じての個人の「内面的」「精神的」解放を主張した。

〔訳注7〕 サルトゥイコフ・シチェドリン——(一八二六—八九)作家、ベリンスキーやフランスのユートピア社会主義思想の影響をうけてペトラシェフスキー・サークルにも参加した。ロシアの農村に取材した作品によってチェルヌィシェフスキー、ドブロリューボフの絶賛をうけた。彼らの後をうけて一八六三—六四年に『現代人』誌に入り、その後、一八六八—八四年にネクラーソフとともに『祖国の記録』誌を主宰して、その間、多くの作品を発表した。その自由主義や反動主義的論陣への批評と風刺は鋭く、ドストエフスキーの最大の論敵であった。

〔訳注8〕 一八四六年末に出版されたゴーゴリの『友人との往復書簡抄』におけるロシアの専制・農奴制擁護論にたいして、ベリンスキーは『現代人』誌の一八四七年第二号で批判的評論を発表した。これに不満をもったゴーゴリは、当時滞在中のイタリアからベリンスキーに反論の手紙を送った。当時ベリンスキー自身もドイツで療養中であったので、検閲の心配なしに彼の真意を吐露した返事を書いた。一八四七年七月三日頃にベリンスキーによって書かれたこの手紙はゴーゴリ批判を通じて行なわれたロシアの専制・農

奴制にたいするもっとも大胆な非難と抗議の文書として知られている。ゲルツェンは彼のロンドンからの出版物『北極星』の第一号(一八五五年)誌上にはじめてこの手紙を公表した。

〔訳注9〕 一八四八年四月二日付のニコライ一世の指令によって創設された特別検閲委員会。ブトゥルリーン、アーンネンコフのほかコールフ男爵らが重要な役割を演じた出版の二重検閲機関。一八五六年まで存続した。

〔訳注10〕 チャアダーエフは一八二三—二六年の間、西欧に遊学しており、デカブリストたちと親しかったが、その政治活動には実際上かかわりをもたなかったので、逮捕を免がれた。彼のゲルツェンにたいする友好的な感情や高い評価は、一八五一年以後も変らなかったといわれる。

〔訳注11〕 ペトラシェフスキーの執筆、編集によって一八四六年に出版された『外国語ポケット辞典』第二巻。(*Karmannye sravari inostrannykh slov, voshedshkh v sostav russkogo iazyka. Vypusk vtoroi*, 1846.)

〔訳注12〕 W. Cobbett ; *A Grammar of the English Language for Working-class Students*, 1818.

〔訳注13〕 ペトラシェフスキーに近いI・I・ヴヴェジェンスキー(一八一三—五五)が、一八四〇年代末から五十年代はじめにペテルブルクの自宅で組織したサークル。当時の西欧の急進的社会思想を学習する若者たちの集まりで、そのなかには学生時代のチェルヌイシェフスキーも加わっていた。

〔今井義夫訳〕

注目すべき一〇年間

I　ロシア・インテリゲンツィヤの誕生

一

私の表題――「注目すべき一〇年間」――、そして私の主題は、ともに一九世紀ロシアの批評家、文学史家であるパーヴェル・アンネンコフの長文のエッセイからかりたものである。アンネンコフは、その中で自分の扱っている時期以降、三〇年以上にもわたって友人たちのことを記している。彼は愉快で知的で、それにきわめて教養のある人物で、友人としては非常に理解力に富んだ頼りがいのある人であった。おそらく彼は非常に深味のある批評家というわけではなく、彼の学識の範囲もさして広くはなかったようであった。彼は学者的なディレッタントで、ヨーロッパを旅して有名人に会うのが好きであった。熱心で物見高い知的旅行者といった人物であった。

明らかに彼は、他のいろいろな才能に加えてかなりの人間的な魅力を有していた。さしものカール・マルクスをその魅力の虜にするのに成功したほどであった。マルクスは彼に宛てて少くとも一通の手紙を書いたが、それはマルクス主義者の間で、プルードンにかんする重要な手紙と考えられている。たしかにアンネンコフは、若きマルクスの肉体的な外見と獰猛な知的態度についてのきわめて生き生きとした描写をわれわれに残している。見事なまでに突き放した皮肉まじりの小文で、マルクスの肖像としてはおそらく現在まで残ったもののうちでもっとも優れたものであろう。

現実にアンネンコフは、ロシアに帰国するとマルクスにたいする関心をなくしてしまった。マルクスは、自分が消し難い印象を与えたと思った男に逃げられて、ひどく感情を害したのか、何年もたってからロシアの知的放浪者たち——一八四〇年代には、パリで彼の周りをうろついていたが、結局のところは真面目な意図はまるでないことが明らかになったロシア知識人にたいして、激しい怒りをぶちまけることになった。しかしアンネンコフは、マルクスその人にたいしてはあまり忠実でなかったが、同国人のベリンスキー、トゥルゲーネフ、ゲルツェンとの友情は生涯の終りの日まで保っていた。そして彼の一番面白いのは、この三人について書いた部分である。

「注目すべき一〇年間」は、一八三八年から一八四八年にかけてのロシア・インテリゲンツィヤの初期の人々——最初の創立者の幾人かの生活を、彼が描写した文章である。彼らインテリゲンツィヤはみな若く、あるものはまだ大学におり、またあるものは大学を出たばかりであった。この主題には、文学的あるいは心理学的というよりもっと大きな興味がある。これら初期のロシア知識人は、遂には世界的な社会的、政治的重要性をもつに至るような何ものかを生み出していたからである。この運動の最大の結果をただ一つ挙げよといわれたならば、ロシア革命そのものを挙げてもおかしくはないと、私は思っている。これら叛逆をおこしたロシア知識人は、一九世紀を通じて二〇世紀の初頭へ、そして遂には一九一七年の最後のクライマックスまで続いたある種の対話と行動の型に、一つの道徳的論調を与えたのである。

たしかにロシア革命は、これら著作家、対話者の大部分が予想したような路線に従わなかった(そしてロシア革命は、それに先立つ一世紀の間、フランス大革命にもまして大いに論じられ、あれこれ思弁の対象となった)。このように書いたり話したりする活動の重要さは、例えばトルストイやマルクスのような思想家によってはきわめて低く評価されがちであるが、それでも一般的な思潮は大きな影響力をもつものである。ナチの指導者は、この事実を理解していたようである。彼らは、征服した国々の知的指導者を自らの進路にとってもっとも危険な分子になると考え、直ちに一掃するよう留意したが、その限りで歴史を正しく分析していたのである。しかし、思想が人間の生活に及ぼす役割についてどう考えようと、一九世紀初頭の思想の――特に哲学の――影響がその後に起ったことにかなりの違いをもたらしたことは、否定しうべくもないであろう。一例を挙げれば、当時広く流布していたヘーゲル哲学が原因ともなりその徴候ともなってある種の世界観が存在していたが、もしそれがなければ、実際に起ったことのかなり多くは起らなかったか、それとも別の起り方をしたことであろう。こうして歴史的に言えば、これら思想家、対話者の主たる重要性は、彼らが思想の口火をつけたこと――後にロシアばかりか、その国境を遠く越えて大きな影響を及ぼすことになった思想の口火をつけたという事実にあった。

またこれらの人物は、名声を要求できるもっと特殊な権利を有している。一九世紀中葉のロシア文学、特にロシアの大小説が、これらの人々が創出し、かつ育成していった特殊な雰囲気がなくても誕生することができたとは、考えられないであろう。トゥルゲーネフ、トルストイ、ゴンチャローフ、ドストエフスキーの作品、さらには二流の小説家たちの作品には、西欧のいわゆる「社会」小説よりも強くそれぞれの時代感覚、あれこれの特定の社会的、歴史的環境とそのイデオロギー的内容についての感覚が浸透している。この点については、後でまた立ち返って触れることにしたい。

最後にもう一点、彼らは社会批評を発明した。このように言うのは、非常に大胆な、むしろ馬鹿げた主張のように思われるかもしれない。しかし私がここで言う社会批評とは、文学、芸術を第一義的に教育的目的を持つもの、また持たねばならないと見るような判断の基準に訴えることではない。また、特にドイツのロマン主義的エッセイ作家が発展させたような批評――英雄や悪役が人間の真の典型と見なされ、またそのようなものとして分析されるような批評でもない。さらには、芸術家の純粋に芸術的な方法、性質、特質などでなく、もっぱら彼の社会的、精神的、心理的環境、彼の出身と経済的地位を分析することによって、芸術的創造の過程を再構成しようとするような批評の仕方(この点では、フランス人は特に見事な手腕を示して見せた)でもない――ロシア知識人も、ある程度はこれらすべての批評を行ないはしたが。

しかし、このような意味での社会批評は、もちろん彼ら以前に、西欧の批評家によってもっと専門的に、また細心かつ深遠に行なわれていた。私の言う社会批評は、事実上、ロシアの偉大なエッセイ作家ベリンスキーによって発明された方法である。その批評では、人生と芸術を区別する線はむしろ意図的にあまりはっきりとは引かれていない。賞讃と非難、愛と憎しみ、尊敬と軽蔑は、芸術的な形式と描かれている人物像の両方にたいして、また作家の人格的な資質と彼の小説の内容の両方にたいして、自由に表明される。またそのような態度に含まれている基準は、意識的か暗黙のうちにかはともかく、日常の生きている人間が日常、判断されたり描写される基準と同一である。

もちろん、このような型の批評はそれ自体が大いに批判された。芸術と人生を混同し、それによって芸術の純粋さを傷つけていると非難されたのである。これらのロシアの批評家がこのような混同を犯していたかどうかはさておき、彼らは彼ら独特の人生観から派生する、小説にたいする新しい態度を導入していた。この人生観は、後にインテリゲンツィヤに属する人々に特有の人生観と見なされるようになり、そして一八三八年から一八四八年にかけての若い急進派――ベリンスキー、トゥルゲーネフ、バクーニン、ゲルツェン等、アンネンコフが自分の本であれほどまでに愛情深く描写した人々は、その人生観の真の創始者であった。「インテリゲンツィヤ」は一九世紀に発明されたロシア語で、以後世界的な意味を持つようになった。その現象それ自体が、それに伴うさまざまの歴史的、文学的な意味での革命的帰結とともに、世界の社会的変化にたいするロシアの最大の貢献の一つであると、私は思っている。

インテリゲンツィヤの概念を、知識人という概念と混同してはならない。インテリゲンツィヤに属する人々は、単なる思想にたいする関心以上の何ものかが彼らを団結させていると考えていた。

自らを人生にたいする特定の態度、いわば福音の普及に専念している献身的な集団、世俗的な聖職者身分と解していた。歴史的には、彼らの出現についていくらかの説明が必要であろう。

二

この点では大抵のロシアの歴史家の意見は一致しているが、ロシア史における教育のある人々と「暗愚の民衆」との間の大きな社会的亀裂は、ピョートル大帝がロシア社会に加えた傷口から生じた。ピョートルは、改革への熱意に駆られて選り抜きの若者たちを西欧世界に送り、彼らが西欧の言語と一七世紀の科学革命から生じたさまざまな新しい技能と熟練を習得すると、ロシアに連れ帰って新しい社会秩序の指導者にさせた。彼はこの新しい社会秩序を、容赦ない激しい性急さで自分の封建的な国に押しつけたのである。彼はこのようにして新しい人々——半ばロシア人で半ば外国人、生れこそはロシア人であっても外国で教育を受けた人々の小さな階級を作り出した。彼らはやがて管理者—官僚的な小さな寡頭制となり、人民の上におかれ、今も中世的な文化の中で生活している人民とはもはや無関係になってしまった。もう取り返しのつかないまでに、人民から切り離されたのである。ロシアの社会、経済状態が進歩的な西欧からますます離れていくにつれて、この巨大で強情な国民を統治していくことは絶えず一層難しくなっていった。西欧との裂け目が拡がるにつれ、支配エリートはますます大きな抑圧を行なわねばならなかった。こうして小さな統治者の集団は、統治することになっている人民とはますます疎遠になっていった。

一八世紀と一九世紀初期のロシアにおける統治のリズムは、抑圧と自由化の間を揺れていた。例えばエカチェリーナ女帝は、人民のくびきはあまりに重く、事態の外見はあまりに野蛮になったと感じると、専制の野蛮な苛酷さを緩和させ、ヴォルテールとグリムからしかるべき賞讃を受けた。しかしそれが内側からのあまりにも唐突な動揺、あまりにも強い抗議をもたらし、あまりにも多くの教育のある人々が西欧の状態を遅れたロシアの状態と比較しはじめると、彼女は何か破壊的なことが始まりつつある気配を感じとった。遂には、フランス大革命が彼女を縮み上らせた。彼女はまたもや弾圧に転じた。体制は、再び冷酷で抑圧的になっていった。

このような状況は、アレクサンドル一世の治世においてもほとんど変らなかった。ロシアの住民の大多数は、いまだに封建的な暗黒の中に暮していた。弱体で、概して無知な聖職者にはほとんど道徳的権威がなく、他方で、かなり忠実で時としては能率的でなくもない官僚たちが、ますます反抗的な農民層を上から抑えつけていた。抑圧するものとされるものとの中間には、教養人の小さな階級が存在していた。彼らはもっぱらフランス語を話し、西欧の生活の仕方、あるいは西欧でき

る生活の仕方とロシア民衆の暮し方との間の途方もなく大きな違いを意識していた。彼らの大部分は、正と不正、文明と野蛮の違いを鋭く感じとれる人々であったが、同時に事態を変えることは甚しく困難で、彼ら自身、体制そのものの存続にあまりに大きな利益を持っており、改革を始めれば全機構をひっくりかえすことになりかねないことを意識していた。彼らの多くは、自由主義の諸原理を支持しながら自分の農奴に鞭を揮って、安直なヴォルテール的冷笑主義に耽るか、あるいは高

貴で雄弁な、そして無益な絶望に走った。

このような状況は、ナポレオンの侵入とともに変化した。ロシアは、ヨーロッパの真中に引き出された。ほとんど一夜にして、ロシアはヨーロッパの中心に立つ大国となった。舞台全体を牛耳るほどの自国の圧倒的な強さを自覚し、ヨーロッパ人からは対等どころか、むきだしの力にかけてはむしろ強大な国として、いくらかの恐怖心と大いなる抵抗感を感じながら認められる国になった。

ナポレオンにたいする勝利とパリへの進撃は、ロシア思想史の上ではピョートルの改革と同じく決定的に重要な事件であった。それはロシアに自らの国民的統一性を自覚させ、ヨーロッパの大国としての意識、また大国として認められているという自覚を発生させた。もはや万里の長城の彼方、中世的な暗黒に沈み、無器用で中途半端に外国のモデルを模倣している野蛮人の群として軽蔑されることはなくなった。その上、長期のナポレオン戦争は永続的な強い愛国的熱気を生み、共同の理想に広く参加したことの結果として諸身分間の平等感情を強めることになったから、多くの比較的理想主義的な青年たちは、彼ら自身と国民全体との間の新しい絆を感じ始めていた。このような感情は、彼らの教育だけでは生まれてくることはなかったであろう。愛国的ナショナリズムの成長は、その避けがたい随伴現象としてロシアの混乱、不潔、貧困、非能率、野蛮さ、はなはだしい無秩序にたいする責任感の成長をもたらした。この一般的な道徳的懸念は、支配階級の半ば文明化した成員の中の感傷性と敏感さがもっとも少く、まったく心の硬いものにも影響を及ぼした。

三

この集団的な罪の意識を促した要因は、他にもあった。その一つは確実に、ロシアのヨーロッパへの加入がロマン主義運動の興隆とたまたま一致したことにあった(それはたしかに偶然の一致であった)。ロマン主義の中心的な教義の一つは(歴史は発見可能な法則ないし型にしたがって進行する、そして国民は単なる集合体ではなくて統一的な「有機体」であり、機械的ないし偶然ではなくて「有機的」に「進化」するというそれと起源を同じくする教義と結び合って)、世界の万物はそれが単一の普遍的な目的に参加しているが故に、いつ、どこで、いかにあるかを定められているという説である。ロマン主義は、個人だけでなく集団、集団だけでなく表面的には特定の、多くは純粋に功利主義的な目的のために設立されている制度——国家、教会、職業集団、結社もまた、一つの「精神」を有するようになるという思想を育成する。制度はこのような精神を自覚していないかもしれない。しかし、その自覚がまさに啓蒙の過程そのものであるというのである。

すべての人間、国、人種、制度がそれ自身に独自で固有の内的な目的を持ち、その目的そのものが存在するものすべての、より大きな目的の中の「有機的」な要素をなし、そしてその目的を自覚する中で、まさにその事実によって光明と自由への行進に参加していくという教義——この古代の宗教的信仰のいわば世俗版は、若いロシア人の心に力強い印象を残した。二つの原因、一つは物質的、もう一つは精神的な原因によって、彼らはそれを一層速かに吸収していった。

物質的な原因とは、臣民がフランスに旅行するのを政府が嫌ったことであった。特に一八三〇年以後のフランスは、慢性的に革命的な国、いつも動乱、流血、暴力、混乱に陥りがちと考えられていた。ドイツはそれと対照的に、非常に立派な専制主義のもとで平和であった。そのため若いロシア人は、ドイツの大学に留学して、公共の諸原理についての健全な訓練を得てくることを奨励された。それによって彼らは、さらに一層忠実なロシア専制体制の公僕になるだろうと、予想されていたのである。

結果は全く逆であった。ドイツ自体の中での潜在的な親フランス感情は、この時期きわめて強く、啓蒙化されたドイツ人は当のフランス人よりも激しくかつ熱狂的に思想――この場合にはフランス啓蒙思想――を信奉しており、おとなしくドイツに留学したロシアの若いアナルカルシス〔訳注〕たちは、初期のルイ・フィリップ治政下の安逸な時期にパリに留学した場合よりもはるかに激しく危険思想に感染してしまった。ニコライ一世の政府は、こんな破目に落ち込むことになるとはほとんど予想もしていなかった。

これがロマン主義の勃興の第一の原因であったとすれば、第二の原因はその直接の結果であった。ドイツに旅行するかドイツの本を読んだことのある若いロシア人は、一つの単純な考えにとりつかれるようになった。もしフランスの教皇至上権論者のカトリック教徒とドイツのナショナリストが懸命に主張しているように、フランス大革命とそれに続いて生じた退廃が古来の信仰と生活様式を捨てた国民に下された天罰だとすれば、ロシア人は確実にこのような悪徳を免れているという考えである。他の点はともかく、ロシア人は革命には見舞われていないからだというのであった。ドイツのロマン主義的歴史家は、西欧がその懐疑主義、合理主義、物質主義、それ自身の精神的伝統を放棄したがために没落しつつあるとすれば、このように憂鬱な運命に苦しまずに済んだドイツ人は新しい若い国民と見なさねばならぬという見方を説くことにかけては、特に熱心であった。ドイツ国民の習慣は、没落期ローマの腐敗に汚染されておらず、むしろ野蛮ではあるが、しかし激しい精力に溢れ、フランス人の弱々しい手からこぼれ落ちようとしている遺産をまさに継承しつつあるというのである。

ロシア人は、この推論の過程をもう一歩先に進めたにすぎなかった。彼らは当然のこととして、もし若さ、野蛮さ、教育の欠如が輝かしい未来の基準であるとすれば、自分たちにはドイツ人よりもさらに大きな未来の希望があると判断した。その結果、ドイツのまだ尽きることのない力、ドイツ語のまだ使い古されていない素朴な純粋さ、若くて疲れを知らぬドイツ国民等々のドイツのロマン主義的な修辞法がどっと噴き出て——現実にそれは、「不純」でラテン化された退廃した西欧諸国民に向けられたものであったが、それがロシアでは当然の熱烈さでもって迎えいれられたのである。しかもそれは、その世紀の二〇年代から四〇年代の初期にかけてすべての階級にとりつき始めていた社会的理想主義の波を刺戟した。人間たるものに相応しい課題は、彼の「本質」によって定められた理想に献身することであった。これは(一八世紀フランスの唯物論者が教えていたように)科学的合理主義によって立つものではない。人生が機械的な法則に支配されていると考えるのは、妄想だからである。無機物の研究から抽出された科学的学問を人間の合理的統治、世界的規模での人間生活の組織化に応用できると考えるのは、さらに一層悪い妄想であった。人間たるものの義務は、それとは大いに異っていた――存在するものすべての織目、「成行き《ゴウ》」、原理を理解し、世界の魂にまで突き入り（シェリング、ヘーゲルの弟子たちによって合理主義の用語法に包み込まれた神学的、神秘的な観念である）、宇宙の隠された「内的」計画を把握し、宇宙におけるおのれの地位を知って、それに従って行動することである。

哲学者の課題は、歴史の進路、あるいはやや神秘的に「理念《ザ・アイデア》」と呼ばれているものを探り当て、それが人間をいずこに導いていくかを発見することであった。歴史は一つの大河であるが、その進路は特殊な深い内的省察を行なうことができる人々にしか観察できない。外的な世界をどれだけ観察しても、この内的な衝動《ドランク》、この地底の流れがどこに向っているかを教えてくれはしないであろう。それを明らかにすることはそれと一体化することであった。合理的存在としての個人と社会がともに発展しうるかどうかは、個々人の属しているもっと大きな「有機体」の精神的方向を正しく見きわめることにかかっていた。この有機体をいかにして確認できるか、それは何であるのかという問いにたいしては、ロマン主義哲学の主要な流派を創始した形而上学者たちが、それぞれ別の解答を下していた。ヘルダーは、その有機体の単位は精神的文化、ないしは生活様式であると唱えた。ローマ・カトリックの思想家たちは、それはキリスト教会の生命と同じであるとした。フィヒテはやや漠然と、そして彼の後のヘーゲルは明確に、それは国民国家であると唱えた。

有機的方法という観念それ自体が、一八世紀お気に入りの分析の道具――無機物であれ社会制度であれ、それを構成要素、窮極のもはやそれ以上の還元は不可能な原子にまで分解していく化学的分析は、何を理解するにも不充分な方法だと思わせる方向に向っていた。「成長」は、偉大な新しい用語であった。新しいというのは、それが科学的生物学の領域を遠く越えて適用されているからであった。成長とは何かを理解するには、見えない王国を理解できる特別の内的な感覚、手に触れられない原理を直観的に把握する能力を持たねばならない。この手に触れられない原理の力によって、物は成長する――たんなる「死せる」部分の継続的な増殖によってではなく、いわば神秘の生の過程によって成長する。この生の過程の本質を把み取るには、半ば神秘的なヴィジョンの力、生命の流れと歴史の諸力にたいする特殊な感覚、自然と芸術と人間関係に作用している諸原理と経験科学では知りえない創造的精神にたいする感覚が必要であった。

四

これが、バークから現代にかけての政治的ロマン主義の核心であった。自由主義的改革、合理的手段によって社会悪を治癒しようとする一切の試みにたいする多くの熱情的な反対論が、そこから流れ出た。反対の理由は、それら改革の試みはすべて「機械的」な見方にもとづいている、それは社会とは何か、それはいかに発展するかについての誤解だというのである。フランスの百科全書派、ドイツのレッシングの支持者たちが掲げた綱領は、社会をあたかも無機的な断片の寄せ集め、たんなる機構として扱おうとした馬鹿げたプロクルーステス的な試みであるとして非難された。社会とは、脈動する生きた一つの全体だと考えられたのである。

ロシア人は、このような宣伝に高度に敏感で、反動的な方向と進歩的な方向の両方に引っぱられていった。人生や歴史は一つの河であって、それに抵抗したりそれを逸らせようとしても無駄であり危険である、自分の主体性をそれに融合させることしかできないということ、そこまでは誰もが信じられるかもしれない。その融合は、ヘーゲルによれば精神の推論的、論理的、合理的な作用によって、シェリングによれば直観と想像力によって、一種の霊感によって実現される。この霊感の深さこそが人間の天才の尺度であり、まさにそこから神話と宗教、芸術と科学が発生するのである。これは、一切の分析的、合理的、経験的なもの、実験と自然科学にもとづく一切のものを避けようとする保守的な方向に連なっていた。他方で、この地球の内部に生れ出ようとしてあがいている新しい世界の陣痛を感じていると唱えることもできるであろう。古い制度の外殻が、精神の激しい内からの隆起によってまさに破裂しそうになっていることを感じ、また知る。もしこれを真に信じたならば、理性的な存在であるかぎり、自分を革命の大義と一体化させるのも厭わないということになるであろう。さもなければ、革命が自分を破滅させることになるはずである。宇宙の一切が進歩しており、万物が動いていた。そして、未来が現在の世界を分解させ爆発させて新しい形式の責任をもたらそうとしているとすれば、この激しい不可避の過程と協力しないのは、愚かというべきであろう。

ドイツ・ロマン主義、特にヘーゲル学派は、この点では分裂していた。ドイツでは、反動と進歩の両方向への運動があり、したがって、事実上ドイツの学問的思想の知的従属国であるロシアにおいても、同じであった。しかし西欧においては、この種の思想は長期にわたって普及していた——つまり少くともルネサンス以来、哲学的、社会的、神学的、政治的なさまざまな理論と意見が、きわめて多様な型の中で互いに対立し衝突して、豊かな知的活動の全般的過程を形成し、どれか一つの思想や意見が文句なしの優越的地位を長く保持することは不可能であった。しかしロシアにおいては、事態はそうでなかった。

東欧の教会と西欧の教会にそれぞれ支配されている地域の大きな差違は、一つに前者においてはルネサンスと宗教改革がなかったことにあった。バルカンの諸国民は、彼らの後進性をトルコの征服の故にすることができた。しかしロシアの事態もさしてよくはなかった。ロシアには、一連の社会的、知的手段によってもっとも啓蒙された人々と、もっとも啓蒙されていない人々とを結合するような、文字に親しみ教育のある階級、しかも次第に大きくなっていくような階級が存在していなかった。文盲の農奴と読み書きのできる人々との間の裂け目は、ロシアでは他のヨーロッパ諸国よりも大きかった——この時期のロシアをヨーロッパと呼べるとしての話であるが。

こうして、サンクト・ペテルブルクとモスクワのサロンに足を踏み入れた時に耳にできる社会思想、政治思想は、その数と多様性にかけては、パリとベルリンの知的発酵状態と比べてまったく取るに足りなかった。もちろんパリは、当時の偉大な知的メッカであった。しかしベルリンでさえも、プロイセンの抑圧的な検閲制度にもかかわらず、知的、神学的、芸術的論争においてはほとんどそれに劣らず活溌であった。

したがってロシアについては、三つの主要な要因に支配された状況を想像しなければならない。抑圧的で想像力のない、いわば死せる政府が、臣民を抑圧し、変化を阻止することにもっぱら専念している。政府の比較的知的な構成員は、例えば農奴制や司法、教育制度については改革、しかも非常に根本的な改革が望ましくもありかつ不可避であることを漠然と意識してはいたが、変化はさらに大きな変化を呼ぶことになるだろうと考え変化を阻止していたことが、第一の要因であった。第二の要因は、ロシア人口の中の圧倒的多数——虐待され、経済的には惨めな農民層の状態であった。農民は不機嫌で聞きとりにくい呻き声をあげてはいたが、自らの利益を守るために効果的に行動するには明らかにあまりにも弱体で未組織の状態にあった。第三にこの政府と農民層の中間に、小さな教育のある人々の階級があった。彼らは西欧の思想に深く影響を受けながらも、時としてはそれに憤慨していた。彼らの心は、ヨーロッパ留学、ヨーロッパ文化の中心地域に始っている新しい社会的、知的大運動に焦らされていた。

ここでもう一度、ドイツでもロシアでも、一つのロマン主義的な確信が空気中に漂っていたことを思い出しておこう。各人はそれぞれに達成すべき固有の使命を持っているという確信であった。問題は、その使命が何かを知り得るかどうかだけであった。これが、おそらくは瀕死の状態にある宗教に代るいわば倫理的な代用品として社会的、形而上学的思想にたいする広い熱意を生み出していた。フランスとドイツでは過去一世紀以上にもわたって、信用を失った政治と宗教の既成体制と結びつくことで堕落していない新しい神義論を求めている人々によって、さまざまな哲学体系と政治的ユートピアが熱烈に歓迎されていたが、ロシアでの熱意はそれに似ていなくもなかった。しかしロシアの教育のある階級の中では、それに加えて道徳的、知的な真空状態があった。この真空状態は、世俗的教育というルネサンス的伝統が不在であったことから生れ、政府の行使する厳しい検閲、広範囲の文盲、一切の思想そのものにたいする猜疑心と反感、神経質で時としてははなはだしく愚かな官僚機構の行動によって維持されていた。西欧では、思想は他の多くの教義や態度と競争し、支配的になるには激烈な生存闘争に勝ち抜いてこなければならなかったが、このような状況のロシアにおいては、思想は才能ある個々人の胸中に入り込み、しばしば彼らの知的必要を満す他の思想がないというだけの理由で、むしろ彼らの執念となっていった。その上、ロシア帝国の二つの首都には、知識にたいする激しい渇望、むしろ精神的営養になるものなら何でも得ようとする激しい渇望があった。さらにそれと並んで、比類のない感情の誠実さ(時には手のつけようのない素朴さ)、知的な新鮮さ、世界の情勢に参加しようという情熱的な決意、この厖大の国が直面している社会的、政治的諸問題についての悩みの意識があった。そして、この新しい精神状態に対応するものは、ほとんど何もなかった。あったものは、ほとんど外国から輸入されたものであった。一九世紀のロシアに見られる政治、社会思想は、ほとんど何一つとして自国の土地に生れたものではなかった。おそらくトルストイの無抵抗の思想だけが、真にロシア的なものといってよいであろう。それはキリスト教の立場をきわめて独創的に言い直したもので、彼がそれを説いた時には新しい思想としての力を有していた。しかし概して言えば、ロシアは新しい社会、政治思想には何一つとして貢献していないと、私は考えている。窮極的に西欧の根まで遡って辿れないようなものは何一つとしてない。そればかりか、すべての思想はそれがロシアに初めて登場する八年、一〇年、あるいは一二年前に、西欧の何かの教義の中に発見できるのである。

五

したがって、思想にたいする前代未聞の吸収能力をもった、驚くべき影響を受けやすい一つの社会を想像しなければならない。思想は、誰かがパリから一冊の本、あるいはパンフレット集を持って帰ったという理由で(あるいはどこかの大胆な書店がそれを密かに輸入したという理由で)、誰かがベルリンで新ヘーゲル派の講義に出席したり、シェリングと交際したり、奇妙な思想をもったイギリスの宣教師と出会ったという理由で、きわめてさりげなく、いわば風のまにまに漂ってくるかもしれなかった。サン=シモンやフーリエの弟子たちから発せられた新しい「神託《メッセージ》」、フランスの最新の社会的救世主であるプルードン、カベー、ルルーなどの本が到来すると、あるいはまたダフィト・シュトラウス、ルードヴィッヒ・フォイエルバッハ、ラムネー、その他禁じられた筆者のものと言われる思想によって、真の昂奮が醸成された。これらの思想と思想の断片は、ロシアでは相対的に欠乏していたがために、最大限の貪欲さで把み取られたものであった。ヨーロッパの社会的、経済的預言者たちは、新しい革命的未来にたいする自信に満ちているように見えた。そして彼らの思想は、若いロシア人にとって陶酔的な効き目を現わしたのである。

　西欧でこのような教義が発表された時には、それは読者を昂奮させることもあり、時には政党や宗派の形成にまで至ることもあったが、それを知った人々の多数者から最終的な真理と見なされることはなかった。それをきわめて重要と考えた人々でも、手許のあらゆる手段を尽してそれを直ちに実行に移そうとはしなかった。ロシア人は、まさにそうしようとしがちであった。前提が真であり、推論が正しければ、真の結論に達するはずだと自分に向って説得し、さらに、この結論が何らかの行動が必要で有益であると命ずるならば、そして自分が正直で真面目ならば、それをできるだけ敏速かつ完全に実現することが明白な義務であると考えたのである。ロシア人は陰鬱で神秘的、自虐的でやや宗教的な国民というのが一般的な見方であるが、私はそれに代って、少くとも明確に意見を表明できるインテリゲンツィヤについては、ロシア人はやや誇張された一九世紀的西欧人であると主張したい。彼らは非合理主義や神経症的な自己没入に走るどころではない。彼らが高度に、おそらくは過度に有していたのは、極度に発達した推論、極端な論理、明晰さという力であった。

　しかし、人々が先に述べたようなユートピア的計画を実地にやろうとして、ほとんど即座に警察の邪魔が入ったりした時には、たしかに幻滅が生じ、同時に無感動の憂鬱や激烈な怒りの状態に陥る傾向があった。しかしそれは、後になって起ったことであった。最初の局面では神秘的でも内省的でもなく、むしろ逆に合理的で大胆、外向的で楽観的であった。ロシア人について彼らが他にどんな資質を持っているにせよ、彼らは自分自身の推論の帰結から決して後ずさりしないと言ったのは、有名なテロリスト、クラフチンスキーだったと、私は思う。一九世紀、いやむしろ二〇世紀のロシアの「イデオロギー」を研究すれば判ることだが、全体として結論が困難で逆説的で不愉快であればあるほど、ともかく幾人かのロシア人は一層の情熱、熱意をこめてそれを信奉した。そうすることが彼らにとっては、人間の道徳的誠実さ、真理にたいする本物の献身、人間としての真面目さをまさに証明しているように思えるからである。そして、ある人の推論の帰結が一見したところもっとももとも思えず、むしろはなはだ馬鹿馬鹿しいように見えても、それを理由にしてその帰結から後ずさりしてはならない。それは臆病、弱さ、あるいはもっとも悪いことに真理よりも安楽さを優先させることだからである。ゲルツェンがかつてこう言った。

　われわれは偉大な理論家で推論者である。このドイツ的才能に、われわれはわれわれ自身の国民的要素、無慈悲で熱狂的なまでに乾《ドライ》いた要素を付け加える。われわれは、首を斬るのにあまりに熱心だ……恐れを知らぬ足どりで、われわれはまさに極限にまで行進し、さらにそれを越えて進む。弁証法の足並みを決して乱すことなく、ただ真理とだけ歩調を合わせて……。

そしていかにもゲルツェンらしいこの辛辣な批評は、幾人かの同時代人にたいする判断としては決して、まったく不当とは言えなかったのである。

六

さて、ニコライ一世の石のように無感覚な体制下に生きている若者たち——思想にたいしてはヨーロッパ社会では決して肩を並べるもののないほどの熱情を抱き、西欧から思想が届くと不条理なまでの熱意で把みとり、それを敏速に実行に移す計画を立てる、このような若者たちの一つの集団を想像すれば、初期のインテリゲンツィヤがどのような人々であったかについていくらかの観念が持てるであろう。彼らは、専門、素人の両方を混えて文人《リテラテール》の小さな集団であり、一方には敵対的で恣意的な政府、他方には抑圧されぶつぶつ言うだけの、農民のまったく理解力のない集団という荒涼たる世界にあって孤立していることを意識し、同時に自らをいわば自覚した軍隊、万人の前に理性と科学、自由、よりよい生活などの旗を掲げて進む軍隊と理解していた。

暗い森の中にいる人々のように、ただ数が少く散在しているという単純な理由で、彼らはある種の連帯を感じた。彼らは弱体で、しかし真理にしたがい、誠実で、他の人々とは違っていたからでもあった。その上彼らは、各人は物的生存という単に利己的な目的を超えた使命を実現するよう求められているという、ロマン主義的教義を承認していた。自分たちは、抑圧された同胞よりは優れた教育を受けたが故に、同胞を光明に導くという直接の義務を持っている。この義務は特に自分たちに課せられた義務であり、明らかに歴史がそう意図しているように彼らがその義務を果せば、過去においては空白で暗黒であったロシアは、輝かしい未来を有することになるかもしれない。そのためには、彼らは献身的な集団としての内的な連帯を保たねばならない。彼らは迫害された少数者であり、まさにその迫害から力を引き出していた。彼らは、誰か西欧の偉大な解放者——ドイツのロマン主義者やフランスの社会主義者など、自らのヴィジョンを転換させた人々によって無知と偏見、愚かさや卑怯などの鉄鎖から解放されて、西欧のメッセージを自覚的に伝えようとした。

このような解放は、ヨーロッパ思想史の上では珍らしいことではない。解放者とは、人々の問題――理論の問題か行為の問題かはともかく――に答えるのではなく、むしろその問題を転換させる人のことである。彼は、人々を新しい枠組の中に移すことによって、彼らの不安や挫折を終らせる。この新しい枠組の中で、古い問題は意味を持たなくなり、新しい問題が現われてくるが、その解答はいわば人々のおかれた新しい宇宙の中にある程度すでに予示されている。ルネサンスの人文主義者や一八世紀の啓蒙哲学者によって解放された人々は、彼らの古くからの問題は大アルベルトゥスやイエズス会士よりもプラトンやニュートンによってもっと正確に答えられると考えたであろうが、私の言いたいのは、むしろ彼らが新しい宇宙の感覚を持ったという点である。彼らに先立つ人々を悩ませていた問題が、彼らには突如として無意味で不必要に思われてきたのである。古い鎖が外れ、自分が新しい姿で創り直されたと感じる瞬間は、新しい生命を作り出すことができる。この意味での解放を誰が実現したのかは、一概に言うことはできない。多分ヴォルテールは、彼以前あるいは以後の誰よりも多くの人々を、自分の生きているうちに解放したであろう。シラー、カント、ミル、イプセン、ニーチェ、サミュエル・バトラー、フロイトは人々を解放した。私の知っている限りでは、アナトール・フランス、あるいはオルダス・ハックスレーでさえもがこのような役割を果したようである。

ここで論じているロシア人は、ドイツの偉大な形而上学者たちによって「解放」された。一方では正統教会の教義から、他方では一八世紀合理主義者の乾いた方式から解放されたのである。一八世紀合理主義の方式は、反駁されてしまったというより、フランス大革命の失敗によって自ら信用を失墜したのである。フィヒテ、ヘーゲル、シェリング、そして無数の彼らの学説の解説者、解釈者たちが提供していたのは、いわば新しい宗教であった。この新しい精神の枠組の当然の結果が、ロシア人の文学にたいする態度であった。

七

文学と芸術一般にたいして少くとも二つの態度があると言えよう。そして、その二つを対照させると面白いかもしれない。簡単にするために、私は一方をフランス的、もう一方をロシア的と呼びたい。しかしこれは、簡便であるという理由で用いられたラベルでしかない。フランスの作家はすべて、私が「フランス的」と呼ぼうとしている態度をとり、ロシアの作家のすべてが「ロシア的」態度をとると、主張しようとしているのではない。この区別を文字通りの意味に解すれば、もちろん重大な誤解が生じるであろう。

一九世紀フランスの作家は、全体として自分たちは供給者であると信じていた。彼らは、知識人や芸術家は自分自身と公衆にたいして義務をもつ――できるだけよい作品を作り出すという義務をもつと考えていた。画家ならば、できるだけ美しい画を描く。作家ならば、自分にできる限りで最善の著作を書く。それが自分自身にたいする義務であり、公衆にはそれを期待する権利があった。もし作品がよければ、作品は認められて、作者は成功する。趣向や技巧や運が不足していれば、成功しない。そして、それだけの話であった。

この「フランス的」見解では、芸術家の私生活は公衆にとっての関心事ではなかった。例えば大工の私生活が公衆の関心事でないのと同じである。大工にテーブルを注文する場合、その大工がよいテーブルを作ろうとする動機をもっているかどうか、その大工が妻や子供と仲よく暮しているかどうかについて、注文主の方には関心はない。そしてこの大工について、彼の道徳性が低いあるいは退廃しているという理由で、彼の作ったテーブルもどこか低くあるいは退廃していると語るのは、偏屈というもの、むしろ馬鹿げたことであり、彼の大工としての能力にたいする批評としては奇怪であろう。

このような精神の態度(私は故意に誇張した)を、一九世紀ロシアの主要作家はほとんど一人残らずきわめて激烈に拒否した。しかも、彼らが明白な道徳的、社会的偏りのある作家なのか、それとも芸術のための芸術を信奉する美的な作家なのかにかかわりなく、このことは事実であった。「ロシア的」態度(少くとも前世紀には)とは、人は一つであって分けることはできないとするものであった。人が一方では公民であって、他方でそれとはまったく別に金を儲けるなどということはありえない、公民であることと金儲けの二つを別々の部屋にしまっておけない、人が一つの人格としては有権者、もう一つの人格としては画家、第三の人格としては夫であることはありえない。人は分割不可能だというのである。「芸術家として言えば、私はこう感じるが、有権者として言えば、ああ感じる」と言うのは、常に偽りである。その上、非道徳で不正直である。人は一つであり、彼の行為は彼の全人格の行為である、よいことを行ない、真理を語り、美しい作品を作ることは、人の義務である。たまたまどのような手段で働いているとしても、そこで真理を語らねばならない。小説家ならば、小説家として真理を語らねばならないし、バレエ・ダンサーならば、ダンスの中で真理を表現しなければならない。

この一貫性、全面的な献身という理念が、ロマン主義的態度の核心である。モーツァルトとハイドンは、芸術家として特異に神聖で他の人々のはるか頭上におかれており、何らかの超越的現実を礼拝することに独特の献身を行なっているいわば聖職者であって、この超越的現実を裏切ることは道徳的な罪であると言われたならば、彼らはきっと腰を抜かすほど驚いたことであろう。彼ら二人は、自分のことを真の職人、時には霊感をうけた神ないし自然の僕であり、それぞれ為すことにおいて聖なる造物主をたたえようとしているとは考えていたが、しかし彼らは第一義的に作曲家であって、注文に応じて作品を書き、それをできるだけ美しいものにしようと努力しているにすぎなかった。一九世紀には、芸術家は特異な魂、特異な地位によって他の人々とは区別された神聖な人間であるという観念が広まっていた。私の思うに、それは主としてドイツ人の間に生れ、ある大義のために自分を捧げることが各人の義務であるという信念と結びついていた。全身全霊を献げる人間である芸術家と詩人には、この義務は特に厳しく課せられている。芸術家や詩人にとっての自己投入の形式は自らの理想のために自らを犠牲にすることであるから、その運命は特に崇高で悲劇的である。この理想が何であるかは、あまり重要でない。本質的なのは、とやかく打算をしないで自分を投げ出し、純粋な動機から内なる光明(それが何を照らし出していようと)のために自らの持てる一切をさし出すことであった。重要なのは動機だけだからである。

ロシアの作家はすべて、自分が公開の舞台の上で証言していると感じさせられていた。自分の側のいささかの手落ち——嘘、偽瞞、わがままな行為、真理にたいする熱意の不足——があれば、それは極悪の罪であった。もっぱら金儲けにかかり切っているのならば、社会にたいしてそれほどの責任を感じなくてもよいであろう。しかし、詩人、小説家、歴史家、その他いかなる公的な資格においても、いやしくも公開の場で語る以上、国民を導き率いることにたいする全面的な責任を負わねばならなかった。もしこれが天の定職ないし職業であるとすれば、ある種のヒポクラテスの誓い——真理を告げ、真理を決して裏切らず、自らの目標に向って己を捨てて献身するという誓いに縛られているのであった。

この原理が文字通りに解され、その極端な帰結まで追求された明白な実例がいくつかあった。トルストイがその一例であった。しかし、この傾向は、ロシアではトルストイの特異な事例が示しているよりははるかに広く存在していた。例えばトゥルゲーネフは、一般にロシアの作家の中ではもっとも西欧的と考えられており、ドストエフスキーやトルストイなどよりも強く芸術の純粋性、独立性を信じ、小説の中での説教は意識的、意図的に避け、現実に他のロシア作家からは美の原理に過度に専念している——残念ながら西欧的な専念である——として、作品の単なる形式と文体にあまりに多くの時間と注意を払っているとして、作中人物の深い道徳的、精神的本質を充分にえぐっていないとして他の作家たちから厳しく注意を受けたが——この「美的」なトゥルゲーネフでさえもが、社会的、道徳的問題が人生と芸術の中心的問題点であり、それはそれ自身に固有の歴史的、イデオロギー的文脈の中でのみ理解できるという信念を完全に信奉していた。

かつて私は、日曜新聞紙上のある著名な文学批評家の書評で、トゥルゲーネフはすべての作家の中で特に時代の歴史的諸力を意識していたわけではなかったと言われているのを読んで、大いに驚いた。これはまさに真実の正反対である。トゥルゲーネフのすべての小説は、特定の歴史的状況の中での社会的、道徳的問題を明白に扱っている。確認可能な時期の特殊な社会状態における人間を描写している。トゥルゲーネフが骨の髄まで芸術家であり、人間の特質ないし苦境の普遍的側面を理解していたのは、たしかに事実であった。だからと言って、彼が公然と客観的真理——社会的真理ばかりか心理的真理までも——を語るという作家としての義務を完全に認めていたという事実にたいして、われわれの目を閉ざす必要はないであろう。

もし誰かがバルザックはフランス政府に奉仕するスパイであったとか、スタンダールは株式市場で非道徳的な操作をやったとかを証明したとすれば、二人の友人の中には仰天するものも出てくるであろうが、しかし概して言えば、それは二人の芸術家としての地位と天才を損うものとは考えられないであろう。しかし一九世紀ロシアの作家ならば、自分について何かこの種のことが発見されれば、その非難が彼の作家としての活動と無関係であると一瞬でも思うようなものは、ほとんど誰もいないであろう。自分は作家として一つの人格を有しており、それは彼の小説だけで判断されるべきであって、私的な個人としては別の人格を有しているというアリバイを使って、その場を逃れようとするようなロシアの作家を、私は思い出すことができない。それが、私が特に「ロシア的」、「フランス的」と名付けた人生観、芸術観の相違である。すべての西欧の作家が私がフランス的人生観、芸術観の属性であるとした理想を承認しはしないだろうし、すべてのロシア作家が私がロシア的観念と呼んだものを信奉しているわけでもないであろう。しかし広く言って、この分類法は正確な分類であり、美的な作家、例えば前世紀末のロシア象徴主義の詩人たちについても当てはまる。彼らは、功利主義的、教育的、あるいは「不純な」芸術の形式を一切軽蔑し、社会的分析や心理的小説にはいささかの関心もなく、西欧の耽美主義を極端なまでに誇張した。しかしこのロシア象徴主義者でさえもが、自分たちに道徳的義務がないとは考えなかった。むしろ彼らは、自分たちは神秘の祭壇に立つアポロの巫女のようにある現実を見渡していると見ていた。現世はこの現実の暗いシンボル、神秘的な表現でしかない。彼らは社会的理想主義とは縁がなかったが、彼ら自身の神聖な誓約は道徳的、知的な熱意をこめて信じていた。彼らは神秘にたいする証人であり、この証人たらんとする理想を裏切ることは、彼らの芸術の規則からして道徳的に許されないことであった。このような態度は、芸術家の芸術にたいする忠実さについてフローベールが言ったこととは大きく異っていた。彼にとってその忠実さとは、芸術家の本来の役割、つまりできるだけよい芸術家になるための最善の方法と同じことであった。私がロシア的観念の属性であるとしている態度は、特殊に道徳的な態度である。彼らの人生にたいする態度と芸術にたいする態度は同じであり、それは突きつめれば道徳的な態度である。このことと、功利主義的目的をもった芸術という観念とを混同してはならない。もちろんロシアの作家の中にも、この功利主義的芸術を信じるものもいた。私が論じている人々、つまり一八三〇年代と四〇年代初期の人々は、たしかに小説の目的、詩の目的は人々によりよくなるよう教えることだとは信じていなかった。功利主義はもっと後になって有力になった。その宣伝をしたのは、私がここで関心をもっている人々よりははるかに退屈で粗雑な精神の人々であった。

もっとも特徴的なロシアの作家は、作家は先ず第一に人間であると信じていた。小説か私的な手紙か、公開の演説か会話かにかかわりなく、彼らは自分のすべての発言にたいして直接かつ継続的に責任を負うと信じていた。この見解は、逆に西欧の芸術観、人生観にもかなりの影響を与え、思想にたいするロシア・インテリゲンツィヤの一つの注目すべき寄与となる。よかれ悪しかれ、それはヨーロッパの良心に非常に激しい衝撃となった。

八

私の論じている時期には、ヘーゲルとヘーゲル主義が若いロシアの思想を支配していた。解放された若者たちは、あらんかぎりの道徳的な熱意を傾けて彼の哲学に全面的に没入する必要があると信じた。ヘーゲルは偉大な新しい解放者であり、したがって、私的な個人としてか作家としてかにかかわりなく、彼から吸収した真理を自分の生活のすべての行為の中で表現することが義務――至上の義務であった。このような忠誠心――後にダーウィン、スペンサー、マルクスへと移されていった忠誠心である――は、その当時の燃えるような文献、取りわけ文学的な書簡類を読んでいない人々には理解しがたいことであろう。その例証として、ロシアの偉大な政治評論家ゲルツェンの皮肉な文章をいくつか引用したい。彼は生涯の後半を外国で送ったが、自分の青春の雰囲気を回顧しながら書き記している。この比類のない風刺作家によく見られるように、その文章はやや誇張した姿を伝えており、個所によっては戯画である。にもかかわらずその文章は、時代の気分をうまく伝えている。

　完全に思弁的な態度はロシア的性格と全面的に対立すると述べてから、次いで彼は、ロシアにもたらされたヘーゲル哲学の運命について語る。

……三部の論理学、二部の美学と哲学綱要《エンツィクロペディー》〔すべてヘーゲルの著作〕の一段落といえども、……数夜にわたって続いた必死の論戦によってようやく占拠される。互いに敬意を払っていた人々が、「超越的精神」の定義で賛成できないために丸々何週間も疎遠になり、「絶対的人格」と「即自的存在」についての意見でそれぞれ腹を立てた。ヘーゲルについて少しでも言及してあれば、ベルリンやその他〔ドイツの〕町や村から送られてきたドイツのもっとも無価値な哲学論文についても、それを擁護する文章が現れ、すり切れるまで――黄色いしみになり、数日後には頁が外れてしまうまで読まれた。例えばフランケール教授が、ロシアでは自分が大数学者とみなされ、わが国の若い世代は彼の代数的象徴主義を微分方程式に使っていると聞いて、涙を流して感動したのとちょうど同じように、これらすべての忘れられた人々――ヴェルダー、マーハイネッケ、ミシュレー、オット、ヴァトケ、シャラー、ローゼンクランツ、アルノルト・ルーゲでさえも、モスクワのマロセイカ街とモホヴァーヤ街の間でいかなる決闘、いかなる会戦を彼らが引き起すことになったか、彼らがいかに読まれ、彼らの本がいかに買われたかを知れば、皆、嬉し泣きに泣くであろう。

私には、このことを言う権利がある。私自身が当時の急流に押し流され、次のような文章を書き、わが国の有名な天文学者ペレヴォシコフがそれを「小鳥のおしゃべり」と呼んだ時には、びっくり仰天したものであった。この時期には、自分はこのような文章を書いていないと言えるものは、誰もいなかった。「造形の領域における抽象的理念の合成は、自己探求的精神のかかる段階――つまり対自的にそれ自体を定義して、それが自然的内在状態から美の形式的意識の調和的領域にまで潜勢力化される段階を代表している、……」

彼は続けて言う。

ソコーリニキ〔モスクワの郊外〕に散歩に出かける時には、たんに散歩のためではなくて、自らの宇宙との同一化についての汎神論的感情に身を委せるために出かけるのであった。もしその道でほろ酔いの兵士や百姓女に出会って、何かを彼に言ったとすると、哲学者はたんに彼らと話すのでなく、大衆的要素の実質性をその直接的出現、偶然的出現の双方において決定した。彼の目に湧き上る涙でさえもが厳格に分類され、その正しい範疇——情緒《ゲミュート》、ないしは「心臓における悲劇的要素」と呼ばれることになった。

ゲルツェンの皮肉な文章を、文字通りに解する必要はない。しかしそれは、彼の友人たちがどのように昂揚した知的気運の中に生きていたかを生き生きと示している。

次に、アンネンコフの文章——私が冒頭で触れた「注目すべき一〇年間」という優れたエッセイからの文章を引用しよう。それは、同じ時期の同じ人々について違った姿を伝えており、ゲルツェンの滑稽な描写——それは、まったく不当にも、これら知的活動の一切が過度に昂奮した若い知識人の馬鹿げた集団の中での全く無価値なおしゃべりであるかのように言っているようである——を訂正するためにも、引用しておく価値がある。アンネンコフは、一八四五年のソコローヴォ村の一軒の田舎屋敷での生活を描写している。この屋敷は三人の友人同士——モスクワ大学の歴史の教授グラノーフスキー、著名な翻訳者であるケッチェル、そして、当時公務にありながらも、特にはっきりした職業のない裕福な若者であったゲルツェンその人が、夏の間に借りたものであった。三人は友人たちを接待し、夜には知的な会話を楽しむために、その屋敷を借りたのである。

……許されないことが一つだけあった。俗物であることであった。雄弁の高揚、見事な機知のひらめきが期待されていたのではない。むしろ逆に、自分の専門分野に没頭している研究者は深く尊敬されていた。けれども要求されていたのは、ある程度の知的水準、ある種の人格の資質であった……彼らは、腐敗しているように見えるものとの接触から身を守った……そして、いかにさりげなく些細なことであっても、それが侵入してくるのを心配していた。彼らは、世界から自分たちを切り離しはしなかったが、それとは離れて立ち、まさにその理由で注目を引いた。そしてこのために、彼らは一切のわざとらしくていんちきなものにたいする特別の感受性を発達させた。道徳的に疑わしい感情、逃げ腰の話し方、不正直な曖昧さ、内容のない空文句、不誠実、これらのもののいささかの現れでも、直ちに探知され……即座に皮肉な嘲笑と容赦ない攻撃の嵐を挑発した……このサークルは、成文憲法こそなかったが騎士団、戦士たちの兄弟のような結社に似ていた。しかもそれは、その会員のすべてが広大なわが国土に散在していることを知っていた。組織されてはいなかったが、暗黙の諒解はあった。それはいわば、当時の生命の流れを横切って拡がり、流れが川岸を無目的に氾濫させたりしないようにしていた。あるものはそれを崇拝し、あるものは嫌悪した。

九

アンネンコフの描いた集いにはいくらか気取りを思わせる点もあるが、そのような結社は、知的少数者が自らの理想のために自分の住んでいる世界から切り離されたと感じ、ともかくも内側から知的、道徳的基準を高めていこうとするところでは、どこでも結晶してくるものである(ブルームズベリー街でも、その他どこでも)。まさにそれが、一八三八年から一八四八年にかけてこれらロシア人がしようとしたことであった。彼らの中で下層階級出身のものは少なかったが、一つの社会階級から自動的に出現したのでないという点で、彼らはロシアでも特異であった。彼らはある程度よい生れでなければならなかった。そうでなければ、充分な――つまりは西欧的な――教育を受ける可能性は、きわめて小さかったからである。

彼ら相互間の態度には、ブルジョア的自意識はまったくなかった。富には感銘を受けなかったし、貧困については自意識がなかった。成功は尊重しなかった。むしろ、それを避けようとさえした。彼らの中で、世俗的な言葉の意味で成功したものはほとんどいない。多くが亡命し、他のものは教授になって、帝国警察の不断の監視にさらされることになった。あるものは薄給のお傭い文士、翻訳家になり、またあるものは消え去ってしまった。一人か二人は運動を去り、背教者と見なされた。例えば、有能なジャーナリスト、作家のミハイル・カトコフがいた。彼は運動の創始者であったが、やがて帝政の政府の側に移った。またベリンスキーとトゥルゲーネフの親友ヴァシリー・ボトキンがいた。彼は哲学的な茶商人として出発したが、後年には断固たる反動になった。しかし、このような例は例外であった。

トゥルゲーネフはいつも、いささかどっちつかずの一例と見なされた。心臓は正しいところにあり、理想がないわけでもなく、啓蒙とは何かをよく知っているが、それでも充分に信頼はできないというのである。たしかに彼は、農奴制には激しく反対していた。そして彼の本『猟人日記』は明らかに、ロシアでそれまで出版された他のどんな本よりも強い社会的影響を与えた。いわば後のアメリカ合衆国における『アンクル・トムの小屋』であったが、前者は芸術作品、むしろ天才の作品である点でそれと大きく異っていた。トゥルゲーネフは若い急進派からは全体として、友人であり同盟者——、しかし、不幸なことに弱く移り気で、信念を捨てて自らの喜びに耽る傾向があると見られていた。何の説明もなく消え去り、そしていくらか罪の意識を感じながらも、彼の政治的友人とは手を切るかもしれぬ。それでも「われわれの一人」、わが党の党員であり、厳しく批判しなければならないようなことをしばしば行なったにもかかわらず、われわれに敵対するというよりはわれわれとともにあった。それはもっぱら、彼がフランスの女性歌手ポーリーヌ・ヴィアルドに不幸にもうつつを抜かしたからのようであった。彼は、オペラのさじき席が買えるだけの金を手に入れようとして、——密かに——自分の短篇を反動的な新聞に売ることになった。有徳な左翼の雑誌は、あまり多くの原稿料は出せなかったからである。動揺している信頼できかねる友人であったが、それでも何はともかく、基本的にわれわれの側にあり、人間であり同胞であった。

このような人々の中には、非常に自意識的な文学的、道徳的な連帯感覚があった。それは彼らの間に、ロシアの他の集団にはたしかにかつてなかったような真の友愛の感情、目的の感情を作り出した。ゲルツェンは後に数多くの有名人に会い、人を判断することでは批判的で不寛容、時には極度に嘲弄的で、しばしば冷笑的であったし、アンネンコフは西ヨーロッパを広く旅行して、当時の有名人との間にさまざまな知己を作ったが、二人はともに人間なるものについての通であった。そして後年には、あれほどに文明的で陽気で自由、あれほどに啓蒙され内発的で快適、あれほどに誠実で知的、あらゆる意味であれほどまでに才能と魅力のあった集団は、二人の生涯で他のどこにおいても再び見ることはなかったと告白するのである。

〔訳注〕 ギリシャを旅行した伝説上のスキタイ人。フランスの作家バルテルミーの長篇小説『若きアナルカルシスのギリシャ旅行』(一七八八年)に登場する。

〔河合秀和訳〕

II　ペテルブルクとモスクワにおけるドイツ・ロマン主義

ロシアの思想史ないし文学史の研究者は、他の点でどんなに意見が異なるにしても、すべてが——あるいはほとんどすべてが、一つの点では意見が一致しているようである。つまり、一九世紀の第二・四半期においてロシア作家にたいする支配的な影響はドイツ・ロマン主義の影響であったとする点である。この判断は、大抵のこの種の一般論と同じく、完全には正しくない。プーシキンはそれ以前の世代に属すると主張できるにしても、レールモントフ、ゴーゴリ、ネクラーソフ——この時期のもっとも著名な作家だけを挙げるとして——は、ドイツ・ロマン主義の思想家の弟子と見なすことはできない。にもかかわらず、ドイツ形而上学はたしかに右翼、左翼の両方で、民族主義者、正統教会の神学者、政治的急進派の間で同じように、ロシアにおける思想の方向を根本的に変更させ、大学在学中のもっと大きく目をさました学生たち、さらには知的傾向の強い青年一般の世界観に深い影響を与えた。これらの哲学上の学派、特にヘーゲルとシェリングの教義は、今でも現代的な転換を遂げて影響力を失っていない。現代世界にたいする両派の遺産は、悪名高い強力な政治神話で、それは右翼、左翼両方の形式で現代のもっとも反啓蒙主義的で抑圧的な運動を正当化するのに利用された。同時に、ロマン主義学派の大きな歴史的成果は西欧文明思想の細かな織目にまで吸収されており、かつてそれがいかに斬新で、ある人々にとってはいかに陶酔的であったかを伝えるのは、容易なことではない。

初期のドイツ・ロマン主義思想家――ヘルダー、フィヒテ、シェリング、フリードリッヒ・シュレーゲルと彼らの支持者たちの著作は、読みやすくはない。例えば、当時は大いに尊敬されたシェリングの論文は暗い森のようなもので、私は少なくともここでは敢て立ち入ろうとは思わない。*Vestigia terrent*〔その足跡は私を恐れさせる〕であり、多くの熱心な探求者はこの森に入って二度と戻ってこなかった。しかしともかくもドイツ、そして事実上ドイツの知的従属国であった東ヨーロッパとロシアにおけるこの時期の芸術と思想は、これらの形而上学者、特にシェリングが人間の思想に大きな転換を起したこと――一八世紀の機械論的な範疇から、美学的ないし生物学的な説明への転換を起したという事実を把えずしては、理解できないであろう。ロマン主義の思想家と詩人は、一八世紀啓蒙主義の中心的な教義を掘り崩すのに成功した。自然科学の基準を人間の事柄に応用することについて、フランス啓蒙思想家はその効能を誇大に言いたて、ドイツ・ロマン主義者はその馬鹿馬鹿しさを誇大に言いたてたのかもしれない。しかし科学的唯物論の主張にたいするロマン主義的反動は、何はともあれ人間についての科学――心理学、社会学、人類学、生理学――がやがて歴史や芸術、あるいは宗教的、哲学的、社会的、政治的思想のような人間の活動にまで拡がり、後者の活動における甚だしい混乱に終止符を打つという主張に、永遠の疑惑を申したてることになった。ベイルとヴォルテールが彼らの時代の神学的反動たちを嘲弄したように、ロマン主義者はコンディアック、ドルバック学派の独断的唯物論者を嘲笑した。そして彼らが選んだ戦場は、美的体験という戦場であった。

何が芸術作品を作り出すのかを知りたいとしよう。例えば、特定の色と形が何故特定の画や彫刻を生み出すのか、特定の文体や言葉の配列が何故特殊な意識状態にある特定の人間に強い、あるいは記憶に残る影響を生み出すのか、いくつかの音楽的な音が配置されると何故それが時には浅薄、また時には深遠、あるいは叙情的、俗悪、道徳的に高貴ないし低劣、あれこれの民族や個人の特徴を現わしているなどと呼ばれるようになるのかを知りたいと思うとしよう。物理学で用いられている一般的な仮説、音や絵具や紙上の黒い点や人間の発言についての科学的法則のもとでの一般的な記述や分類や論理的包摂によっては、このような疑問に答えるにはあまりにも不充分であろう。

科学によっては説明できない人生、思想、芸術、宗教などを説明できる非科学的な説明方法とは何であったのか。ロマン主義の形而上学者たちは、彼らのいわゆるプラトン的伝統によって知る方法——精神的な洞察、科学的分析にかけることができないさまざまな関係についての「直観的」な知識——に立ち返った。シェリング(芸術的想像力の働き、特に天才の性質についての彼の見解は、曖昧なところがあるにもかかわらずあっと驚くほど独創的で想像力に富んでいる)は、宇宙的な神秘のヴィジョンを語った。彼は宇宙を一つの精神、偉大な生きた有機体と見た。それは、一つの精神的段階から次の段階へと進化していく魂、自我である。個々の人間は、この大きな宇宙的存在のいわば「有限の中心点」、「側面」、「契機」であり、この大きな宇宙的存在にたいする「生きた全体」、世界の魂、超越的な精神ないし理念などの呼び方は、初期グノーシス派の夢みた世界を思わせるほどである。現実にスイスの懐疑論者の歴史家ヤコブ・ブルクハルトは、シェリングを読んだ時には多くの腕と足のある怪獣が自分に向って攻めてくるのを見たと発言している。しかし、この黙示録的なヴィジョンから引き出される結論は、あまり風変りではない。有限の中心点——個々の人間——は互いに理解し合い、またそれぞれの環境と自らを理解し、過去とそしてある程度までの現在と未来を理解するが、しかしその理解は個々人が互いに話し合うのと同じ方法で行なわれるのではない。例えば、私がもう一人の人を理解している——私が彼に共感し、彼の心の動きを追い、それに「入り込み」、このような理由で私には特に彼の人柄——彼の「内的な自我」について判断を形成する資格があると主張するとしよう。その場合、この理解の方法は体系的に分類された作業方法にも、その作業からさらに情報を抽出するという方法にも還元できないであろう。後者の方法も一度発見されれば、一つの技術《テクニック》に還元され、呑み込みのよい弟子に教えれば、弟子は多少とも機械的にそれを適用していくことになるであろう。人や思想や運動、あるいは個々人や集団の世界観の理解は、社会学的な行動類型の分類を行ない、科学的実験と丹念に図表化された観察結果の統計にもとづいて予知するという方法に還元できない。共感、理解、洞察、「知恵」に代りうるものはないのである。

同じようにしてシェリングの教えによれば、例えばある芸術作品を美しくしているものが何か、ある歴史上の時期にそれ固有の性質を与えているものは何かを知ろうとするなら、実験、分類、帰納、演繹、その他自然科学の技術とは違った方法を使う必要があった。この教義にしたがえば、例えばフランス大革命の精神的激動をもたらしたのは何か、ゲーテのファウストがヴォルテールの悲劇よりも深遠なのは何故かを理解したいならば、コンディヤックやコンドルセが説いたような心理学、社会学の方法を適用しても無駄であろう。想像力による洞察の能力、個人と社会と時代の内的生活、心と感情の——つまり精神の生活、制度や国民や教会の「内的目的」や「本質」を理解する能力を持たなければ、何故ある種の結合が「統一体」を形成し、他の結合はそうでないか、何故特定の音や言葉や行為が「全体」の中の他のいくつかの要素と関連し、またそれに適合し、他の音や言葉や行為はそうでないのかを、永遠に説明できないままであろう。そしてこのことは「説明」しようとしているのがある人物の人格、運動や党の勃興、芸術的創造の過程、時代や学派や神秘的な現実観、その他何であろうと変りはない。そしてこのことは、私がここで論じている物の見方によれば、偶然ではないのである。何故なら、現実は単に有機的であるだけでなく、統一的でもあるからである。つまり言いかえれば、その構成要素は単に因果的に関連しているだけでなく——つまり単に、その他一切の要素の配置によって、個々の要素が「必然的」に一つの型ないしは調和を形成していくように見えるというのではなく、各要素が他の要素を「反映」あるいは「表現」するのである。何故なら、一つの「精神」ないし「理念」ないし「絶対」があり、存在するもののすべてはその独自の一側面、ないし一表現だからである。より大きく一側面であり、より生き生きと表現されれば、それだけ一層「深く」かつ「現実的」になるであろう。哲学は、絶対ないし理念が各発展段階で到達した局面をどれだけ表現しているかに比例して、「真実」になる。詩人や政治家は、それぞれの環境――国家、文化、国民――の「精神」によってどれだけ霊感を受け、それを表現しているかによって、詩人としては天才を、政治家としては偉大さを有するようになる。その天才、偉大さは、汎神論的にいわば普遍的に存在している神意として把握された宇宙の精神の自己実現をそれ自体として骨肉化したものである。芸術作品は、この発展の中に生じた偶然でしかないとすれば死せるもの、人工的なもの、瑣末なものとなるであろう。芸術、哲学、宗教は、宇宙の調和の「反響」を把え表現しようとする有限の被造物による多くの努力である。人は有限であり、彼のヴィジョンは常に断片的であろう。個人が「深」ければ深いほど、その断片はより大きく、かつより豊かであろう。まさにこのような理由から、ロマン主義的思想家たちは「単なる」経験的なもの、「機械的」なもの、日常経験の世界にたいして尊大な軽蔑を抱くのである。日常経験の世界の住人は内的調和にたいして常に耳を閉したままであるが、何ごとも――一切のことがこの内的調和の観点からして、はじめて「真に」理解できるからである。

ロマン主義的な批判者はいくつかの場合、これまで認識されていなかった、あるいは不充分にしか分析されていなかったような性質の知識、思想、感情の類型を明らかにしているだけでなく、新しい宇宙論的体系、新しい信仰、新しい生活様式を構築し、むしろ自らが宇宙の精神的復活ないし「自己実現」の過程の直接的な手段となっていると想像した。彼らの形而上学的な夢想は――幸いにしてと、私は付け足したいと思うが――、今日ではすべて死滅している。しかし、彼らがたまたま芸術、歴史、宗教にあてた光は、西欧の物の見方を大きく転換させた。彼らは想像力の無意識的な働き、非合理的な要因の作用、心の中で象徴と神話の果す役割、分析不可能な類似性と対照性の意識、通常の合理的分類の境界線を横切っている、基本的ではあるが触知できない関連と差違に大いなる注目を払うことによって、詩的霊感、宗教体験、政治的天才などの現象、芸術の社会的発展にたいする関係、個人の大衆にたいする関係、道徳的理想の美学的ないし生物的事実にたいする関係について、しばしばまったく新しい説明を与えるのに成功した。このような説明は、それまでのどのような説明の仕方よりも説得力があった。ともかくも一八世紀のさまざまな理論――以上のような話題を体系的に扱うことなく、それをもっぱら神秘的傾向のある詩人とエッセイ作家の孤立した発言にまかせていた一八世紀の理論よりも、説得力があった。

こうしてヘーゲルもまた、哲学的に曖昧であるという点に責任はあるが、一つの思想の流れの源となった。その流れは、今日では非常に拡がりかつ親しみのあるものとなったために、われわれはその観点から考えながらもそれがいかに新奇であるかを意識しなくなっている。このことは、例えば一つの連続的な過程、独立に研究できる対象としての思想史という把え方についても事実であった。もちろん古代世界や中世にも、特定の哲学体系についての解説――通常は解題付目録《カタローグ・レゾネー》といったものであったが——や、特定の思想家についての研究論文は存在していた。しかし、さまざまな思想の特定の束ね合せが一つの時代ないし社会に浸透しているという観念を発展させたのはヘーゲルであった。これらの思想は他の思想に影響を及ぼし、多くの目に見えない絆を結んで、一つの世代の感情、世論、思想、宗教、法律、一般的な物の見方——今日ではイデオロギーと呼ばれている——が他の時代、場所のイデオロギーと関連していく。ヘーゲルは、彼に先行したヴィーコとヘルダーとは異って、このことを一つのまとまった、連続的で合理的に分析できる発展過程として提出しようとした。コント、マルクスを経てシュペングラー、トインビーに至るいわば宇宙的歴史家、人間の歴史の不規則な流れの中に壮大な想像上の規則性を発見することに精神的な安息を感ずるすべての人々の系譜の上で、彼はその先頭に立っていたのである。

この思想史の計画の大部分は夢想であり、さもなければ散文で書かれたきわめて主観的な詩の一形態でしかなかったが、人間精神の多くの活動は互いに関連しているという観念、ある時代の芸術、科学思想は芸術家や科学者が生きて活動している社会の中で行なわれている社会的、経済的、神学的、法的活動との相互作用の中でもっともよく理解できるという観念——つまり光明の一つの源泉としての文化史という観念そのものが、それ自体で思想史における重要な一歩であった。そして、詩人や画家は時代の精神を学問的歴史家よりも深く理解し、それをもっと生き生きとした永続的な仕方で表現するという独特のロマン主義的観念については、ここでもシェリング(ヘルダーに続いて)がその責任を負っていた。もともと芸術家は、自らの時代(あるいは他の時代や文化)の大枠にたいして、訓練を受けた古物収集家や職業的なジャーナリストよりも(彼らが感受性のある動物だとしての話であるが)より大きな感受性を持っていると、考えられたからである。特定の状況の表面の下で作用している萌芽的でまだ半分しか理解されていない要因、後になってようやく完全に成熟するような要因については、芸術家の方が反応が早く、意識が鋭いとされていた。例えばマルクスは、バルザックの小説は彼自身の時代の生活と性質よりも一九世紀の六〇年代、七〇年代の人々を描いている――彼ら六、七〇年代の人々の顔立ちは、それがまだ萌芽でしかない時期に、それが白日の天光のもとで登場してくるよりもはるか以前に、芸術家の感受性に把えられていたと主張したのは、まさに右のような意味でのことであった。ロマン主義哲学者は、この種の直観的ないし詩的洞察力の力と信頼性を大いに誇張した。彼らの熱烈なヴィジョンは半ば科学的、半ば叙情的な用語法でいかに厚く偽装されていたにせよ、依然として神秘的、非合理的なヴィジョンであったが、それが一八三〇年代、四〇年代の若いロシア知識人の想像力を把え、皇帝ニコライ一世の統治する帝国という汚ならしい現実を出て、もっと高貴で静穏な世界に移る戸口の扉を開け放ったようであった。

一八三〇年代の教育のある青年にたいして、経験的事実を超越し、純粋の光明の世界――すべてが調和し、永遠に真実である世界に飛翔するよう教えた人物、ロシアの他の誰にもまして説得的に教えたのは、ニコライ・スタンケーヴィチというモスクワ大学の学生であった。彼はまだ二〇歳台の初めに、自分の囲りに献身的な崇拝者のサークルを集めた。スタンケーヴィチは精神と外見では大きく際立った貴族的な青年であった。穏和で理想主義的な人柄で、例のないほどに優しく、形而上学にたいする情熱を抱き、明晰に解説する才能に恵まれていた。彼は一八一三年に生れ、短い生涯の間に（彼は二七歳で死んだ）友人たちの上に注目すべき道徳的、知的支配を確立した。友人たちは、生前には彼を偶像化し、死後にはその想い出を崇拝した。無批判的な崇拝とは縁のないトゥルゲーネフでさえもが、小説『ルージン』の中で皮肉さのいささかもこもっていない彼の肖像画を、ポコルスキーという名のもとで描いた。スタンケーヴィチは、ドイツ・ロマン主義の文献を広く読み、世俗的で形而上学的な宗教を説いた。それは彼にとって、彼も彼の友人たちももはや信じなくなっていた正統教会の教義に代るものであった。

彼は、カントとシェリング（そして後にはヘーゲル）を正しく理解すれば、日常生活の外面的な無秩序と残酷さ、不正と醜さの下に永遠の美と平和と調和を探り出すことができると教えた。芸術家と科学者は、この内的調和との交わりという同一の目標をめざして違った道を旅している（きわめてシェリング的な観念であった）。芸術だけが（そしてここには哲学と科学の真理も含まれていた）不滅であり、経験世界の混沌さ、政治的、社会的、経済的出来事――すぐに消え去り、忘れ去られるであろう――の不可解で形のない流れと対立しても傷一つ負わない。芸術と思想の傑作は、人間の創造能力を証明する永遠の記念碑である。それだけが、外見の変動の彼方にある永続的な型の幾分かにたいする洞察力という契機を体現しているからである。スタンケーヴィチは、生活の外的な手触りに変化を起すにすぎない社会改革に代えて、人間は自らを内から改革するよう努めねばならないと信じていた（特に社会生活における何か大きな失敗の後には、多くの人々がこのように信じるものであるが、彼の場合にはおそらく一八二五年のデカブリスト革命の失敗であろう）。他の一切のことは、この内からの自己改革にともなって生ずる。天上の世界、ヘーゲル的な自己超越の精神は内に存すると信じた。救済は個人の自己再生から生ずる。そして人は、真理、現実、幸福を実現するには真に知っている人々――哲学者、詩人、賢者から学ばねばならない。カント、ヘーゲル、ホメロス、シェイクスピア、ゲーテは、一般大衆は決して見ようとしないものを見た調和的な精神の持主、聖者であり賢者であった。研究、果しない研究によってのみ、彼らの至福の世界、砕かれた断片が再びもとの統一性を回復する唯一つの現実を覗き見ることができるであろう。この神意の示現を得た人々だけが賢明で善良で真実である。物質的価値――社会改革や何らかの政治的目標――を追求することは幻を追うこと、失望と挫折と不幸を招くことだと、いうのであった。

一八三〇年から一八四八年にかけてのロシアで、若くて理想主義的であった人、あるいはもっと単純に国の社会状態を重苦しく感じていた人には、ロシアの生活の恐るべき悪――農奴の無知と貧困、聖職者の文盲と偽善、支配階級の腐敗と非能率と野蛮さと勝手気まま振り、商人たちのけちさ加減、追従、非人間性――、その野蛮な全体制は、西欧の賢者たちによれば生活の表面に浮び出たうたかたの水泡でしかないと聞かされるのは、心の慰めになることであった。それは結局はあまり重要なことでなく、外見の世界につきものの特徴で、高い点から見ればより深い調和を乱すものではないということになった。この当時の形而上学では、音楽の比喩がよく用いられている。それによると、ある一つの楽器の音をそれだけ切り離して聞いていれば、耳障りで無意味、目的がないように思えるかもしれない、しかし作品全体を理解すれば、全体としてのオーケストラを聞けば、これら一見勝手気ままな音が他の音と結合して、調和した全体を成していることが判ると、いうのである。それこそが、真理と美への渇望を満たすものであった。これは、先の時代の科学的説明方法をいわば美学に翻訳したものであった。スピノザは——そして一八世紀合理主義者の幾人かは——、次のように教えた。もし宇宙の型を理解できるとすれば(あるものは形而上学的直観によってと言い、またあるものは数学的ないし機械的秩序を認識することによってと言ったが)、無駄な努力をして痛い目に会ったりすることはなくなるであろう。宇宙の型を理解すれば、現実に存在するものが何時、何処で何であるかはすべて必然的に定っており、宇宙の調和という合理的秩序の一部を成していることを認識している筈だからである。そしてこれを知れば、現実と和解して内的な平和を達成することになるであろう。合理的な人間として、論理必然的な秩序にたいして勝手放題の反抗などはもはやできなくなるからである。

　これを美学に移行させたことは、ドイツ・ロマン主義運動における主要な要因であった。神秘の解明にあたって、科学的な必然的連関について語る代りに、あるいは論理的、数学的推論を用いる代りに、一種の新しい論理を使うよう奨められる。その論理が画の美しさ、音楽の深さ、文学的傑作の真実さをあかしてくれるのである。人生を何らかの宇宙的神性の芸術的創造、世界を芸術作品が次々に開示される過程と把えるならば——要するに、科学的な人生・歴史観から、神秘的ないし

「超越的」な人生・歴史観に転向するならば、ある解放感覚を体験することになるであろう。以前には不可解な混沌のなすがままになって、腹を立て不幸な思いをさせられ、改革し訂正しようと無駄な努力を費した一つの体系の囚われ人となり、遂には失敗と敗北を蒙るだけであった。しかし今は、宇宙の企みに進んで熱心に参加しているという感覚を得ている。生起することの一切は、必然的に宇宙の企図を実現し、そして個々人の私的な企図を実現していく。人は賢明、幸福、自由になる。宇宙の目的と一体化しているからである。

当時のロシアの著作の検閲体制のもとでは、政治思想、社会思想を公然と表明するのは困難であり、政治思想、社会思想を謎めいたやり方で伝えることができる唯一の手段は文学であった。このような状況にあって、面白くもない（そしてデカブリストの悲運の後では危険に満ちた）政治の情景を無視し、個人的な――道徳的、文学的、芸術的――自己の向上に専念するようにと奨める計画は、あまり悩みたくないと思っている人々に大きな慰めを与えた。スタンケーヴィチはヘーゲルを深くかつ誠実に信じており、終生彼を去ることのなかった純粋で敏感な心と確固たる信仰から発する雄弁さでもって、彼の静寂主義の説教を行なった。心に湧いてくる疑惑は、自分自身の中で鎮めていた。そして若くして死ぬまで、超俗的な聖者であり続けた。友人たちは、彼の前では精神的な平和を感じた。それは彼の特異なまでに一貫した人格の美しさ、女性的な繊細さと魅力から流れ出るものので、彼はこの魅力によって友人たちの上に穏やかな呪縛をかけたものであった。このような影響力は、彼の死とともに終った。彼は二、三の優美で色あせた詩、数篇の断片的なエッセイ、友人たちとさまざまなドイツの哲学者に宛てた手紙の束を後に遺した。この手紙の中には、ベルリンの若い劇作家で教授であった、彼がもっとも尊敬していた友人にたいする感動的な告白の手紙も含まれていた。彼はヘーゲルの弟子で、その名は今では忘れられて当然の人物であったが、スタンケーヴィチは彼を天才に近いと見ていた。このように乏しい材料から、このロシア啓蒙運動の指導者の人格を再構成することは、ほとんど不可能である。

彼のもっとも才能のある、そして印象深い弟子は、非常に違った型の男、つまりミハイル・バクーニンであった。この時期には素人哲学者で、激情的で専制的な性格のためにすでに悪名が高かった。バクーニンは、一九三〇年代の末には陸軍将校の地位を捨てて、モスクワでもっぱら自分の機知によって暮していた。彼は他人の理論を吸収することでは例外的な能力に恵まれており、他人の説をあたかも自説であるかのように熱と意気をこめて説き明かし、その過程で他人の説をいくらか変化させた。概して言えば、もっと単純、明快、粗悪に、そして時としてはもっと説得力のあるものにした。バクーニンの人格にはかなりの冷笑主義があり、自分の説教が友人たちに正確にどのような影響を及ぼすかについては――その影響が強くありさえすれば――ほとんど気にとめなかった。彼は自分の説教が友人たちを奮起させたのか、意気沮喪させたのか、彼らの生涯を破滅させたのか、あるいは彼らを退屈させたのか、それとも極端なユートピア的計画のための熱狂的な信徒にかえたのか等を、自問したりはしなかった。彼は生れながらの煽動家であったが、自分自身の中にかなりの懐疑主義をかくし持っており、自分自身の急流のような雄弁に自分が陶酔してしまうようなことはなかった。個々人を支配し集会を牛耳ることが、彼の専門であった。彼はあの奇妙で、幸いにして数は多くはない部類の人間――大義のために身を投げ出すよう他の人々に催眠術をかけておきながら、自分はその呪文の効果を冷静、明確、かつ皮肉に意識しているような人々の部類に属していた。彼のこけ脅しは、例えばゲルツェン等によってよく見破られたが、バクーニンはまったく人がよさそうな顔をして笑いとばし、すべてを進んで認め、そして相変らず――どちらかと言えば前以上にしゃあしゃあと――ことをぶち壊していった。彼の行くところ、犠牲者、死傷者、忠実で理想主義的な改宗者が散在していた。彼自身は最後まで、陽気で安直、よく嘘をつき、どうしようもない好人物で、平静で冷血で破壊的、魅力的で気前がよくて規律のない、風変りなロシア地主であった。

彼は器用に、また少年のような喜びをもって思想をもてあそんだ。その思想はサン＝シモン、ドルバック、ヘーゲル、プルードン、フォイエルバッハ、青年ヘーゲル派、ワイトリング等、多くの源から発していた。彼はこれらの理論を、短い期間に集中して吸収し、それをきわめて大きな熱意と個人的な魅力でもって解説したものであった。おそらくその熱意と魅力にかけては、あの偉大な民衆の護民官たちの世紀においても特異であった。アンネンコフが描写している一〇年間には、彼は熱狂的なまでに正統的なヘーゲル主義者であり、この新しい形而上学の逆説的な諸原理を友人たちにむかって明晰に、また頑固な情熱をこめて説いて、幾晩も過していた。彼は歴史においても、他の一切のものについても、鉄のように貫く苛酷な法則が存在していると宣言した。ヘーゲルは

――そしてスタンケーヴィチは正しい。このような法則に反抗し、そこに付随すると思われる残酷さ、不正に抗議しても無駄である。そのような行為は、単純に未成熟の現れ、合理的に組織された宇宙の必然性と美を理解しないことの現れであった。個々人の生活の苦悩と不調和は、神意の目的の中で――それを正しく理解すれば――必然的に絶頂に達し、かつ解決される筈であって、法則にさからうのはまさにこの神意の目的を把握できないでいることの現れであった。

ヘーゲルの教えによれば、精神は継続的ではなく、「対立物」間の「弁証法的」な闘争――それは（いくらかディーゼル機関に似て）一連の激しい爆発によって動いていく――によって進化する。この観念はバクーニンの気質にぴったりであった。彼自身が好んで言ったように、彼にとって平和と秩序とブルジョア的満足ほど嫌いなものはなかったからである。単なるボヘミアン主義、ばらばらの叛乱は、すでに何度も信用を落していた。ヘーゲル主義は永遠の合理的体系、客観的「科学」という外見の底に、理性的判断のための論理的装置をすべてそろえながら、その悲劇的で激烈な人生観を提出した。最初に永遠の理性の名において、野蛮な政府と愚かな官僚制に服従する必要性を正当化し、次にまったく同じ議論でもって叛乱を正当化するという逆説的な課題は、バクーニンを喜ばせた。モスクワでの彼は、平和な学生を回教の托鉢僧に、何らかの美的、形而上的目標を追求する陶酔的な求道者に変えていく自分の力を楽しんだ。後年の彼はこのような才能をもっと大きな規模で応用し、およそ見込みのなさそうな材料――スイスの時計工とドイツの農民――の中に信じがたい熱狂の高まりをかきたてた。前にも後にも、彼らの中にこれほどの熱狂をひき起したものは誰一人としてなかった。

　私の論じている時期の彼は、ヘーゲルの『哲学綱要《エンツィクロペディー》』を段落ごとに彼を崇拝している友人たちに解説するという比較的ささやかな課題に、このような不吉な才能を集中していた。このような友人たちの中には、もう一人のスタンケーヴィチの親友ニコライ・グラノーフスキーがいた。ドイツに留学して穏健なヘーゲル主義者になった穏和で高尚な歴史家で、帰国してからはモスクワで西欧中世史を講義していた。グラノーフスキーは、彼の一見疎遠な主題を聴衆の中に西欧的伝統にたいする敬意をひき起す手段に変えるのに成功した。彼はローマ教会、ローマ法、封建的諸制度が文明の発展の上で果した役割を詳しく述べ、この時期のロシア政府が西欧の危険思想にたいする解毒剤として奨励していた排外主義——ロシア文化のビザンチン的な根を強調した——の高まりに直面しながら彼の命題を発展させた。グラノーフスキーは、学識を非常にバランスのよい知性と結合しており、無茶な理論に我を忘れるようなことはなかった。しかしやはりヘーゲル主義者だけあって、宇宙には型と目標があるに違いないと信じていた。道は決して平坦でも真直ぐでもなく、障害があり、後退することも珍らしくなく、避けるのは困難であるが、この目標にゆっくりと近づき、人類は自由にむかって進んでいくと、信じていた。個人的な勇気と強さと献身の意識をもった人々がかなりの数で現われてこなければ、人類は長い反動の夜に沈み込み、その沼地から抜け出るには恐るべき代価が必要であった。にもかかわらず人類は、ゆっくり苦痛を感じながらも、しかし動かしがたい事実として幸福、正義、真理、美という理想の状態にむかって動きつつあった。一八四〇年代初期のモスクワ大学におけるグラノーフスキーの講義は、後期メロヴィンガ王朝、初期カロリンガ王朝の諸王についてという一見深遠な主題にもかかわらず、非常に多くの著名な人々を聴衆として引き寄せた。「西欧派」とそれに敵対する民主主義的なスラヴ派はともに、この講義を親西欧的、自由主義的、合理主義的な世論の半ば政治的な示威行動と見ていた。何よりも先ず、神秘的な民族主義と教会の教義に敵対して、啓蒙思想の事態を転換させる力にたいする信仰の示威と見ていた。

グラノーフスキーの講義は、友人たちからは熱情的な喝采を受け、保守派からは攻撃されたが、ロシアの社会的、政治的自由主義がいやしくも声を挙げようとすれば、特殊な偽装をこらさねばならなかった(ドイツにもまして)ことの例証として、私はこの講義を挙げておきたい。検閲制度は重い桎梏であると同時に、責めさいなむ刺し棒であった。それは、抑圧によってますます難解で激烈になった、特殊な擬似革命的な文体を生み出した。そして遂にはロシア文学全体を、ゲルツェンのいうロシア的生活にたいする「一つの大きな起訴状」に変えたのである。

検閲官は公的な敵であったが、現代のその後継者とは違って、当時の検閲官は全面的に否定的であった。帝政の検閲制度は沈黙を強要したが、教授たちにたいして何を教えるべきかを直接に告げたりはしなかった。著者にたいして何をいかに言うべきかを命じはしなかったし、作曲家にたいして聴衆の中にあれこれの気分を引き起すように要求したりもしなかった。いくつかの選ばれた「危険思想」の表明を阻止することを、意図したにすぎなかった。それは障害であり、時には大いに腹の立つ障害であった。しかしそれは、古いロシアの多くのものがそうであるように、非能率で腐敗し、怠惰でしばしば愚かか、それとも故意に寛大であり——そして器用で必死な人々はいつも数多くの抜け穴を見つけることができたから、危険思想をさして効果的に防止してはいなかった。急進的インテリゲンツィヤに属するロシア作家たちは、結局のところ彼らの著作を公刊し、しかもほとんど歪められてはいない形で公刊したのである。抑圧の主要な効果は、社会的、政治的思想を文学という比較的安全な領域に追いやることであった。このことはすでにドイツで起っていたが、ロシアではもっと大規模に起ったのである。

しかし、文学を政治的な性質のものに変えていく上での、政府の役割を誇大に考えるのは誤りであろう。「不純な」文学を生み出し、それにイデオロギー的な内容を盛っていく上で、ロマン主義運動それ自体が、同様に強力な要因であった。トゥルゲーネフは、彼の時代のすべての文筆家の中でももっとも「純粋」であり、この罪のためにドストエフスキーや六〇年代の「唯物論的」批評家などのあら探しの好きな説教家から非難されたが、その彼でさえもが一時は、哲学の教授として学者の道に入ることを考えたのであった。彼は思いとどまったが、早くにヘーゲルに心酔したことが彼の人生観全体に永続的な影響を及ぼすことになった。ヘーゲルの教えは、あるものを革命へ、またあるものを反動へと押しやったが、いずれの場合にも、その信奉者を一八世紀のパンフレット筆者による人間のあまりにも単純な分類法から解放した。これらパンフレット筆者は、人間を有徳の人々と悪徳の人々、啓蒙された人々と蒙昧の人々に、また事件をよい事件と悪い事件に、単純に分類した。同時にヘーゲル主義は、人間と物の双方について機械的に把握された明確な因果の鎖によって理解し預言できるとする見方からも、その信奉者を解放した。トゥルゲーネフにとってはむしろ逆に、万物は不断の転換過程にあってさまざまな性質の複合から成っていた。すべてが無限に複雑で、道徳的、政治的に背反しており、不断に結合の仕方を変化させて混り合う。それは柔軟で、時としては印象にもとづく心理的、歴史的な概念によってはじめて解明できるであろうが、そこには科学的な図式や法則に還元できないまでに数多く、かつ一時的な要因の間の精巧な相互作用が入り込む。トゥルゲーネフの自由主義と穏健さ——世間では大いに批判されたが——は、すべてのものを溶解状態に保っておくという形式をとった。状況の外にあって、注意深く皮肉に距離をおき、態度を決めずに均等にバランスを保つという状態であった。彼は、無神論と信仰の間を喜んで動揺する不可知論者であり、進歩と懐疑の両方を信じ、冷静で感情を制御した疑いの状態に身をおく観察者であった。彼が眼前にしている生の光景においては、外見通りのものは何一つとしてなく、一切の資質がその対立物の影響を蒙り、道は決して真直ぐではなく、幾何学的に規則的な型を描いて交錯してはいない。彼にとって(これが、ヘーゲル弁証法についての彼の解釈であった)、現実は決して人工的なイデオロギーの網、一切の硬直した独断的想定によって把えられず、法典化しようとするあらゆる試みを退け、左右対称的な道徳的ないし社会学的な体系をすべて覆えす。道徳的に無私の観察者の好奇心に満ちた目の前に、現実が姿を現わすにつれ、それを少しずつ描写しようとする慎重な試み、情緒的には中立で細心に経験的な試みにたいしてだけ、現実はその身を委ねるというのである。ゲルツェンもまた、無味乾燥な体系や計画を拒否した。彼もトゥルゲーネフも、ヘーゲルの肯定的な教義、あの壮大な宇宙論的夢想——二人の同時代人の多くのものを狂わせた歴史的神義論は、決して受け入れなかった。その否定的な側面——前世紀の楽観的な思想家たちを活気づけた新しい社会科学にたいする無批判的な信仰を切り崩すこと——からは、二人はともに深い影響を受けた。

このような人々が、一八三〇年代後期、四〇年代の前衛的な若いロシア人の間での比較的目立った有名な人々であった。この集団には、言及する紙幅がない人々も多い。カトコフは、哲学者、急進派として始まり、後に有名で有力な反動的ジャーナリストになった。哲学者のレドキン、エッセイ作家のコルシュ、翻訳家のケッチェル、俳優のシチェープキン、ボトキン、パーネフ、サゾノフ、オガリョフ、ガラホフのような裕福で若いディレッタント、偉大な詩人ネクラーソフ、その他二流、三流の多くの人々がいるが、彼らの伝記は文学史家、社会史家にしか興味がないであろう。しかしこれらすべての人々の上に、批評家ヴィッサリオン・ベリンスキーの姿がそそり立っている。彼が教養と趣味にともに欠けていたのは、悪名高いことであった。彼の外見は目立たず、彼の散文の文体には多くの欠点があった。しかし彼は、彼の世代の道徳的、文学的独裁者になった。彼の影響下に入った人々は、彼の死後にも長くその影響のもとにとどまっていた。そしてよかれ悪しかれ、彼の影響はロシアの著作、特に批評を変容させた。いわば根本的に、そして永久に一変させたのであった。

［河合秀和訳］

共にスラヴ派に属する有名な兄弟のうちのひとりで、政治的急進主義に何の共感ももたなかったイワン・アクサーコフは、一八五六年に、ヨーロッパ・ロシアの各県の中心地をめぐり歩いたさいのある旅行について報告を書いている。彼はその旅行を民族主義の巡礼とでもいったものとして考え、未だ手を触れられていないロシアの広汎な民衆と直接接触してそこから慰めやインスピレーションを引き出すことと、西欧の恐怖や西欧自由主義のわなに対する警告を必要とする人々に向かってそれを発することとを同時に意図していたのである。アクサーコフは苦い失望を味わった。

Ⅲ ヴィッサリオン・ベリンスキー

ベリンスキーの名前は、心あるすべての青年に、臭気の立ちこめる地方生活の泥沼の中で新鮮な空気を一口でも吸おうと喘ぎ求めるすべての人々に知られています。ベリンスキーのゴーゴリへの手紙を知らない田舎の中学教師はひとりとしていません。しかもそれを諳んじてさえいるのです。……誠実な人々、貧者や被抑圧者のことを配慮する人々、誠実な医者や闘いを恐れない誠実な弁護士を見つけたいと思うならば、ベリンスキーの追随者の中に見つけることができるでしょう。スラヴ派の影響などは取るに足りません。……新たにベリンスキーに帰依す

る者がふえています。〔訳注1〕〔アクサーコフ書簡集第三巻、モスクワ、一八九二年、二九〇―二九一頁〕

明らかに、われわれが扱っているのはある種の重要な現象である。理想主義的な青年たちが、一九世紀において最もひどい抑圧が加えられていたときに、死後八年を経た人物を自分たちの指導者とみなしているのである。パナーエフ夫妻、トゥルゲーネフ、ゲルツェン、アンネンコフ、オガリョーワ、ドストエフスキーといった、三〇年代及び四〇年代の若い急進主義者たちの文学的回想は一致してベリンスキーの次のような側面を強調する。即ちロシア・インテリゲンツィヤの「良心」にして、恐れを知らぬ天来の時論家、若い反逆者たちの理想という側面であり、多くの人々が感じてはいたものの公然と口に出すことのできなかった、またあえて口に出そうとはしなかったことをはっきりとかつ荒々しく言明するだけの性格と雄弁とを具えた、ロシアで殆どただひとりの作家という側面である。

われわれはアクサーコフの語っているのがどんな青年であるかを容易に想像することができる。トゥルゲーネフの小説『ルージン』の中で、田舎の屋敷に家庭教師として雇われた当時の典型的な急進主義者が、軽い皮肉を言うけれども同情心に富み、人の心を動かす人物として描かれている。彼は風采の上がらない、気がきかず無器用な大学生であり、知的でもなければ面白味もない。たしかに彼は鈍重で田舎風であり、むしろ愚か者と言ってよいほどであるが、それでいて純粋な心をもち、相手がとまどうほどに誠実で素直であり、滑稽なほどに純真である。この学生が急進主義者であるというのは、彼が知的あるいは道徳的にはっきりした政治的見解を保持しているという意味においてではない。それは彼が、自国の政府、粗暴で陰鬱な兵士、愚鈍で不正直でおどおどした官吏、無知で迷信深く追従を旨とする僧侶といった連中に対する、漠然としてはいるが容赦のない敵意に満ちているからであり、特殊な形で混じり合った恐怖と貪欲、新しいものや生活の諸力と結びついたものすべてに対する反感といったロシアの支配的雰囲気をかたちづくっていたものどもに対する深い嫌悪に満ちているからである。この青年は奇妙にいろいろな形をとるシニカルな諦観に対して精一杯反撥する。そうした諦観に立つ者は平然として、飢えて半ば野蛮な農奴の状態や死んだように停滞したロシアの地方社会を自然なものであると考えるばかりか、そこに伝統に深く根ざした価値、殆ど精神的美と言ってよいようなもの、さらに民族主義的で半ば宗教的な、独特の神秘的崇拝の対象があるとみるのである。ルージンは屋敷での集まりの中心となってそれに活気を与えており、若い家庭教師は彼の見せかけばかりの自由主義的な話しぶりによって完全に虜にされてしまう。ルージンの踏む地面を崇拝し、彼の安易な一般論を自らの道徳的熱中と、真理及び物質的進歩に対する信念で満たす。ルージンがなお陽気で魅力的で抗い難く、空虚な自由主義的決まり文句を振り撒きながら、道徳的危機に正面から立ち向かうことを拒み、弱々しい言い訳をし、臆病者や愚か者のようにふるまい、ちょっとした背信行為をさもしく行なうことによって気まずい状態から抜け出すとき、素朴な真理の追求者である追随者のほうは、何を信じてよいか、どちらに転じてよいかもわからず、途方に暮れ、なすすべもなく、侮辱されたまま、典型的なトゥルゲーネフ的状況の中に取り残される。そこでは誰もが結局は弱さや無責任さによって行動し、その弱さや無責任さは、人間的で心をなごませはするがやはり大きな災難を招くのである。家庭教師のバシストフはごくつまらない人物である。しかし彼は、プーシキンの(オネーギンに対置された)レンスキーという、引き立て役でときにはお人好しであるロシア社会の最初の「余計者」の、卑しくはあるが直接の後裔である。彼は『戦争と平和』における(アンドレイ公爵に対置された)ピエール・ベズーホフ、『アンナ・カレーニナ』におけるレーヴィン、カラマーゾフ家のすべての人々、ゲルツェンの小説『誰の罪か』におけるクルツィフェルスキー、『桜の園』における大学生、『三人姉妹』におけるヴェルシーニン大佐や男爵と同じ系統に属する。一八四〇年代の文脈の中で、彼はロシアの社会小説における特徴的な人物のひとりとして考えられるようになった人物であり、困惑した理想主義者、感動的なほどに素朴で、度はずれて熱中し、純粋な心をもった人間、避けることができるはずであるのに実際には決して避けられていない不幸の犠牲者なのである。ときに喜劇的、ときに悲劇的で、しばしば混乱し、失敗し、うまく立ち回れない彼は、いかなる虚偽をも、あるいは少なくともいかなる矯正不可能な虚偽をも、またいささかでも卑劣で背信的なところのあるいかなる行為をも行うことができない。チェーホフの主人公たちのように弱く自らを憐れむこともあれば、『父と子』のバザーロフのように強く猛々しいこともある。しかし彼は決して内面的な道徳的威厳や破壊し得ない道徳的人格を失うことがない。そうした道徳的な威厳や人格と比べるとき、普通の社会の圧倒的多数を占める平凡な俗人たちは、哀れに、また同時に疎ましく見えるのである。

迫害された人類のために闘う、ときに子供じみており、ときに怒れるこうした誠実な闘士たち。

卑しめられた人々や挫かれた人々のために働く聖者や殉教者たち。道徳的・知的ヒロイズムの、このきわめてロシア的なタイプを現実に、歴史の中で具現しているのがヴィッサリオン・グリゴーリエヴィチ・ベリンスキーである。彼の名前は、専制、正教会及び熱烈な民族主義を支持する者にとっては嫌悪すべき、また西欧的古典主義の、優雅で気むずかしい愛好者たちにとっては目障りな、一九世紀ロシアにおける最大の神話となり、同じ理由で一九世紀後半の改革家及び革命家の双方にとって、理想化された祖先となった。ベリンスキーは晩年になるにつれて次第に社会秩序に対する非難を強めていったのであるが、きわめて現実的な意味において、彼は一九一七年に、その社会秩序の打倒において頂点に達した運動の創始者のひとりである。いずれかの段階で彼の子孫であることを主張しなかったような者は、ロシアの急進的著述家には殆どいないし、自由主義者にもきわめて稀である。アンネンコフやトゥルゲーネフのような反対派の臆病で煮え切らないメンバーでさえ彼の記憶を崇拝していたし、保守的な検閲官であったゴンチャローフさえ、彼のことを自分が知ったなかで最良の人物であると評している。一八六〇年代の真の左翼の著述家たち、即ちドブロリューボフやチェルヌィシェフスキー、ネクラーソフ、ラヴローフやミハイロフスキーといった革命的宣伝者たちや、彼らのあとに続く社会主義者たち、即ちプレハーノフやマルトフ、レーニンや彼の追随者たちはベリンスキーを、英雄的な四〇年代の英雄たちの最初の、そしてゲルツェンとともに最大の人物のひとりとして正式に認めていた。その四〇年代において、政治的自由のみならず完全な社会的自由を、市民的平等のみならず経済的平等を併せてめざす組織的闘争がロシア帝国において始まったとされたのである。

　したがって、彼はごく控え目に言っても、明らかにロシア社会思想史上における際立った人物であった。ゲルツェン、トゥルゲーネフ、そしてもちろんアンネンコフといった彼の友人たちの回想を読んだ人々は、この理由を自ら見出すであろう。しかし西欧では、ベリンスキーは今でもあまり知られていない。それでも、仮にも彼の著作を広く読んだ人なら誰でも知っているように、彼はロシアにおいてのみならず恐らくはヨーロッパにおいてさえ、文学の社会的批評の父であり、人生に対する唯美的、宗教的、神秘的な態度の、最も才能のある、最も恐るべき敵である。一九世紀を通じて、彼の見解はロシアの批評家たちが戦い、芸術と人生に関する二つの両立し難い見解がせめぎ合う大きな戦場であった。ベリンスキーは常にひどく貧しかった。彼は生きるために書いた。それゆえあまりにも多作であった。著作の多くはひどく慌しく書かれたし、インスピレーションを得ずに書かれた下請け仕事がたくさんあった。しかしベリンスキーが批評家として立ったそもそもの始めから、彼に浴びせられた敵意ある批判にもかかわらず(あえて付言すれば、ベリンスキーは今日にいたるまで激しい論争の主題となっており、過去一世紀の間に故人となった人物の中で、ロシア人の間にこれほどの愛着と憎悪をかき立てた者はほかにいない)、彼の最良の著作はロシアでは古典的でありかつ不朽であるとみなされている。ソ連邦では彼の地位は全く安泰である。(彼が一生をかけて戦ったのが教義《ドグマ》と同調主義《コンフォーミズム》であったにもかかわらず)彼はかの地では、新しい人生の形をつくり出した創業の始祖《ファウンディング・ファーザー》として久しく崇められてきたからである。しかし彼が関わった道徳的・政治的問題は、西欧ではなお解決されていない。このことのみをもってしても、ベリンスキーは現在でもなお、関心を呼び起こす人物となるのである。

彼の生涯は外見的な出来事には乏しい。彼は一八一〇年か一八一一年に、フィンランドのスヴェアボルクの貧しい家に生まれ、ペンザ県のチェムバルという僻遠の町で育った。父親は、いくらか仕事をしては酒を飲むという暮らしに慣れ切った退役海軍軍医であった。成長したベリンスキーは痩せて肺病質で真面目一方の、やつれた小柄な少年、年の割に大人びた、笑わない、いつもひどく真剣な少年になる。彼は間もなく、文学へのひたむきな傾倒、厳しく時を問わない、貪欲さをむき出しにした真理に対する情熱のゆえに、教師たちの注意を引くようになった。彼は政府から学費を支給される貧しい奨学生としてモスクワに出た。そしてモスクワ大学という、当時なお地主貴族《ジェントリー》や宮廷貴族《ノビリティ》の学び舎であったところで生まれの卑しい貧窮学生が経験するお決まりの困難や不幸のあと、放校される。その理由は今なお明らかになっていない。しかし恐らくは、しっかりした知識の不足や、農奴制を非難する戯曲の執筆と関係があろう。その戯曲は現存しているが、ひどく不出来であり、修辞的で、破壊的といってよいほどであって、文学作品としての価値はない。しかし寓意は、臆病な大学の検閲官にとっては十分に明らかであり、著者は貧しく庇護者もいなかった。当時大学でヨーロッパ文学を講ずる自由主義的な少壮教授で、前衛的な雑誌を編集していたナジェージジンは、ベリンスキーの表に現われた真剣さや文学に対する情熱に感銘を受け、彼がインスピレーションのひらめきを探しているのだと考えて、彼に書評を書かせることにした。一八三五年から一三年後に死ぬまで、ベリンスキーはいろいろな雑誌に、絶えざる流れの如くに多くの論文や批評記事、書評を書き続けた。それらは教養あるロシアの世論を対立する二つの陣営に分裂させ、帝国のあらゆるところで、進歩的な青年たち、特に彼の最も献身的で熱狂的な追随者になった大学生たちの福音となった。

外見について言えば、ベリンスキーは中背、痩身で骨張っており、幾分猫背である。顔色は悪く、わずかに赤らみ、興奮すると容易に真っ赤になる。喘息持ちで疲れやすく、普段はくたびれやつれた、どちらかと言えばいかめしい顔つきをしている。動きは農民のようにぎこちなく、神経質で慌しい。よく知らない人の前ではうちとけず、ぶっきらぼうでむっつりしていることが多い。トゥルゲーネフ、ボトキン、バクーニン、グラノーフスキーといった親しい友人たちや若い急進主義者たちといっしょのときには、彼は生気にあふれ、抑え切れない楽しさに満ちている。文学や哲学に関する議論が白熱してくると、彼の目は輝き、瞳は広がった。彼はよく、大声で早口に、乱暴なほどの激しさで話し、咳をし、腕を振りながら隅から隅まで歩き回ったものであった。人前では彼はうまくふるまうことができず、楽しまず、黙っていることが多かった。しかし彼が邪悪なあるいは偽善的な感情とみなすものが耳にはいってこようものなら、彼は主義として干渉した。ゲルツェンは、そのような場合にはベリンスキーの恐ろしい道徳的憤激の力に対して抗し得る相手がいなかったことを証言している。議論で興奮しているときの彼は最も生彩があった。ゲルツェンの言葉を引用しよう。

論争がなく、腹を立てることがないと、彼はうまく話せなかった。しかし傷つけられたと感じ、何より大切な確信に話が及んで、彼の頬の筋肉が震え始め、声が途切れたとき、そのときの彼を見る必要があった。彼は豹のように獲物にとびかかり、それをずたずたに引き裂き、嘲り、憐む。その間に彼は驚くほどの力と詩情とをもって、自分の考えを展開したものであった。議論はしばしば病人の喉から血がどくどくと流れ出すことによって終わった。青ざめ、息をつまらせ、誰であれ話しかけている相手をじっと見据えて、彼は震える手でハンカチを口に当て、話すのをやめた。ひどく気持を混乱させ、肉体的な力の不足のせいで、すべてを言い尽すことなしに。そんなとき、私は彼をどれほど慈み、どれほど憐んだものだろうか。〔金子訳『過去と思索I』筑摩書房、一九六四年、二七四頁〕

エカチェリーナ女帝時代の生き残りである、ある老残の顕官と食事を共にした席で、ベリンスキーはわざわざルイ一六世の処刑を称讃した。また、チャアダーエフ(ローマ・カトリック教に共鳴したロシア人で、自国の蛮風を非難していた)が自国民の何より大切な確信を侮辱したかどでツァーリにより狂人の宣告を受けたのは、文明国においては至極当を得たことだと、大胆にもベリンスキーの前で述べた人がいた。ベリンスキーはゲルツェンの袖を引っ張って口を出すように囁いたが、ゲルツェンが取り合わなかったので、とうとう自分で口をはさみ、鈍く響きの悪い声で、もっと文明の進んだ国ではそのような意見を述べる人のためにギロチンが発明されたのだと言った。犠牲者は圧倒され、主催者は仰天し、パーティは早々に散会となった。トゥルゲーネフは極端を嫌い騒ぎを憎んだにもかかわらず、まさに自分に著しく欠けていた社交界でのこうした大胆さのゆえに、ベリンスキーを愛し、尊敬していた。

ベリンスキーは友人たちとカードをし、陳腐な冗談をとばし、夜を徹して語り合い、みなを魅惑し、疲れさせた。彼は孤独に耐えられなかった。あまりのみじめさ、淋しさのゆえに、彼は不似合いな結婚をした。一八四八年の夏の初めに彼は肺結核で死んだ。政治警察の長はのちにベリンスキーが死んだことをひどく残念がってから、こう付け加えた。「われわれが要塞監獄の中で朽ちさせてやったものを。」彼は力が絶頂にあるときに、三七歳か三八歳で死んだ。

ベリンスキーの日常が表面的には単調であったにもかかわらず、彼の生きた人生は異常に激しいものであり、知的・道徳的な鋭い危機によって区切られていた。そうした危機が彼の肉体の破壊を早めた。彼が選んだ主題、彼と切り離して考えることさえ不可能な主題、それは文学であった。彼を悪く言う人々は、彼に真の能力が欠けていることを咎めたけれども、それでもやはり彼は純粋な文学的性質に対し、言葉の響きやリズム、ニュアンスといったことに対し、またイメージや詩的象徴、それらに向けられた純粋に感覚的な感情に対して、鋭い感受性をもっていた。しかしながらそうしたことは彼の人生の中心的な要素ではなかった。彼の人生の中心にあるのは観念の影響である。それは観念が判断や理論となって現われる知的あるいは合理的な意味においてのみならず、多分いっそう馴染み深い、それでいて言い表わすことのいっそう困難な意味において、思想とともに情感をも、内界や外界に対する明示的態度とともに分明ならざる態度をも観念が具体化するという意味においてである。このような意味においては、観念は意見やさらには原理よりもなお広く、保持する人間にとっていっそう本質的なものであり、自分自身または外界に対する人間の関係の中心的な複合体を作り上げる。あるいは実に複合体そのものである。観念が浅かろうと深かろうと、虚偽であろうと真実であろうと、閉ざされていようと開かれていようと、盲目であろうと洞察力を付与されていようと、その点に変わりはないのである。これは明示的な教説や信仰告白においても見出されるが、それに優るとも劣らないほどに、意識的・無意識的な行動、格好、身振りや動作、ちょっとした癖においても見出されるものである。絶えずベリンスキーを熱中や不安、嫌悪へと駆り立て、ときには道徳的狂乱にまでいたる状態に彼を押しやったのは、人間の生活や著作の中に現われ、漠然とイデオロギーと呼ばれることもある、この意味での観念や信念である。彼は信じるとなればきわめて情熱的に信じ、本性全体をその犠牲に供した。疑うときにはそれに劣らぬ情熱をもって疑い、自らを苛む問いに答えるためにはいかなる犠牲をも払う覚悟であった。こうした問いは、個人の自分自身や他の諸個人、社会に対する関係について、人間の動作や感情の源について、人生の諸目的について、そして特に芸術家の想像力に基づく作品及び彼の道徳的目的についてのものであったと考えられるであろう。

ベリンスキーにとって重大な問題はすべて、常に結局は道徳的問題であった。全体として価値があるもの、手段としてでなく目的として追求する値打ちのあるものは何かという問題である。彼にとってこれは、知り、語り、行ない、そしてもちろん闘いの目的とし、必要とあらば命を捨てるに唯一値するものは何かと問うことを意味した。そもそも彼が書物や会話のうちに見出した諸観念は、距離を置いた偏りのない仕方で検討し分析し思考したのでは、彼にとって本質的に面白くも楽しくもなく、また知的重要性をもたなかった。観念は何よりもまず真か偽かである。偽であればそれは払い浄められるべき悪霊のようなものである。あらゆる書物は、外見上殆どそうは見えなくとも、観念を具体化している。何よりも先に批評家が精査せねばならないのはこうした観念である。このことを例証するために、彼の方法を示す、奇妙でたしかに異様ではあるがそれでもやはり私にはよくわかる例だと思われるものを挙げよう。それはごく小さな作品であるから批評家や伝記作者は言及していない。日々の編集活動の間に、ベリンスキーは、『ウェイクフィールドの牧師』〔イギリスの作家ゴールドスミスの小説、一七六六年〕の一九世紀に出たフランス語訳のロシア版に対する短い書評を発表した。この書評は、始まり方はごく月並みであるが、徐々に苛立たしげで敵意ある調子を帯びていく。ベリンスキーはゴールドスミスの傑作を、それが道徳的事実を曲げているがゆえに好まない。彼は牧師の性格においてゴールドスミスが、無関心、穏やかな愚昧さ、無能さを、闘士や改革家、観念の攻撃的な擁護者の性質に対して窮極的に優越するものとして示していると不満を述べる。牧師はキリスト教的諦観に満ち、非実際的で騙されてばかりいる素朴な人物として描かれている。そしてこの自然な神々しさや清浄さが、賢さや知性、行動とはどういうわけか両立せず、かつそれらに優越することが含意されているのである。これはベリンスキーにとって重大で呪うべき邪説である。あらゆる書物は観点を具体化し、基礎にある社会的、心理的、審美的な仮定に依拠しているが、『ウェイクフィールドの牧師』が依拠している基礎は、ベリンスキーによれば俗物的であり虚偽である。それは人生の闘争に従っておらず、関与することもなく気楽に端のほうに立ち、活動的な連中や不正な連中によって騙されたり危うくされたりしてばかりいる人々の美化である。それによって彼らは物質的には敗北するが道徳的には勝利するにいたるのである。しかしこれは非合理主義を、また平均的なブルジョアによっていたるところで固執されている、「どうにか《マドリ》こうにかやっていく《ング・スルー》」ことに対する信頼を助長することであり、その限りでそれは臆病を深遠な知恵として描き、失敗、弥縫、慰撫を人生の深遠な理解として描く不誠実な描き方であるとベリンスキーは説明する。これは下らない誇張であって、哀れな牧師の肩に滑稽なほどの重荷を負わせているという反論もあるかも知れない。しかしそれは新しい種類の社会的批評の始まりを示している。この社会的批評というのは、文学の中に(初期のドイツ・ロマン派が教えたような)人間や状況の理想的な「典型」をも、生活の直接的改善のための倫理的手段をも探求しない。それが探求するのは、個人としての著者、及び年齢や階級によって彼が帰属する社会《ミリュー》の人生に対する態度である。その場合この態度は、人生の常として、まず第一に真正さの度合、主題となった事柄に対するふさわしさ、深さ、誠実さ、窮極的動機という面から判断されねばならない。

「私は文学者だ」と彼は書いている。「私はこのことを、苦しくはあるがそれでも誇り高く幸福な感情をこめて口にする。ロシア文学は私の命であり私の血である。」ここでは道徳的地位の宣言たることが意図されている。急進的な作家のヴラジーミル・コロレンコは今世紀の初めに、「私の祖国はロシアではない。私の祖国はロシア文学である」と言ったが、そのとき感情もあらわに擁護されていたのはこの立場である。コロレンコは、全く正当にも自らの創始者がベリンスキーであると主張した運動の名で、そしてまた文学のみがロシアの日常生活による裏切りを免かれ、文学のみが正義、自由及び真理に対する希望を与えるとする信条の名で、語っているのである。

書物や観念というのはベリンスキーにとって決定的な事象であり、生と死、救済と破滅に関わる事柄であった。それゆえ彼は、それらに対してこの上なく破壊的な激しさで反応した。彼は宗教的な気質の持ち主ではなかったし、自然派でも審美家でも学者でもなかった。彼は徹底して世俗的かつ反宗教的な道徳家であった。彼にとって宗教は理性に対する嫌悪すべき侮辱であり、神学者はいかさま師であり、教会は陰謀であった。彼は客観的真理が自然において社会において、また人間の心において発見可能であると信じていた。彼は印象派ではなく、人生や芸術のうち外に現われた織り地の倫理的に中立な分析、偏見や論評抜きのこまごました記述に専念するつもりはなかった。こうしたことを彼はトルストイやゲルツェンと同様に浅薄、放縦あるいは軽薄と考え、さもなければ(もし道徳的真理を知っていてなおかつ表地を好むのであれば)意図的で鼻もちならないシニシズムと考えていたであろう。織り地というのは外被であって、人生が実際にはどのようなものであるか(それゆえ人生がどのようなものになり得るか)を理解したいと思えば、恒久的できわめて重要なものと、どれほど魅力的ではあってもはかないものとを区別せねばならなかったのである。ヴァージニア・ウルフが生から死に至るわれわれの存在を包み込む「半透明の暈」と呼んだものを見ただけでは、あるいはそれを作り直したとしても、十分ではなかった。単なる人生の流れの下に沈み、大洋の底の構造を、そしてまた風がいかに吹き、潮がいかに流れるかを、調べてみなければならなかった。それ自体を目的とするのでなく(誰も自分自身の運命に無関心でいることなどはできないから)、諸々の要素に精通し自分の船を操るために。いつ果てるとも知れない苦しみとヒロイズムが伴おうとも、どれほど不利な状況であろうとも、真理と社会正義という目的をめざして進まねばならない。真理と社会正義を措いてそれ自体のために求めるに値する目的がないことは、現実に誰もが知っているのである(これは疑い得ないことであるから)。表面に拘泥し、その特質や自らの感覚をますます入念に記述することに精魂を傾けるのは、道徳的痴呆か故意の非道徳主義であり、盲目か、口にする者を結局は滅ぼすであろう臆病な嘘であった。真理のみが美しく、それは常に美しかった。真理はおぞましいことも、破壊的なことも、荒涼としていることも、瑣末なことも決してあり得なかった。そして真理が、外に現われる面において生命を保つことはなかった。それは(シェリング、プラトン、ヘーゲルが教えたように)「深部に」あり、真理のみに配慮する人々に対してだけ現われた。それゆえ真理は、中立的な人々、距離を置いた人々、用心深い人々のためにではなく、道徳的に関与する人々のために、即ち真理を発見し、立証し、世界とその中での義務について人を盲目にする幻想や因襲、自己欺瞞から我人ともに解放するためであれば、持てるものすべてを犠牲にする覚悟のある人々のためにあった。この信条は、体制護持者たちの三つの言葉から成るスローガン、即ち専制、正教会、国民性[訳注2]に対する道徳的・政治的反対派たるロシア・インテリゲンツィヤの信条として、そこではじめて明確に表現されたのである。

生来ルクレティウス〔エピクロス学派の詩人、前九四頃―前五五頃〕やベートーヴェンのような気質をもっていた批評家としてのベリンスキーは、西欧の同時代人たちと異なって、ランドー〔イギリスの詩人、批評家、一七七五―一八六四〕のようなプラトン的諸形式の古典的に純粋な鑑定家でもなければ、サント・ブーヴのように尖鋭で悲観的な、幻滅せる天才的観察者でもない。彼は苦しげにかつ希望をもって穀粒から籾殻を取り除く道徳家であった。もし何かが彼に新しいとか貴重だとか重要だとか、さらには真実だとさえ思われるならば、彼は熱中の法悦に跳び込み、自らの発見を世の中に向かって、慌しく拙い、熱烈な文章で宣布したものであった。気まぐれな公衆はいつ注意をそらさないとも限らないから、ぐずぐずしていては台無しになってしまうかのように。さらに真理は荒々しく告知されねばならない。落ち着いた声で語っていたのでは、恐らくその本質的な重要性が示されないだろうからである。こうしてベリンスキーは、比較的無名で価値のない、今日では当然のことながら名前さえも忘れられてしまった一握りの作家や批評家を精力的に見つけ出し、ほめちぎった。しかし彼はまたロシア文学の偉大な太陽であるアレクサンドル・プーシキンの全き栄光を、それもはじめて明らかにしたのであり、さらにゴンチャローフやグリゴローヴィチ、コリツォーフといった第二級の作家は言うに及ばず、レールモントフ、ゴーゴリ、トゥルゲーネフ及びドストエフスキーを見出し、彼らの真価を評定したのである。もとよりプーシキンは、ベリンスキーが執筆を始める前から才能ある作家として認められていた。しかし大変な才能をもった詩人としてのみならず、文字通りの意味で、ロシア文学及びその言語の創始者であり、ロシア文学の方向とその国民生活における位置をはじめて定めた人物としてのプーシキンの意義を確定したのは、ベリンスキーの有名な一一篇の論文であった。ベリンスキーは、ピョートル大帝がロシア国家において占める位置をロシア文学において占める人物というプーシキン像を作り出した。急進的改革者。古き物の破壊者にして新しき物の創造者。これまで遠く離れていた外国の領土の侵略者であると同時にロシアの過去の最も深く最も国民的な諸要素の統合者でもあったピョートルと同様に、国民的伝統の仮借なき敵にして同時にその忠実なる子供。このプーシキン像はそれ以後ロシアの文学界を支配した。一貫性と情熱的な確信とをもって、ベリンスキーは詩人の肖像を描いている。この詩人は自らを先駆者であり預言者であるとみなしていた。そしてそれは正当なことであった。なぜならその詩人は自らの芸術によって、ロシア社会に、恐ろしい内部の角逐、時代錯誤、他の諸国民の間での例外的な位置、まだ試されていない巨大な力、そして秘められていて心惹かれる未来をもった精神的・政治的存在という自己認識を与えたからである。多くの例を挙げてベリンスキーは、これがプーシキンの功績であって、彼に先行した人々、ロシアの精神及びロシアの力を公式に布告した人々の功績ではなく、叙事詩人のジェルジャーヴィン、称讃の的となっている歴史家カラムジーン、あるいは彼の師にして寛大でロマン主義的であり、流暢に語るいつも愉快なジュコーフスキーといった最も開明的で才能のある人々の功績でさえないことを証明する。

人生に対する文学の、また巨大な一国民の意識及び想像力全体に対するひとりの人間のこうした独特の支配はまさに比類のない事実であって、ダンテやシェイクスピア、ホメロスやヴェルギリウスやゲーテがそれぞれの国民の意識において占めた位置でさえ、これとは異なっている。そしてこの異常な現象は、それについてどう考えられようとも、現在認められている以上にベリンスキーとその弟子たちの仕事であり、彼らがはじめてプーシキンを、中心に位置する遊星にしてロシアの思想及び感情をかくもすばらしく成長せしめた光を放射する光源とみたのである。陽気で優雅で、社交生活においては傲慢で尊大、気まぐれな人間であったプーシキンは、これを困ったことだと考えており、堅苦しく野暮ったいベリンスキーを、「何か異常な理由によって私を崇拝しているように思える奇妙な性格の人間」と評した。彼は幾分ベリンスキーを恐れており、何か言いたいことがあるのではないかと半ば疑っていて、自分の編集する雑誌に寄稿してくれるように頼もうと考えたが、友人たちがベリンスキーのことを無作法だと考えていたことを思い出し、個人的に会うのをうまく避けた。

プーシキンの気取りや、自分が貴族的なディレッタントであって職業的な文学者などでは全くないというふりをしようと彼がときどき試みることなどは、ちょうどレールモントフがつけた世俗的シニシズムの仮面が、最初に会ったときベリンスキーを怒らせたのと同じように、社交の面で傷つきやすいベリンスキーの気に障った。それにもかかわらず、天才のあるところではベリンスキーはすべてを忘れた。彼はプーシキンの冷淡さを忘れた。彼はレールモントフのバイロン風の仮面、侮辱的なシニシズムや、傷ついたり傷つけられたりすることに対する欲求の背後に、偉大な抒情詩人、真摯で鋭敏な批評家、そして大いなる優しさと深さとをもった、苦しめられた人間がいることを悟った。こうした人々の天才が彼に魔法をかけていた。ベリンスキーが、意識していたにせよいなかったにせよ、創造的な芸術家とはどのようなものかまたどのようなものであるべきかについて自分の考えを明確にしようとしていたのは、実に彼らの、なかんずくプーシキンの、芸術及び人格という見地からであった。

批評家としては、彼は生涯を通じて偉大なドイツ・ロマン派の弟子であった。彼はフランスの社会主義者の間で当時流行していた、芸術の機能に関する教訓的・功利主義的教説をはっきりと拒んだ。「詩はそれを超える目的をもたない。それは真理が認識の、善が行動の目的であるように、それ自体の目的である。」同じ論文の前の方で、彼は言っている。

世界全体、その……色や音、自然と人生のあらゆる形態が詩的現象たり得る。しかしその本質は、このような外観の中に隠されているものであり……その中にあって人生の遊戯により魅惑し魅了するものである。……〔詩人とは〕感受性が強く怒りっぽい生き物で、常に活動的であり、かすかに触れただけで電気の火花を発し、人より激しく苦しみ、楽しみを味わい、愛し、人に倍する情熱をもって憎む。……

さらに次のように言う。

〔文学は〕国民の精神を……余すところなく表現する……人々の自由なインスピレーションと、組織的ではないけれども結び合わされているその努力との産物である。……彼らは……国民の内面生活をその秘められた深部や鼓動にいたるまで……明示するのである。〔(1)二四頁〕彼はジョルジュ・サンドやピエール・ルルー〔フランスの社会主義者、一七九七―一八七一〕によって当時説かれていた社会的武器としての芸術という考え方を情熱をこめて拒んだ。

観念の具体化について思い煩うことはない。詩人であれば、その作品は知らぬ間に観念を含むことになるであろう。インスピレーションに自由に従うならば、作品は道徳的かつ国民的なものとなるであろう。

これはアウグスト・ヴィルヘルム・シュレーゲルや彼の盟友たちが言ったことそのままである。そしてこの初期の見解からベリンスキーは決して後退しなかった。アンネンコフは言う。ベリンスキーはより不十分な他の経験の形式によって残された亀裂を修復するために、芸術のうちにあらゆる人間の必要に対する「統一的な」答えを探した。また彼は、偉大な古典的作品への永遠の回帰が読者を生まれかわらせ高貴にするであろう、そして偉大な古典的作品のみが、それらが常に自発的で自立的な芸術作品である限り、即ち世界そのものであって道徳的宣伝あるいは社会的宣伝の見せかけの構築物でないならば、事物の真の諸関係が現われるところまで読者のものの見方を変えることによって、あらゆる道徳的・政治的問題を解決するであろうと感じていた、と。ベリンスキーはしばしば、苦痛を感じつつ見解を変えた。しかし生涯を通じて、彼は芸術、特に文学が真理を求める人々にそれを与えるのであり、芸術的衝動が純粋であればあるほど、作品が純粋に芸術的であればあるほど、真理はいっそう明瞭に、いっそう深遠に現われるのだと信じていた。混ぜ物の最も少ない最良の芸術は必然的に、芸術家個人の表現であるのみならず、常に、芸術家を意識的・無意識的な代弁者とする環境、文化、国民といったものや、芸術家がつまらない無価値なものにならないために不可欠な機能、その文脈においてのみ彼自身の人格が何らかの意義をもつ機能の表現であるというロマン派の教説に、彼は忠実であり続けた。これらはいずれもスラヴ主義的な反対者たちによって否定されはしなかったであろう。彼らの意見の不一致は別のところにあったのである。

それでも、すべてのロマン派に共通する歴史主義にもかかわらず、ベリンスキーは、芸術的現象の綿密な批判的分析や歴史的分析を自らの目的とし、そこで技倆を示すような人々には属していない。このような人々は、芸術作品や芸術家を特定の社会的背景に関係づけ、作品に対する特定の影響を分析し、使用された方法を検討・記述し、達成された特殊な効果の成功・失敗に心理的あるいは歴史的な説明を与える。たしかにベリンスキーはときおりそうした課題を実行した。彼は事実上、最初にして最大のロシア文学史家であった。しかし彼は細部にわたる記述を嫌ったし、綿密な学問を好みはしなかった。彼の読書は非体系的で広汎であった。彼は忍耐の限界に達するまで、熱に浮かされたように、半狂乱になって読みに読み、それから筆を執った。その結果、彼の著作は絶えることのない生命力をもつにいたっている。しかしそれはバランスのとれた学問を作る材料とは言い難い。それでも彼の一八世紀批判は、彼を非難する人々が主張し続けているほど盲目的で徹底的ではない。初期のロシア作家たち(たとえばトレジヤコーフスキー、ヘムニッツェル、ロモノーソフ、フォンヴィージン、ドミートリエフ)に正当な位置を割り当てている彼の作品、特に詩人ジェルジャーヴィン及び寓話作家のクルイローフに関する彼の記述は、洞察と明敏な判断の見本である。そして彼は、一八世紀の多くの凡庸な作家や模倣家たちの名声をきっぱりと消し去ったのである。

しかし恒久的な文学的判断を下す能力に彼の天才があったのではない。文芸批評家としての彼の特異な資質、彼が西欧の誰にも殆ど追随を許さないほどに有していた資質は、文体に関してであれ内容に関してであれ、およそいかなる文学的印象に対して反応するさいにも示される驚くべき斬新さと十全さであり、直接的印象の生き生きした独創的な性格、色彩や形状、とりわけ道徳的性質を言葉で再現し描写するさいの情熱的な傾倒と入念さである。彼はいかなるときにも文学的経験の本質を伝えようとしており、生命を賭し全存在を賭してそれを捉えようとした。彼は理解及び叙述の双方において例外的な能力をもっていた。しかし少なくともこの点では彼に劣らぬ才能を与えられていた他の批評家、たとえばサント・ブーヴやマシュー・アーノルド〔イギリスの詩人、批評家、一八二二―八八〕と彼とを区別するのは、彼のものの見方が全体に直接的なことであった。言ってみれば彼と対象との間には何物もないのである。彼の同時代人のうちの幾人かは、トゥルゲーネフもそのひとりであったが、ベリンスキーがからだつきまで鷹や隼に似ていることに気づいていた。実際に彼はよく猛禽のように作家に飛びかかり、自分が言うべきことを残らず言ってしまうまで、相手をばらばらに引き裂いたのである。彼の説明はしばしば冗長に過ぎ、文体は不揃いでときに退屈であり複雑であった。彼は系統的な教育を受けていなかったし、言葉遣いには優雅さも固有の魔力も殆どなかった。しかし彼が己の仕事に行き当たったとき、自分が論ずるに値する作家を扱うとき、そのときには、賞めるにせよ難ずるにせよ、詩形や表現法を論ずるにせよ、見方は綿密であり、語るべきことを多くもち、それを直接的に語るのである。経験は鮮明で、妥協のない、また妨げられることのない力をもって伝えられる。それゆえ彼の言葉が及ぼす効果は、今日においても彼の同時代人に対してと殆ど同じくらいに強力であり、われわれの心を揺さぶるのである。詩人や思想家を理解するためには暫くの間全面的にその世界に浸り、その見解に支配され、その感情と一体化した状態に自分を置くこと、要するにその作家の経験や信条、確信によって生きようと試みることが不可欠であると、彼自身が述べている。こうして事実彼は、シェイクスピアやプーシキン、ゴーゴリやジョルジュ・サンド、シラーやヘーゲルの影響を「わがものとして生きた《リヴ・スルー》」のであって、精神的居住地を替えるとともに態度を変え、かつて称讃していたものを非難し、かつて非難していたものを称讃した。のちの批評家たちは、彼をカメレオンだとか、映すものが多すぎ、変化が速すぎる過敏な鏡の面だとか、内面的原理という永続的な核をもたず、あまりに感受性が強く無原則で、生気があって雄弁ではあるが批評家としての特定の堅固な個性や明確な接近方法、それとわかる観点を欠いたあてにならない案内人だとか言って批判してきた。しかしこれは当たらないし、彼をいちばんよく知る同時代人たちは誰ひとり、このような判定を理解しようとはしなかったであろう。厳格で、実際あまりにも厳格で偏狭な原理をもち、生涯真理に対する悔いることなく熄むことのない狂おしい情熱に支配され、全面的かつ完全には信じられないいかなるものに対しても、束の間といえども、また表面的にも妥協し適応することのできない人間がかつていたとすれば、それはベリンスキーである。「もし人生と芸術についての見解を変えない人がいるとしたら、それは彼が真理よりも虚栄に忠実だからである」とベリンスキーは言った。ベリンスキーは二度、いずれの場合にも苦しい危機を経たのちに、自らの見解を根柢から変えた。いずれの場合にも、彼は激しく苦しんだ。その激しさを言葉を使って伝える能力は、ロシア人に特有のものであるように思われる。彼は主としてその書簡、ロシア語で書かれたものとしては最も感動的な書簡の中で自らの苦しみを余すところなく語っている。彼の書簡を読んだ人は、厳として横道に逸れることなく常に自らを凝視する精神と感情の誠実さという英雄的資質を彼がもっていると述べることによって、私が何を言わんとしているかがわかるであろう。

ベリンスキーはその生涯においていくつかの知的立場をとった。彼は次の立場へと移るたびに、それを極限まで究め尽した。その挙句に、もう一度闘争を始めるために、大変に苦しい努力を払ってその立場から自分を解放したのである。彼は最終的で一貫した見解には決して行き着かなかったのであり、彼の思想を三つかそれ以上の、それぞれきちんと完結し一貫した「時期」に区分しようとする整頓好きの伝記作者による努力はあまりにも多くの事実を無視することになる。ベリンスキーは常に「放棄した」かつての立場に「後戻り」している。彼の一貫性は道徳的なものであって知的なものではない。一八三〇年代の初めにベリンスキーが哲学を学び始めたとき、彼は二三歳の青年であり、ニコライ一世の警察国家によって窒息させられていると感じ、厭わしさを覚えていた。それはすべての若い知識人たちが心と良心とによって感じていたものであった。ベリンスキーは、彼の属したサークルの指導者であるスタンケーヴィチやバクーニンといったモスクワの若き哲学者たちによって説かれた哲学を採った。理想主義〔訳注3〕は、失敗に終わった一八二五年のデカブリスト蜂起に続く厳しい抑圧に対する反動であった。ロシアの若い知識人たちは、危険な動揺を示しているルイ＝フィリップのフランスよりもむしろドイツに行くように奨励され、ドイツの形而上学を一杯に吸い込んで帰ってきた。現世の生活、物質的存在、とりわけ政治は何とも疎ましいものであったが、幸いなことに重要ではなかった。唯一重要なことは、精神によって創造された理想的生活であり、想像による偉大な構築物であった。その構築物によって人間はままならぬ物質的環境を超越し、そのむさ苦しさから自分を解放し、自然や神と一体化するのである。西欧の歴史はかかる荘厳な成果を多く現わしたのであり、ロシアがそれに加うべきものを有するなどと僭称するのは空しい民族主義的言辞であった。ロシアの文化は(これは一八三〇年代にベリンスキーが読者に語っていたことであるが)人為的に移植された作物であり、プーシキンが現われるまでは、シェイクスピアやダンテ、ゲーテやシラーはおろか、ウォルター・スコットや(ほかにもたくさん作家がいるというのに)フェニモア・クーパー〔アメリカの小説家、一七八九—一八五一〕のような大写実主義作家たちとさえ同日に論ずることはできなかった。当時ロシアの国民文学の名の下にもったい振って並んでいたみじめな複製は、フランスの見本の二流・三流の模倣でしかなかったけれども、それらと比べてさえロシアの民謡やブィリーナ〔古代ロシアの英雄叙事詩〕、民衆叙事詩はいっそう下らないものであった。スラヴ派の活動はどうか。ロシアの古い生活様式や風習、伝統的なスラヴの衣服、ロシアの歌や踊り、古色蒼然たる楽器、ビザンチン正教の厳格な諸規則といったものに対する彼らの情熱。スラヴ人たちの精神的な深さや豊かさと、迷信やあさましい唯物論によって堕落させられ、頽廃し「腐敗しつつある」西欧との、彼らによる対比。これは子供じみた虚栄であり欺瞞であった。ビザンチウムは何を与えたか。その直接の後裔である南スラヴ人たちは、ヨーロッパのすべての民族のうちで最も生彩がなく愚鈍な民族のひとつであった。たとえ明日モンテネグロ人がみな死んだとしても世界はそれによっていささかも損失を蒙らないだろうと、ベリンスキーはある書評で叫んだ。ヴォルテールやロベスピエールのような一八世紀の高貴な代弁者に比せられるものとして、ビザンチウムやロシアは何を提供することができたであろうか。偉大なピョートルのみである。そして彼は西欧に属していた。柔和で敬虔な農民、即ち恩寵を受けた聖なる愚人の美化に関しては、ベリンスキーはスラヴ派と異なり生まれが宮廷貴族でも地主貴族でもなく、小さな町の飲んだくれの医者の息子であったから、農業をロマン主義的で人を高貴にするものとしてではなく、単に人を堕落させ麻痺させるものとみなした。スラヴ派は古代の、大抵は実在しない伝統に訴えることによって学問の進歩を阻もうと試み、ロマン主義的・反動的な戯言を口にしてベリンスキーを激怒させた。虚偽で安手のナショナリズム、古色蒼然たる衣服、外国人に対する憎悪、ピョートル大帝があれほど大胆・壮麗に開始した偉大な英雄的事業を取り消そうという欲求ほど下らないものは何もなかった。ベリンスキーの気性は一八世紀フランスの百科全書派とよく似ていた。彼らと同様にベリンスキーは、活動を始めた頃には(そして晩年にいたって再び)啓蒙専制君主のみが教育と技術の進歩、物質文明を強制することによって無知で野蛮なロシア国民を救うことができると信じていた。一八三七年執筆の友人宛の書簡で、彼は次のように述べている。

何よりもまず君は政治を放棄し、思考様式に対する政治の影響から君自身を守るべきである。ここロシアでは政治は何の意味ももたず、それと関わることができるのは空っぽの頭の持ち主だけである。……もしロシアを構成するそれぞれの個人が愛によって完全性に到達し得るならば、ロシアはいかなる政治もなしに、世界で最も幸福な国になる。教育、それは幸福への道である。〔(11)一四八頁〕

(同じ書簡の中で)さらに言う。

ピョートルは、ロシアが自らの資源からその自由及び市民組織を発展させるのではなく、これまでの多くの先例のように、ツァーリの手からそれを受け取るであろうということの明白な証拠である。たしかにわれわれは今のところ権利を有していない。われわれは奴隷であると言ってもよい。しかしそれはわれわれがなお奴隷たることを必要としているからである。ロシアは幼児であって、彼を抱いて雛鳥のために愛に満ちた心臓の鼓動を聞かせてくれ、行儀の悪いときには罰を加えるための笞を手の中に用意している乳母を必要としている。……子供に完全な自由を与えることは、彼を台なしにすることである。現状でロシアに憲法を与えることは、ロシアを台なしにすることである。わが国の国民にとって自由は……放縦を意味するにすぎない。解放されたロシア国民は議会に赴くことはなく、酒を飲みに居酒屋へ走り、ガラスを壊し、顎髯を剃りヨーロッパ服を着ているからと言って貴族たちを吊すだろう。……ロシアの希望は教育であり……憲法でも革命でもない。フランスは二度の革命を経験し、その成果として憲法を手に入れた。そしてこの立憲制下のフランスにおいては、専制下のプロイセンにおけるよりもはるかに少ない思想の自由しかないのである。〔(11)一四八―四九頁〕

さらに言う。

わが国の専制権力はわれわれに、思考と反省の完全な自由を与えるが、われわれが意見を述べたり、専制権力の仕事に干渉したりする権利を制限する。専制権力はわれわれが翻訳や出版を禁じられている書物でも、それを外国から輸入することは許している。そしてこれは正しく、当を得ている。なぜなら君が知ってよいことでも百姓《ムジーク》は知ってはならないからであり、君にとっては有益であるかも知れぬ観念でも、それを当然に誤解するであろう百姓にとっては致命的であるかも知れないからである。……酒は飲み方を知っている大人には有益であるが、子供には命取りである。そして政治は、ロシアにおいては阿片にさえ変じかねない酒である。……それゆえフランス人というのはどうしようもない連中だ。彼らの影響がわれわれにもたらしたのは害ばかりであった。われわれは彼らの文学を模倣し、自分たちの文学を台なしにした。……ドイツ、それは現代の人類のエルサレムである。〔(11)一五〇―五二頁〕

ロシアの民族主義派でさえ、これほど極端ではなかった。グラノーフスキーやカヴェーリンのような穏健な自由主義者は言うに及ばず、ゲルツェンのような西欧的な思想家さえ妥協する用意があり、実際にロシアの伝統や古い生活形態に対するスラヴ派の深く誠実な感情をある程度共有していたのに対し、ベリンスキーはどうしても折れようとしなかった。西欧、さらに特定するならば啓蒙専制主義は、人類の主要な功績に対して責任を負っていた。生活の諸力や、唯一進歩を可能にする科学的・哲学的真理の批判的規準は、そこに、そこだけにあった。スラヴ派はこれに対して背を向けていた。彼らの動機にどれほどの価値があろうとも、彼らは盲目であり、無知な野蛮や弱さという古代の泥沼に戻りつつある盲人たちの指導者であった。そこから質朴な民衆を引き上げ、あるいは半ば引き上げるために、偉大なピョートルがあれほどの努力をせねばならなかったというのに。救済はここのみにあった。この教説は急進的で個人主義的、啓蒙主義的で反民主主義的であった。ソ連邦の著述家たちは、無慈悲な統治エリートの進歩的役割を正当化するための典拠を探すとき、ベリンスキーの初期の著作に引用すべきことを多く見出している。

一方バクーニンは、ドイツ語を全く知らないベリンスキーにヘーゲルを説き始めていた。毎夜毎夜彼はベリンスキーに新しい客観主義を説いた。のちにパリでプルードンに説いたように。結局、激しい内面的な葛藤ののち、ベリンスキーは新しい反個人主義的信仰に転向した。彼ははじめはスタンケーヴィチの解説に従ってフィヒテやシェリングの理想主義を弄んでいた。その結果彼は瑣末な経験的世界のむさ苦しい混沌としての、また向う側にある調和的現実を隠す欺瞞的なカーテンとしての、政治的諸問題から離れてしまっていた。ベリンスキーは今やこの理想主義をすっかり卒業した。彼はサンクト・ペテルブルクに行き、新しい宗教の影響の下に、一八三九年から四〇年にかけて有名な二篇の論文を書いた。一篇はボロジノの戦いの記念日に詩と散文作品を評したものであり、もう一篇はドイツのヘーゲル主義者によるゲーテ攻撃に対する批評である。「現実的なものは理性的である」と新しい教説は教えた。現実を攻撃したり変えようとしたりするのは子供じみていて浅はかであり近視眼的であった。存在するものは、存在せねばならないから存在するのである。それを理解することは、万物が、了解可能で必然的な諸法則に従って決まった時間に決まった場所で行なわれるときの美と調和を理解することである。万物は、歴史の大きな絨毯のように自らの模様を繰り広げる自然の巨大な図式のうちにその位置を有している。批判することは、批判者が現実に適合しておらず、十分現実を理解していないことを示すものでしかない。ベリンスキーには中途半端ということはあり得なかった。ゲルツェンの伝えるところによれば、ベリンスキーはいったん最終的にひとつの見解を採用すると、

いかなる結果を前にしてもたじろがなかった。彼はいかなることにも躊躇しなかった。道徳的な正しさに対しても、他人の意見に対しても。弱々しく自主性のない人々はそれらに怯えることが多いというのに。彼は恐れを知らなかった。彼は強く誠実だったからである。彼の良心は純粋であった。〔金子訳『過去と思索I』二六八頁〕

ヘーゲルの教説に対する彼の(あるいはバクーニンの)解釈は、思惟や理解が能動的な闘いよりも精神的に優れた態度であるということを彼に確信させた。それゆえ彼は狂おしい情熱をもって「現実の受容」に跳び込んだ。僅か一年ののちに、静寂主義者を攻撃し、ニコライ一世の忌わしい行い

に対する積極的な抵抗を要求するようになったときと同じ狂おしい情熱をもって。

一八三九年から四〇年にかけて、ベリンスキーはこう宣言した。力は正義である。不可避的諸力の進行である歴史それ自体が現実的なものを聖化する。専制は今現に生起しているのだから神聖である。ロシアはそれ自体、理想的目標に向かって進む神の計画の一部である。権力と強制の代表たる政府はその市民より賢明である。それに対する抗議は軽薄であり、邪悪であり、無駄である。宇宙的な諸力への抵抗は常に自殺的である。

現実は鉄の爪、巨大な口、巨大な顎を備えた怪物である〔と彼はバクーニンに宛てて書いた〕。遅かれ早かれ、それは自分に抵抗する、自分と調和して生きることのできない者をすべて貪り食うであろう。……自由であるための――そして現実の中に恐ろしい怪物ではなく幸福の源泉を見るための手段はただひとつ、現実を知ることである。〔(11)二八五―八八頁〕

さらに言う。

私はかつてあれほど軽蔑していた現実を眺め、神秘的な歓喜に震える。その合理性を認め、そのうちのいかなるものをも斥け得ず、非難も拒絶もできないということを悟る。〔(11)二八二頁〕

そして、同じ調子で、

シラーは、私にとって一身上の敵であった。私は大変な努力をしてやっと、彼に対する憎悪を、私が保持し得た品位を汚さない程度にとどめることができたのである。この憎悪はなぜだ

ろうか。〔(11)三八五頁〕

それは、『群盗』『たくみと恋』『フィエスコの反乱』といったシラーの一連の作品が、「発展の地理的・歴史的条件から切り離され、空中に建てられた社会の抽象的理想の名において、私に社会秩序に対する野蛮な憎悪を引き起した」からであると、彼は続ける。これはかつてのフィヒテ的理想主義の比較的無害な格言を繰り返しているのである。当時彼はよく、社会は個人よりも常に正しいとか、「個人が現実的であって幻影でないのは、彼が普遍者の個別的顕現である限りにおいてであるにすぎない」と明言した。しかし今回は、政治的にはるかに無気味な形をとっている。

友人たちは驚いて言葉を失った。これはすべての急進的指導者のうちで最もひたむきな、かつ最も恐れを知らぬ者による重大な裏切りであると言わざるを得なかった。この衝撃はあまりにも痛烈だったので、モスクワではそれを論ずることが全くと言ってよいほどできなかったのである。ベリンスキーは自分の離脱がいかなる効果を引き起すか正確に知っており、手紙でその旨を述べている。それでもやはり、彼はいかなる出口をも見出さなかった。彼は合理的な道筋を辿って結論に達していたのであって、真理を裏切るか友人たちを裏切るかのいずれかを選ばねばならないとしたら、彼はあえて友人たちを裏切るだけの人間でなければならなかった。実際それが何らかの理由で自分に恐ろしい苦痛を引き起すであろうと考えたところで、原理のためにはどうしてもそれだけの大きな犠牲を払わねばならないということがはっきりするばかりであった。それにもかかわらず、社会発展の「鉄の法則」や歴史の進行をこのように不可避であるのみならず正当で合理的であり、道徳的解放をも促すものとして受け入れながらも、そこには当時もまたのちになっても、ロシア社会一般、特に彼自身の生きていた社会の諸条件に対する深い嫌悪感が刻印されていた。

わが国の生活〔と彼は一八四〇年にコンスタンチン・アクサーコフに宛てた手紙の中で書いている〕、それはいったいどのような生活であろうか。それはどこにあり、何に関わるものであろうか。われわれは社会の外にいる個人である。なぜなら、ロシアは社会ではないからである。われわれは政治的生活をも、宗教的生活をも、学問的生活をも、文学的生活をももっていない。退屈、無気力、困憊、徒労、それがわれわれの生活である。……シナは忌わしい国である。しかしさらに忌わしいのは、生活のための豊富な素材をもちながら、くる病の子供のように鉄の箍で締め付けられた国家である。〔(11)五四六頁〕

それでは救済策は何か。現存の権力に対する同調である。「現実」への適合である。後の多くの共産主義者と同じように、ベリンスキーは自らの手足を縛るために選んだ鎖の重さそのもの、進んで身に受けた狭さや暗さそのものを誇りにした。友人たちの衝撃や嫌悪は、それ自体犠牲の大きさの、それ故偉大さや道徳的必要性の証左であった。自己犠牲の陶酔に匹敵する陶酔はないのである。こうした状態が一年の間続いた。一年たったとき、彼はもはやそれに耐えることができなかった。ゲルツェンがサンクト・ペテルブルクに彼を訪ねた。訪問は堅苦しく気まずい雰囲気で始まった。それからベリンスキーは感情を抑え切れなくなって一気に爆発させ、認めたのである。体制の暗黒的反動の頑な「受容」と美化とを伴ってヘーゲルに帰依した一年は、重苦しい悪夢であり、真理の祭壇ではなく狂気の論理的一貫性の祭壇への供物であったということを。彼が配慮したもの、彼が配慮することを決してやめなかったものは、歴史過程でも普遍の条件でもヘーゲルの神が世界を厳かに行進することでもなく、ひとりひとりの男や女の生活であり、自由であり、切なる望みであった。荘厳な普遍的調和も、彼らの苦悩をうまく言い抜けたり埋め合わせたりすることはできなかったのである。そのときから、彼は決して振り返らなかった。救いは絶大であった。

私は軽蔑すべき現実と和解したいという、自分の軽蔑すべき希望を嫌悪する！〔と彼はボトキンに宛てて書いた〕人類の高貴な擁護者にして輝く救いの星、血にまみれた伝統の偏見からの社会の解放者、偉大なシラー万歳！　偉大なプーシキンがかつて叫んだように、「理性万歳。そして暗黒の滅びんことを！」人間の人格は今や私にとって歴史の上にあり、社会の上にあり、人類の上にある。……ああ、私の身に必ずや起きるはずであったことを考えるとぞっとする。高熱、狂気。私は今病み上がりのような感じがする。……私はもう俗悪な現実と和解したり折り合ったりはしないであろう。私は空想の世界でのみ幸福を探す。幻想のみが私を幸福にする。現実に関しては――現実は死刑執行者である。……〔(11)五五六―五五九頁〕

軽蔑すべき観念性と小心な性格のゆえに喜びを逃してきたという考えが私を苛んでいる。ああ、どれほど俗悪で忌まわしい戯言を、私は印刷に付してきたことか。いささかの疑いも挟まずに、野卑な確信を熱狂的に抱きながら。……真理に向かう私の道は、何という恐ろしい紆余曲折を含んでいるように見えることか。何という恐ろしい代価を、私は払わねばならなかったことか。何という恐ろしい失敗を、真理のために犯さねばならなかったことか。それは何と苦い真理であろうか。世界は何と俗悪なものであろうか。特にわれわれの周囲においては。〔(11)五七六―七七頁〕

同じ年に言う。

人類の最も神聖な権利のために血を流している精力的で高貴な国民であるフランス人に対して……私が浴びせてきた戯言よ。……目覚めたあと、私は恐怖を覚えつつ夢を思い出す……。〔(11)五七六―七七頁〕

そして、精神の仮借なき行進について(ゲルツェンが記録している)、

かくて私が創造するのは、私自身のためではなく精神のためである。……全く精神は私をどんな白痴だと思っているのだろうか。私はむしろ全く考えないほうがよい。精神の意識について私が何を心配することがあろうか。

書簡の中には、普遍、宇宙的意識、精神、理性的国家等のような神聖な形而上学的実体が、生きた人間を貪り食う抽象のモロク神として非難されている箇所がある。

一年ののち、彼は最終的に師その人との関係を清算した。

道徳に関するヘーゲルの議論はすべて全くの戯言である。思想の客観的領域には……道徳はないからである。……たとえ私が人間的発展の階梯のいちばん上まで実際に到達したとしても、私はなおその位置で、生や歴史のあらゆる犠牲、偶然や迷信、宗教裁判やフィリップ二世等々

のあらゆる犠牲に対する説明を〔ヘーゲルに〕求めねばならないであろう。さもなければ私は真っさかさまに身を投げることになろう。……不調和は調和の条件であると言われる。これは音楽好きな人たちにとっては……同意できることかも知れない。しかし不調和の要素を自分の生活の中で表現することを運命づけられた人々の観点からは、必ずしも満足のいくものではない。

〔(12)二二—二三頁〕

そして同じ年に、彼は過ちを説明しようとする。

われわれにとって現実生活のうちには生活が存在しないがゆえに、われわれは本質的に生活なしには生きていけないがゆえに、われわれは書物の世界に逃げ込み、書物に従って生きかつ愛そうとし始め、生活と愛を一種の職業、一種の仕事、煩わしい労働にした……結局われわれは退屈し、互いに甚だしく神経を苛立たせ合っていた。……

社会的であれ、さもなくば死ね！　それが私のスローガンである。個人が苦しんでいる限り、普遍的なものが生きていたところでそれが私にとって何になろうか。一般の人々が群をなして泥の中をころげ回っているときに、たったひとりの天才が天国に暮らしていたところでそれが私にとって何になろうか。芸術や宗教、歴史の本質を……私が理解するとしても、人類として同胞、キリストによって兄弟であるべきなのに実際には無知のゆえに他人となり敵となっている人々とそれを分ち合うことができないとしたら、それは私にとって何になるのか。……道端で……遊んでいる裸足の子供、ぼろを着た貧しい人々、酩酊した御者、非番の兵士、脇に折り鞄を挟んで歩いていく官吏、自己満足した将校、傲慢な貴族。私はこういった人々を見ることに耐えられない。兵士や乞食に小銭をやるとき、私は泣き出しそうになって、何か恐ろしいことでもしたように、自分の足音さえも聞きたくないかのように、彼のそばから駆け去る。……こうした状態であるときに、芸術や学問に我を忘れる権利など人間はもっているのか。〔(12)六七—七〇頁〕

彼は唯物論者のフォイエルバッハを読み、革命的民主主義者になって、暴政、無知、同胞たちの野蛮な生活を、絶えず激しさを加えつつ非難した。一知半解のドイツ形而上学の魔力から脱したのち、彼はこの上ない解放感を味わった。例によって反動は外面的な形をとり、個人主義への情熱的な讃歌となって迸り出た。友人のボトキンに宛てた手紙の中で、彼は真剣さと人格の尊厳の欠如のゆえに、自らの知的環境を非難した。

……われわれは新しいスキタイの不幸なアナルカルシスたちである。われわれが大口をあけて欠伸をする一方であたふたとして急ぎ、すべてに興味をもちながら何事にも執着せず、すべてを消化しながら空腹のままでいるのはなぜなのか。……われわれはお互いに愛し合っている。暖かく、深く愛し合っている。……われわれの友情はどのように示されてきたか。われわれはかつてお互いのことで恐ろしく興奮し、熱中し陶酔したものだった。われわれは憎み合い、驚かせ合い、軽蔑し合った。……長い間離れ離れになっていたとき、われわれは思い焦がれ、会うことを考えただけで苦い涙を流し、愛と思慕に病んでいた。会ってみると、いっしょにいても冷え冷えとして息苦しい。別れるときにも残念がることはない。そんな具合だった。われわれが自分を欺くことをやめたときのことである。……わが国の学識ある教授たちは衒学の徒であり、社会の腐朽物である。……われわれは……孤児であり、祖国をもたない人間である。……古代の世界は魅惑的である。その生活は偉大なもの、高貴なもの、勇敢なものすべての種子を含む。その生活の基礎は人格的誇りであり、個人の尊厳にして神聖さであるがゆえに。〔(12)四九—五二頁〕

シラーとティベリウス・グラックス〔古代ローマの政治家、前一六二—前一三三〕、自分自身とマラーとの恍惚とした比較が続く。

人間の人格のことを考えると私は正気を失うのではないかと思う。人間の人格はそれほどの問題になった。私はマラー流に(*à la Marat*)人類を愛し始めている。そのごく僅かな部分でも幸福にするために、自分は火と剣とによって残りを滅ぼすであろう。私はそう信じている。〔(12)五二頁〕

彼はジャコバン派のみを愛している。彼らのみが効果的な行動をとる。「ロベスピエールやサン＝ジュストたちの言葉と行為という諸刃の剣……ジロンド派の甘ったるく陶酔せる言い回しや美しい理想主義でなく。」そしてこれは社会主義にいたる。マルクス以前の、「ユートピア的な」社会主義に。それをベリンスキーは理解する前に信奉した。それが平等を約束するがゆえに。

……社会主義……観念の中の観念、本質の中の本質……信仰と学問のアルファにしてオメガ……誰も火炙りにされず、誰も首を切り落とされない……日が来るであろう。……富める者も貧しき者もなく、王も臣民もいなくなるであろう。……〔人々は〕同胞になるであろう。〔(12)六六―七一頁〕

ベリンスキーが死んで多くの歳月が経ったのちに、まさにこうした神秘的な幻想を念頭に置いて、ドストエフスキーは次のように述べた。「社会主義は個人の人格の自由を破壊しないのみならず、むしろ今度は比類なく堅固な新しい基礎の上に立って、それに前代未聞の壮麗さを回復させる……と彼は信じていた。」当時まだ若く無名であったドストエフスキーに向かって、次のように告げたのはベリンスキーが最初であった。批評家が長い論文を書いて行なおうとしたにもかかわらずできなかったことを、『貧しき人々』においてドストエフスキーは一気にやってしまった。彼はこれまで誰もやらなかったような仕方で、陰鬱で卑しめられたロシアの下級官吏の生活を表わした、と。けれどもベリンスキーは、個人的にはドストエフスキーが嫌いだったし、彼のキリスト教的確信を嫌悪していた。そして乱暴で無神論的・瀆神的な長広舌によって彼を故意に憤慨させた。宗教に対する彼の態度はドルバックやディドロのそれであった。同じ理由で『神』及び『宗教』という言葉のうちに、私は暗黒の闇、鎖及び皮鞭のみを見る。」

ベリンスキーはゴーゴリの天才を称讃していた。一八四七年にそのゴーゴリが、乱暴にも反自由主義的・反西欧的な論文を公刊して、古代の家父長制的生活様式や、農奴、地主、ツァーリから成る霊的に生まれかわった国への回帰を求めた。コップは溢れた。ベリンスキーは、彼を衰弱させていた病気がいよいよというところまできていたが、国外から手紙を書いて、光を裏切ったかどでゴーゴリを非難した。

……鞭に支えられた宗教の覆の下で、虚偽や非道徳が真理や徳として説かれているときに、黙していることはできない。そう、私はあなたを愛する。血の繋りによって祖国に結びつけられている人が、祖国の希望、栄光、誇りを、また意識や発展、進歩の道を行く祖国の偉大な指導者たちのひとりを愛するときのあらゆる情熱をもって。……ロシアは自らの救いを神秘主義のうちにでも、唯美主義のうちにでも、敬虔さのうちにでもなく、教育、文明、人間文化の成就したもののうちに見る。ロシアに必要なのは説教でも（ロシアはうんざりするほど説教を聞いてきた）祈禱でも（ロシアはさんざん祈禱をつぶやいてきた）なく、民衆のうちに、長い間泥と汚物の中に失われていた人間の尊厳の感情を目覚めさせることである。必要なのは教会の教えにではなく常識と正義に合致した法律と権利である。……その代りにロシアは、黒人は人間ではないという、アメリカ人の用いる正当化の言葉さえ口にしないで人間を売買する国……個人の自由も名誉も財産も保障されていない国の恐ろしい光景を呈するのである。警察国家さえなく、制服を着た泥棒や強盗の巨大な組織集団のみがある。……地主たちが自分の農民に対して何をしているか、毎年どれほどの地主が農民によって虐殺されているかを、政府はよく知っている。……鞭の説教者、無学な伝道者、蒙昧主義と暗黒の反動の擁護者、タタール的生活様式の守り手。あなたは何をしているのか。足許の大地を見よ。あなたは深淵の縁に立っている。

あなたは正教会を基礎として自分の教説を立てている。それはまだ理解できる。教会は常に鞭や監獄を支持してきたし、常に専制支配に屈してきたから。しかしこのことがキリストといかなる関係をもつのか。……もちろん、ヨーロッパにおいて熱狂と蒙昧の炎を嘲笑によって消し止めたヴォルテールのような人物は、あなたの司祭、主教、府主教、総主教のすべてよりもはるかにキリストの子であり、キリストの肉を肉とし、キリストの骨を骨としている。……〔わが国の田舎の僧侶たちは〕粗野な民話の主人公たちである。……僧侶は常に大食漢であり、けちでおべっか使いで羞恥心をなくした人間である。……わが国の聖職者の大部分は……衒学的な学者であるか、さもなければ驚くほど無知で盲目である。……文学のみが、野蛮な検閲にもかかわらず、生命と前進運動の兆候を示している。だからこそ作家の使命はわが国でかくも尊敬され、僅かな文学的才能さえも成功の助けとなる。だからこそ文学者という専門職業が肩章や派手な制服の輝きをすっかり曇らせてしまった。だからこそ自由主義的作家はたとえ能力が貧しくとも一般の注意をかき立てるのに対して、正教、専制、国民性に奉仕するために……才能を売る大詩人は速かに人気を失うのである。……ロシアの国民は正しい。彼らはロシアの作家を、唯一の指導者にして擁護者、またロシアの専制、正教、国民性の暗黒からの救済者と見ているのである。彼らには出来の悪い書物を許容することはできても有害な書物を許容することはできない。〔(10)二一二―一八頁〕

彼はこの手紙をパリで友人たちに読んで聞かせた。アンネンコフがその場面を記録している。

「これは天才的作品だ」とゲルツェンはアンネンコフに小声で言った。「そして私は、彼の遺言だと思う。」この有名な文書は、ロシアの革命家たちのバイブルとなった。実際、ドストエフスキーが死刑を宣告され、その後シベリアに送られたのは、非合法の討論サークルでこれを朗読したためである。

最終段階のベリンスキーはヒューマニストであり、神学と形而上学の敵であり、急進的民主主義者であった。確信の極端な力と激しさによって、彼は純粋に文学的な論争を社会的・政治的運動の端緒へと転化させた。トゥルゲーネフは彼を評したさいに、作家には二つのタイプが存在すると言った。一方のタイプの作家は、すばらしく想像力に富みまた創造的ではあっても、自分が属する社会の集団的経験の周辺にとどまっている。もう一方のタイプの作家は、社会の中心にいて、共同体の感情や精神状態と「有機的に」結びついていることができる。ベリンスキーは、真の社会的批評家のみがそうであるように、書物、世論、著者、運動、社会全体の道徳的重心がどこに見出されるかを知っていた。ロシア社会の中心的問題は政治的ではなく社会的・道徳的である。聡明で覚醒されたロシア人たちは、何よりも先に、個人として、私人として何をなすべきか、いかに生きるべきかを教わりたかった。トゥルゲーネフは、一八四〇年代及び一八五〇年代ほど人々が生活の諸問題に関心をもち、また純粋な美学理論の諸問題にもそれに劣らぬ関心を向けたことはないと証言している。強まりつつある抑圧のために、文学は社会問題のいかほどであれ自由な議論が生じ得る唯一の媒体になった。実際、スラヴ派と「西欧派」との間の大論争という、一九世紀において教養あるロシア人を二分した決定的論争は、主として半ば文学的・哲学的議論の装いの下に行なわれたのである。一方には共同の愛や自然な敬虔さや権威に対する尊敬といった目に見えぬ紐帯によって結びつけられている、なお腐敗していない精神的・社会的有機体――この有機体は、人為的で「魂のない」西欧的な形式や制度の適用によってひどい損害をこうむってきたし、これからもそうであろう――というロシア観。他方には社会正義や個人的自由の萌芽さえも欠いた、遅れた半アジア的専制支配という「西欧派」によって抱かれたロシア観。これら二つのロシア観をとる人々の間で論争が戦わされたのであるが、当局の見方は、どちらの側にも好意的ではなかった。当局は何であれ重大問題に関して行なわれた公然たる議論をそれ自体体制に対する脅威とみなしたが、それはある程度正当なことだったのである。それにもかかわらず、われわれが今日知っているような効果的な抑圧手段はなお考案されていなかった。半ば秘密裡の論争が続き、自らの出自に対する鋭い意識によって尖鋭化し、いっそう個人的になった。この意識が主要な論客たち自身の意見なり感情の性質なりに影響を与えていたのである。

ベリンスキーの時代、即ち一八三〇年代及び一八四〇年代のロシアはなお、概して封建的な社会であった。それは産業化以前であり、地方によっては半植民地であった。国家は農民と商人や下級聖職者とを分離するくっきりと引かれた分割線に基礎を置いており、地主貴族と宮廷貴族との間にはいっそう広い裂け目があった。低い層から高い層へ上昇することは、非常に困難でありまたまれなことであったが、全く不可能というわけではなかった。しかしそれを行なうためには、例外的な精力、例外的な野心及び才能のみならず、過去を捨てて上の社会《ミリュー》と道徳的、社会的、精神的に一体化する一定の意欲と能力がなければならなかった。上の社会《ミリュー》は、一定の条件が整ったうえで本人が十分に努力するならば、彼を受け入れ同化する用意があろう。一八世紀において最も傑出したロシア人にして祖国の美文学及び自然科学の父、「ロシアのレオナルド」ミハイロ・ロモノーソフは、素姓が不詳で卑賤な人間であった。しかし彼は上昇して変貌した。頑健で強壮なところは大いにある。しかし素朴なところはなく、著作にも粗野な調子の痕跡はない。彼は転向者、それも独学の転向者らしい熱意を十二分にもちあわせ、一八世紀末頃のロシアの散文文学及び韻文文学の正式の約束事を確立するのに誰よりも多く貢献し、当時最も洗練されたヨーロッパの、即ちフランスの実践に厳格に範をとった。一九世紀の第二、四半世紀までは社会的エリートのみが十分な教育を受け余暇をもち、芸術、特に文学に従うために趣味を磨いた。彼らは西欧の有識官吏《マンダリン》に目を向けたのであり、広大な帝国の忘れられた片隅で、農民や職人によって技術や想像力を伴いつつなお行われていた伝統的な美術・工芸からは殆ど——せいぜいところどころ僅かに地方色を出すくらいで——借用しなかった。文学は優雅な素養であって、主に貴族の愛好家及びその庇護を受けている人々によってサンクト・ペテルブルクで、そしてペテルブルクほどではないがモスクワでもまた、嗜まれた。前者は政府の所在地であり、後者は、ヨーロッパ化した首都の冷ややかで気どった雰囲気を苦々しく思いながら眺める、富裕な商人やもっと堅実な昔風の貴族の住むところだったのである。カラムジーン、ジュコーフスキー、プーシキン、グリボエードフ、バラティンスキー、ヴェネヴィーチノフ、ヴァーゼムスキー、シャホフスコイ、ルイレーエフ、ふたりのオドーエフスキーといった、偉大な文芸復興の最初の世代の最も特徴的な人々はそうした貴族的な社会層に属している。たしかに若干の人たちが外部からはいることを許された。ロシアにおける文学的自然主義の先駆者である批評家にしてジャーナリストのポレヴォイは、シベリアの商人の息子であった。抒情詩人のコリツォーフは死ぬまで農民であった。しかしそのような例外は、文学界の確立された階統制にさしたる影響を与えなかった。社会的に卑しいポレヴォイは、エリートに対する非難者として勇敢に出発したのち、徐々に支配的なグループの文体と方法に完全に同化し、正教会と専制政府の意気地のない小心翼々たる支持者として生涯を終わった(当局による迫害ののちはまさにそうである)。田舎言葉を最後まで使い続けたコリツォーフは、まさにかかるものとして名声を獲得したのである。即ち素朴な天才として。また名声によって損われていない質朴な農民として。彼は天賦の新鮮さと自然さによって洗練をきわめたサロンを魅了し、大袈裟なほどの挙措の卑しさや不幸で自己没却的な生活によって家柄のよい賞讃者たちを感動させたのである。

ベリンスキーはこの伝統を破り、それを永久に破り捨てた。というのは、彼が自分のやり方で、何物にも身を屈することなしに自分より社会的地位の高い人々の中にはいっていったからである。モスクワに着いたとき、彼は野暮な田舎者であった。彼は死ぬまで自分の階級の趣味や偏見、習慣を多くもち続けていた。彼は貧しい家に生まれ、後進県の無名の田舎町の、寂しく同時に卑俗な雰囲気の中で育った。モスクワはたしかにある程度まで彼を和らげ、洗練した。しかし彼の書くものの中には、最後まで粗野な態度の根や、自意識過剰で荒々しく、ときとして攻撃的な調子が残っていた。この調子はロシア文学の中にはいるや、決してそれから離れることはない。一九世紀を通じて、それは非政治的あるいは保守的なインテリゲンツィヤの都会性に耐えかねた政治的急進主義者たちの顕著な特徴となる。革命運動が激しさを増すにつれて、この調子は声高で激しくなったり無気味に沈黙したりを繰り返す。それを用いることは徐々に原理的な問題になった。既成秩序の支持者に対して、サン＝キュロット派の知識人によってわざと用いられた武器、即ち上品な虚構を一挙に除き去る決心をした、特権なき被抑圧者の指導者たちの荒々しく挑戦的な調子。上品な虚構は支配的な制度の生気のなさ、不毛性、そしてとりわけ非情なあらゆる邪悪さを隠蔽するものでしかないとされた。ベリンスキーがこの調子で話したのは、こうした荒々しさが彼にとって生来のものだったからであり、彼が広汎に読書はしていたものの十分な教育を受けておらず、ひどく感情的であり、因襲的な育ちや生来の温厚な気性によって抑制されておらず、道徳的憤怒の激情に駆り立てられやすく、時間や場所やまわりの人間を顧慮することなしに、不正や虚偽に対して常に立腹し抗議し叫んでいたからである。追随者たちが彼のやり方を受け継いだのは、彼らが熱狂的な人々の集りだったからであり、ベリンスキーのやり方が怒りと新たに蒙った侮辱の意識をもって語られねばならない新しい真理の伝統的調子になったからであった。

この意味で、ベリンスキーの本当の後継者は、トゥルゲーネフの『父と子』に出てくる「ニヒリスト」バザーロフである。この小説には優雅な作法やプーシキン、審美的な人生観（トゥルゲーネフ自身ある程度まで自分もこれを有していると感じている。もっとも彼の場合には罪の意識がないわけではないけれども)を支持する伯父が登場する。教養はあるがこらえ性のない彼が、蛙の解剖や現代解剖学のその他のあさましい装置をこの上なく興味深く、あるいは重要であるとみなさねばならないのはなぜかと尋ねるとき、バザーロフはわざと荒々しく傲慢に、それはそういったものが「真実」であるからだと答える。人生及び自然の物質的事実の優位を主張するこのような乱暴な警句が、インテリゲンツィヤの反抗的部分の正式の鬨の声となったのであり、この不快な真理を、単に告げるばかりでなくできるだけ声高に荒々しく人の気に障るように言い、旧世代の繊細な美的価値を度を越した蛮行で踏みにじり、衝撃戦術を採ることが義務となったのである。敵は多数で強力であり安全な場所に陣取っているから、真理の大義は、敵の防御施設を、それが本来どれほど貴重で魅力的であったとしても、全面的に破壊することなしには勝利を収めることができなかった。ベリンスキーはこの態度を、最も完全で最も破壊的なところまで自ら発展させることはなかった。バクーニンは生きている間にそれに手をつけていたけれども。ベリンスキーは芸術的経験それ自体に対して敏感であり、由って来たるところが急進的であると反動的であるとを問わず文学的天才に深く魅せられ、かつ正直であったから、無慈悲な行為をそれ自体のために実行することはできなかった。しかし真理に対する不屈のピューリタン的態度、特にあらゆる事物の暗黒面や口に出せない面に対する情熱、どのような代価を払っても、また文学的・社会的な楽しみをどれほど犠牲にしてもそれを主張することへの固執、その結果としての、鋭い反撥を呼び起すべく意図された、刺々しくぶっきらぼうで直截な言い方の度を越した強調——そうしたものは彼から、彼のみから生じたのであり、彼の死後百年以上にわたった政治及び芸術に関する大論争の様式と内容を変えたのである。

モスクワ及びペテルブルクの知識人たちの、上品で優雅、生き生きしていて陽気、そして社交上手な社会の中で、彼は自己流の不調和な語り口で話し続けた。実際それはときには叫ぶと言ったほうがよいほどであった。彼は死ぬまで独立自尊にして乱暴で不適応、そして実際のちにいわゆる「階級意識的」なままであった。彼はまさにこの理由のために、自分が深い混乱の種となる人間であり、同化し得ない局外者であり、イスラムの坊主であり、道徳的狂信者であり、洗練された文学や芸術の世界が依拠している公認の約束事を脅かすような乱暴なふるまいをする人間であると感じていた。彼はこの独立自尊を確保するために一定の犠牲を払った。彼は自分の性質の荒々しい側面を過度に発達させ、ときおり徒らに粗野な判断を投げつけた。洗練されたやかましい趣味そのものに対してはひどく不寛容であり、ただ美しいばかりであるものに対して懐疑的であり、道徳的教条主義の激しさによって、ときとして芸術的及び道徳的に盲目にされていた。しかし彼の個性は強く、言葉の力は大きく、動機は純粋にして激しかったから、(前に述べたように)彼の文体の粗雑さ及びぎこちなさそのものが独特の文学的誠実さの伝統を作り出したのである。抗議や反逆のこうした伝統は、ロシア文学の「アウグストゥス時代」の古典的な貴族的外観を動揺させ結局は破壊した、生まれも育ちもよい一八四〇年代の急進主義者たちのそれとは質的に全く異なっていた。彼が活動したサークル、あるいは二つの重なり合うサークルは、彼の時代にはまだ地主の息子たちから成っていた。しかしやがてこの貴族的反対派は中間階級及びプロレタリアート出身のいっそう過激な人々に道を譲った。後者にとってベリンスキーは、最大にして最も直接の祖であった。

そうした後世の左翼作家たちは、不可避的に彼の性質の欠点、特に言い回しの乱暴な直截さや無頓着さを、彼らが激烈に反逆した上品な美文学の、慎重でしばしば精妙な趣味に対する軽蔑の手段として真似る傾向があった。しかしチェルヌィシェフスキーやピーサレフといった六〇年代の急進的批評家の文学上の粗野な態度が故意にとられたものであって、唯物論や自然科学を支持し、純粋芸術や洗練された趣味、さらに個人的問題や社会的問題に対する審美的・非功利主義的態度の育成といった諸々の理想に敵対する闘いにおける自覚的な武器であったのに対し、ベリンスキーの場合はいっそう痛々しく、いっそう興味深い。彼は粗野な唯物論者ではなかったし、功利主義者でないことは確実であった。彼は批評家の仕事が、それ自体価値のある目的であると信じていた。彼が、話すように書いたのは、即ち形をなさず、冗長でぎこちなく、慌しく混乱した文章を書いたのは、ただ彼がそれ以上の表現手段をもたなかったから、それが、彼が感じ考えるさいの自然な手段であったからにすぎないのである。

プーシキンの前後数十年にわたって、実際殆ど専ら上層階級及び上層の中間階級の「覚醒された」メンバーによって行なわれたロシアの執筆活動が、外国の、主としてフランス、のちにはドイツの出典に頼り、文体や感情の微妙さに対する全く例外的な感受性を特徴としていたということを、もう一度想起してほしい。ベリンスキーの関心事は、芸術創造の過程に対する彼の洞察にもかかわらず圧倒的に社会的であり道徳的であった。彼は説教者であった。彼は熱っぽく説教した。そして弁舌の口調や調子を必ずしも抑えることができなかった。彼は話すように書いた。耳障りな、ときおりかん高い抑揚をつけて。プーシキンの友人たち、即ち審美家や有識官吏たちは、この騒がしい、熱狂的なほどに興奮した、中途半端な教育しか受けていない俗物から本能的に身を引いた。ベリンスキーは彼らの壮大な業績を心の底から限りなく称讃していたから、(よくあることだったが)傷つけられ、社会的に卑しめられていると感じた。しかし彼は自分の性質を変えることができなかった。真理を変えたり、修正したり、無視したりすることもまたできなかった。彼は苦痛を感じながら、しかしときには圧倒的な明瞭さで真理を見ていたからである。その誇りは大変なものであった。そして彼は大義に対して打ち込んでいた。大義は飾りのない真理のそれであった。大義のために勤めることに、彼は生きかつ死のうとした。

文学的エリート、即ちプーシキンの友人たち、当時の呼称に従えばアルザマス・グループは、ナポレオンに対する戦勝の折に外国で獲得された急進的な思想にもかかわらず、またデカブリストの間奏曲にもかかわらず、概して保守的であった。政治的には必ずしも保守的でなかったとしても、社会的慣習や気質においてはそうであった。彼らは宮廷や軍隊と結びついており、きわめて愛国的であった。ベリンスキーにとってこれは、退嬰的な見解で学問と教育の光に対する罪であるように思われた。ロシアは工業技術の面で進んだ西欧を教えるよりもそれに学ばねばならず、スラヴ主義運動はロマン主義的幻想であり、その極端な形態においては盲目的な民族主義的誇大妄想であって、西欧の芸術・学問や文明的な生活形態はロシアを後進国から引き上げるための最初で唯一の希望を提供すると、彼は確信していた。ゲルツェン、バクーニン、グラノーフスキーもまた、もちろんこれを信じていた。しかし当時彼らは半ば西欧的な教育を受けていたのであり、外国に旅行し外国で生活することや、教養あるフランス人やドイツ人と社会的・個人的に関係を結ぶことは、彼らには容易でもあれば快適でもあった。西欧が無価値で堕落していると言ったスラヴ派でさえ、ベルリンやバーデン＝バーデン、オックスフォードを訪れることを、さらにはあのパリを訪れることとさえも、楽しみとしていたのである。

ベリンスキーは、知性の面では熱心な西欧派であったけれども、感情の面では同時代人の誰よりも深くロシア的であり、そのために不幸であった。彼は外国語を話すこともできなければロシア以外の環境において自由に呼吸することとさえできず、外国ではみじめで迫害に苦しめられていると感じていた。彼は西欧文化が尊敬と模倣に値することに気づいていたが、西欧の生活習慣は、彼個人にとっては全く耐え難いものであった。彼はドイツへの航海〔訳注4〕のさいに故国の岸を離れるや否や、故郷を想って苦い溜息をつき始めた。システィーナのマドンナ〔訳注5〕もパリの神秘も、彼を慰めはしなかった。外国に来て一月経つと、彼は懐郷の念で殆ど気も狂わんばかりであった。きわめて現実的な意味で、彼はスラヴ的な気質や生活様式の融通のきかない諸要素を、友人や同時代人よりもいっそう鋭く体現していた。彼の友人や同時代人といえば、トゥルゲーネフのようにドイツやパリで満足を感じながらロシアでは不幸を感じるか、あるいはスラヴ派のように伝統的なロシアの衣服を身にまといながら、古代ロシアの歌謡やスラヴ年代記のどんな節よりもゲーテの詩やシラーの悲劇をひそかに愛好するという具合だったのである。知的な信念と感情的な、ときには殆ど肉体的な要求との深い内的葛藤はロシア特有の病である。一九世紀も時代が進み、社会階級間の闘争が尖鋭化し明確な形をとるにつれて、ベリンスキーを苦しめた矛盾はいっそうはっきりと現われた。マルクス主義者であれ農業社会主義者であれアナキストであれ、彼らが貴族でも大学教授でもなく、即ちある程度職業柄国際社会のメンバーでない場合には、西欧の文明、とりわけその学問、技術、政治思想及び政治の実際を信じているという意味において、大いなる確信と誠実さとをもって西欧に対し頭を垂れたけれども、亡命を余儀なくされてみると、外国での生活に他の亡命者以上に苦痛を感じるのであった。地主貴族の生まれであるゲルツェン、バクーニン、トゥルゲーネフ、ラヴローフは、外国で生活しているとき、幸福ではなかったにせよとにかく外国との接触によって特に辛い思いをするということはなかった。たしかにゲルツェンはスイスがそれほど好きではなかったし、トウィケナム〔ゲルツェンがイギリス亡命中に住んだ土地〕やロンドンにいたってはひどく嫌っていた。しかし彼にとってはそのどちらも、ニコライ一世治下のサンクト・ペテルブルクよりはましだったのであり、フランス人やイタリア人たちのなかにあって、彼は幸福であった。トゥルゲーネフは、ブージヴァルのヴィアルドー夫人の領地にいるときには、満足以上のものを感じていたように思われる。しかしベリンスキーが進んで亡命者になる人間と考えられないことは、ジョンソン博士〔イギリスの詩人、批評家、一七〇九—八四〕やコベット〔イギリスの時論家、一七六三—一八三五〕と同様であった。彼は大声で説教をし、神聖不可侵なロシアの制度を非難した。しかし彼は祖国を離れなかった。教説に固執するならば投獄されゆっくり苦しみながら死ぬことが不可避であると知っていたに違いないのに、ロシア帝国の国境を越えて亡命することなど彼は考えなかったのであり、明らかにひとときたりとも考えることはできなかったのである。スラヴ派や反動派たちは敵であった。しかし戦いは故国の土の上で行なうことができた。彼は黙っていることができず、それでいて外国に行こうとはしなかった。彼の頭は西欧とともにあったが、心と、粗末にされたからだとは、物言わぬ農民や小商人から成る大衆、即ちドストエフスキーの言う「貧しき人々」、ゴーゴリの恐ろしい喜劇的想像力が作り出した有象無象の世界の住人たちとともにあった。スラヴ派に対する西欧派の態度について、ゲルツェンは次のように述べた。

　そう、われわれは彼らの敵であった。しかしひどく奇妙な敵であった。われわれはただひとつの愛をもっていた。しかしそれは同じ形をとりはしなかったのである。

　早くからわれわれは、ひとつの強力で説明し難い、生理的で情熱的な感情に捉えられていた。それを彼らは過去の記憶と考え、われわれは将来の展望と考えたのである。その感情とは、われわれの全存在を包む、無限の愛の感情、ロシアの民衆、ロシアの生活様式、ロシア的な考え方に対する愛の感情である。われわれはヤヌスか双頭の鷲のように反対の方角を向いていた。しかしわれわれみなの中では、ひとつの心臓が鼓動していたのである。〔金子訳『過去と思索I』三六五頁〕

ベリンスキーは両立し難い理想の間で引き裂かれてはいなかった。彼は自らの感情を信じ、それゆえに、もともと尊重していない感情に耽ることから生ずる自己憐憫や感傷を免れているという意味において、統合された人格であった。しかし彼は西欧的な価値や理想を称讃しながら同時に西欧のブルジョアジー及び典型的な西欧知識人の性格や生活形態に対して根本的に共感を欠き、実に嫌悪を覚え、尊敬を欠如させていて、彼のうちにはそこから生ずる分裂があった。歴史によって、即ち一九世紀においてロシアの知識人を形成した社会的・心理的諸条件によって作り出された感情のこうした両極性は次の世代の急進的知識人たちに継承され、彼らにおいて顕著になった。次の世代というのはチェルヌィシェフスキーやネクラーソフ、ナロードニキ運動、アレクサンドル二世の暗殺者たちであり、実際レーニンもまたそうである。西欧文化の寄与を無視あるいは軽蔑したとしてレーニンを責めることはできないけれども、彼はロンドンやパリにおいて、国際的亡命者のより「正常な」タイプよりもはるかに強い疎外感をもっていたのである。愛と憎しみのこの特殊な混合物は今なおある程度まで、ヨーロッパに対するロシア人の感情に固有のものである。一方には知的尊敬、羨望、称讃、追いつき追い越したいという願望、他方には感情的な敵意、猜疑、軽蔑、無様で、余計者で、局外者であるという意識。結果として西欧的諸価値の前での過度の卑下と西欧的諸価値に対する攻撃的侮辱との間を交互に行ったり来たりするようになる。ソ連邦を訪れて、この現象について何も気づかなかったなどという人がいるはずはない。知力の不足と感情の優越との結合。羨ましいほどに自己抑制的で賢く、有能で成功を収めたという西欧の観念が一方にあるかと思えば、他方には窮屈で冷淡、卑しく計算高く閉鎖的であって、広い見透しや寛大な情をもつことができず、ときには高まりを見せ堤を越えて溢れることもなければならぬ感情を示したり、独自の歴史的要請に応えて何事をも顧みず自己を放棄したりする能力を欠いており、その結果生の豊かな開花を決して知り得ない運命にあるという西欧の観念も存在する。

感情と情熱的な理想主義とがこのように自然に生じたものであることは、本来、ベリンスキーをもっと几帳面な弟子たちから区別するに足る。のちの急進主義者たちと異なり、彼自身は功利主義者ではなかったし、とりわけ芸術に関してはそうであった。晩年に向かうにつれ、彼は学問の適用範囲の拡大と、芸術におけるいっそう直接な表現とを強く訴えた。しかし彼は預言や説教をすること、即ち何をなすべきかを語りスローガンを提供し、芸術を特定の綱領に奉仕させることによって直接社会に奉仕することが芸術家の義務であるとは決して信じていなかった。これは六〇年代におけるチェルヌィシェフスキーやネクラーソフの見解であり、ルナチャルスキーやマヤコフスキー、今日のソ連邦の批評家たちの見解であった。ベリンスキーは、ゴーリキーと同様真理を告げるという芸術家の義務を信じていた。芸術家のみが見たり述べたりする独特の資格をもち、真理を見、真理を述べることができるがゆえに。ベリンスキーはまた、思想家であれ芸術家であれこれが著述家の義務のすべてであると信じていた。さらにまた人間は社会のうちに生き、主として社会によって作られているがゆえに、この真理は必然的に主として社会的でなければならず、それゆえ環境からのあらゆる形態の孤立や逃避は、それだけ真理を偽ることであり裏切ることであると彼は信じていた。彼にとって人間と芸術家と市民とは同一人である。小説を書こうと詩を書こうと、歴史や哲学の作品を書こうと、新聞に論説を書こうと、交響曲を作曲しようと絵を画こうと、作者は自分のうちの、専門的に訓練された一部分のみを表現しているのではなく人格の全体を表現しているのであり、またそうでなければならない。作者は芸術家として行なうことに対して人間としての道徳的責任を負っている。あらゆる行為とあらゆる言葉とにおいて、単一にして不可分の真理の証人とならねばならない。純粋に審美的な真理や審美的な規範は存在しない。真理、美、道徳は生の属性であってそれから分離することはできないし、知的に虚偽であったり道徳的に醜悪であったりするものが芸術的に美しくあることは不可能であり、逆もまた然りである。人間が生きることは真理と虚偽との間、正義と不正義との間で戦われる恒久的で命がけの戦いであり、またそうあるべきであって、その中では誰ひとりとして中立的であったり敵と交渉したりする権利をもたない。殊に芸術家はそうであると彼は信じていた。事実を抑圧し歪曲し、あるいはそれに着色していたがゆえに、彼は御用民族主義者たちに宣戦を布告した。これは非愛国的であると考えられた。彼は型にはまった感情を非難した。そしてある程度乱暴な表現を用いて、それらの背後にある粗野な真理を定式化しようとした。それはシニカルなことであると考えられた。彼はまずドイツ・ロマン派を、次に彼らのうちの急進的な一派のみを称讃し、それからフランスの社会主義者を称讃した。そのために秩序破壊的であると考えられた。彼はスラヴ派に向かって、胃袋が空っぽだったのでは内面的な自己改善も精神的再生も起り得ないし、社会正義を欠き基本的権利を抑圧する社会においても然りであると述べた。これは唯物論的であると考えられた。

彼の生涯や人柄は神話化された。彼は理想化された厳格で道徳的に汚れのない人物として多くの同時代人の心に生きていたので、彼の名を口にすることが、もう一度当局によって大目に見られるようになったのちは、彼らは互いに競って、彼の記憶に寄せて燦然たる墓碑銘を綴ったのである。彼が人生に対する文学の関係を確立したやり方は、レスコーフ、ゴンチャローフ、トゥルゲーネフといった、みな何らかの意味で純粋芸術の理想を追求していてベリンスキーの観点には全く共鳴しなかった作家たちでさえ承認せざるを得なかった。彼らはベリンスキーの教義は拒んだけれども、彼の目に見えない存在の力によって、どうしても彼との勘定を決済せねばならない羽目になった。たとえ彼らはドストエフスキーやゴーゴリと同様彼に従いはしなかったにしても、少なくともこの件について、自分の立場を説明する必要があると感じたのである。この必要をトゥルゲーネフ以上に痛切に感じた者は誰もいない。フロベールによって一方に引かれ、永遠に彼の前に立ち現われた死せる友人の恐ろしい幽霊によって別の方向に引かれたトゥルゲーネフは、両者を宥和させようという空しい試みを行なった。自分の立場は道徳的に弁護し得ないものではなく、裏切りも逃避も含んでいないことを自分自身とロシアの公衆に納得させるために、彼は人生の多くを費した。このように道徳的・社会的宇宙において然るべき場所を求めることは、ロシア文学の中心的伝統として、事実上一八九〇年代まで続く。一八九〇年代にはイワーノフやバリモント、アンネンスキーやブロークに率いられた新古典主義的な審美家やシンボリストたちの反逆があったのであるが、しかしこうした運動は、その成果はすばらしかったとしても、有効な力として長続きすることはなかった。そしてソヴェト革命は、粗野で歪められた功利主義的形態においてであれベリンスキーの諸規範と芸術に対する社会的規準とに回帰したのである。

ベリンスキーに対する批判としては、特に自然主義の反対者たちによって多くのことが言われてきた。そのうちのいくつかについては否定することが難しい。彼はひどく突飛であり、その熱中や深刻さ、潔癖さのすべてをもってしても、洞察力や知的能力の過失を帳消しにすることはできない。彼は明言した。ダンテは詩人ではない。フェニモア・クーパーはシェイクスピアに匹敵する。オセロは野蛮な時代の産物である。プーシキンの詩『ルスランとリュドミラ』は「幼稚」である。彼の『ベールキン物語』や『民話詩』は無価値である。『エヴゲニー・オネーギン』のタチヤーナは「道徳的に未成熟」である、と。ラシーヌやコルネイユ、バルザックやユーゴーについても同様に乱暴な記述がある。これらのうちには、スラヴ派のえせ中世趣味によって引き起された怒りによるものもあれば、人生と自然とが美しく調和的なものをかくも多く含んでいるのに、暗く醜怪なものを扱うことは非芸術的であると書きしるした旧師ナジェージジンとその一派に対する過敏な反応によるものもある。しかしそれは主として、全くの批評眼不足による。彼は大詩人バラティンスキーを即座に悪しざまに言い、プーシキンの才能ある年少の同時代人、抒情詩人のベネジクトフを、自分が道徳的な熱情を欠いた単なる繊細さを嫌ったというだけの理由で半世紀にわたって人々の記憶から消し去ってしまった。そして彼は、ドストエフスキーが恐らく被害妄想を伴った腹立たしい宗教的神経症患者にすぎなかったにもかかわらず、彼には天才があると公言したことは誤りだったと考えるようになった。彼の批評にはひどくむらがある。芸術理論を扱った彼の論文は、すぐれた箇所もあるけれども、無味乾燥で作為的であり、彼の具体的、衝動的、直接的な人生観や芸術観とは無縁な、プロクルステス的なドイツの諸体系の影響下に構想されたものであるように見える。彼は非常に多く書きかつ語った。そして相互に無関係なあまりにも多くのことについて過剰なほどに喋り、独学者のひとりよがりな誇張を示し未熟な教条的態度をとって、支離滅裂かつ無邪気に話すことがあまりにも多かった。「常に興奮に身を震わせ、常に熱狂的で、常に慌しく」、転んだり起き上がったり躓いたり、ときには痛ましいほどに備えの不十分なままで、真理と虚偽、生と死の戦いが重大な局面を迎えているように見えるところではどこでも、死にもの狂いで先を急ぎながら。瑣末な諸々の特質、端正であることや整然としていること、学問的正確さ、慎重な判断、節度を弁えていること——ベリンスキーはこうしたことを免れていると思われたものに対して誇りをもっていたがゆえに、それだけ突飛であった。用心深い連中、道徳的に臆病な連中、知的に上品な連中、危険を回避する連中、正しい考えをもちながら妥協を追い求める連中に彼は我慢ができず、怒りと軽蔑に満ちた長くぎこちない文体で彼らを攻撃した。多分彼はあまりにも不寛容で道徳的に偏頗であり、自分の感情を強調しすぎたのである。彼は恐らく、自分を逆上させるほどに落ち着いているからといってあれほどゲーテを憎む必要はなかったのであり、ポーランド的であり己を愛しているからといってポーランド文学全体を憎むことはなかったのである。これらは偶然の欠点ではなく、彼自身及び彼が代表するものすべてに内在する欠陥である。そうした欠陥を過度に嫌うならば、結局は彼の積極的な態度をもまた非難することになる。彼の立場の価値も影響力も、まさに芸術的超脱の欠如、さらにはそれに対する意識的反対にある。というのは、彼は文学のうちに、人生と社会について人々が感じ、考え、言わねばならなかったすべてのことの表現、人間の状況と世界に対する、人々の基本的態度、その生活と活動全体の正当化といったものを見、それゆえにそれらを能う限り深い関心をもって眺めたからである。彼はいかなる見方も、それがどれほど奇矯なものであれ、いわば自分の身で試してみるまでは、即ち「わがものとして生き」てみるまでは捨てることはなく、その代償として神経を磨り減らし、不十分であるという意識や、ときには完全な失敗であるという意識を味わわねばならなかった。彼は真理を、それがどれほど気まぐれにしか現われず、結局どれほど生気がなくあるいは陰鬱なものでしかなかったとしても、他の目的よりもはるかに高く位置づけたがゆえに、他の人々に真理を神聖不可侵とみなす感覚を伝え、それによってロシアにおける批評の規準を変えたのである。

彼の飽くことなき情熱は文学と書物に限定されていたから、彼は新しい観念、新しい文学的方法、とりわけ文学と人生の関係についての新しい概念の出現をきわめて重視した。彼は生きているものや真正なものすべてに対して自然に反応したから、祖国における批評家の使命という概念を変えた。彼の仕事の消えることのない結果は、その時代の指導的な若い作家や思想家の道徳観や社会観を変えたこと、それも決定的に、元に戻せないほどに変えてしまったことにある。彼はロシアの非常に多くの思想や感情について、経験・表現双方の性質や調子を変えたがゆえに、社会に支配的影響を与えた人としての彼の役割は、文芸批評家として彼が達成したものの影を薄くしている。どの時代にもその時代の悪徳を厳しく叱り、よりよい生活を呼びかける公認の説教者や預言者がいる。しかしその時代の最も深い憂鬱が現われるのは彼らにではなく、創造、記述、分析という、いっそう苦しく困難な課題に打ち込む芸術家や思想家においてである。自らの個人的経験において、社会の道徳的苦悩をわがものとして生きるのは彼ら、即ち詩人であり小説家であり批評家である。自らの世代の運命に影響を与え、利害関係をもつ子孫の利益のための戦いそのものの最も真正な証拠を残すのは彼らであり、彼らの勝利や敗北である。ネクラーソフは非常に才能のある詩人であった。しかし何よりも先に、彼は天才的な説教者であり宣伝者であった。それゆえ中心的問題を最初に見出し、しかもそれをあらためて見る誰よりも明瞭、直接、単純に見たのは彼ではなくベリンスキーであった。中心的問題とそのあらゆる意味にまともに取り組まないとか、用心深くするとか、道徳的・政治的立場の選択をもっと慎重にするといったこと、さらには戦いの喧噪を超越して中立的で利害関係をもたない態度へと退くことでさえも恐らく可能であるなどという考えが、彼の心に生じたように見えることは絶えてなかった。「彼は恐れを知らなかった。彼は強く誠実だったからである。彼の良心は純粋であった。」彼の生涯や見解があとに続く世代に恐怖と激励とを交互に与えたのは、彼が真理に関する特定の見解に、また思想と行動の双方を支配する特定の道徳的原理に、激しく取消しのきかないほどにかかずらったからであり、そのさい彼自身及び彼に続こうとする人々が払った犠牲は絶えず大きくなっていったのである。生前には、彼に対してどのような最終的判決も言い渡されることがなかった。祖国における公式の称讃さえも、彼の疑いや苦しみの幽霊を最終的に鎮めはしなかったし、彼の憤った声を宥めもしなかった。彼が一生を費した諸問題が今日ほど切実になっている時はない。しかも彼自身の多大な寄与によって始動した革命的諸力のゆえに、それらはかつてないほど差し迫ったものとなり、大きな脅威を与えるにいたっているのである。

＊　引用文の訳出にあたっては常にバーリンの英文を尊重し、原典は参照するにとどめた。参照した原典については、邦訳がある場合には邦訳の、ない場合にはロシア語版の文献名と頁数を角括弧内に示した(文献名及び頁数が示されていない引用文は出典を確認し得なかったものである)。但しベリンスキー全集(モスクワ、一九五三―一九五九年)に関しては巻数と頁数のみを記した。

〔訳注1〕　エカチェリノスラフ発の一〇月九日付両親宛書簡。最後のセンテンスは、原典では先行するセンテンスより前に位置している。

〔訳注2〕　いわゆる「官製国民性」のイデオロギーであり、文相セルゲイ・ウヴァーロフ伯爵によって定式化された。

〔訳注3〕　idealism は、「現実」の超越を志向する哲学という意味で用いられているから「理想主義」と訳す。

〔訳注4〕　ラファエロが画いた聖母像。ベリンスキーは一八四七年七月にこれをドレスデン博物館で観、その印象をボトキンに宛てて書き送っている。

〔訳注5〕　フランスの作家シューの長篇小説(一八四二)の表題。一八四四年に同書のロシア訳が出たとき、ベリンスキーは『祖国雑記』に長い書評論文を書き、その後もたびたびこの作品に言及している。

〔竹 中　浩訳〕

IV　アレクサンドル・ゲルツェン

アレクサンドル・ゲルツェンは、一九世紀において最も際立ったロシアの政治的作家である。彼についてのよい伝記は全く存在しない。それは多分、自ら書いた自叙伝が大変な文学的傑作だからであろう。彼の自叙伝は英語国において広く知られてはいない。そのことに十分な理由があるわけではない。というのは、それは英語に翻訳されているからである。第一部にはJ・D・ダフのすばらしい翻訳があるし、コンスタンス・ガーネットのしっかりした全訳もある。政治的・文学的天才の現われたある種の作品とは異なり、それは翻訳で読んでさえ驚くほど面白いのである。

いくつかの点で、彼の自叙伝はいかなる書物よりもゲーテの『詩と真実』に似ている。なぜならそれは、個人的な追憶や政治的回想を集めたものでは全くないからである。それは、身辺の細々したことの叙述、さまざまな国の政治的・社会的生活の記述、ロシアで過ごした著者の青年時代や壮年時代の初めの頃の世論、人物、展望、解説の記述、歴史論文、フランス、スイス、イタリアをめぐったヨーロッパ旅行の覚書、一八四八年及び一八四九年の革命の間のパリとローマについての覚書(この覚書は比類がない。このときの諸事件についてわれわれが有する最良の私的記録である)、政治指導者論、さまざまな党派の狙いや目的についての議論といったものの混合物である。これらすべてには、多様な批評、辛辣な観察、個人や国民性に関する鋭く自然な、ときには意地の悪い素描、経済的・社会的諸事実の分析、ヨーロッパの未来と過去について、またロシアに対する著者自身の希望と危惧についての議論と警句が散りばめられている。それとともに織り交ぜられているのは、ゲルツェンの個人的な悲劇の詳細で悲痛な報告であり、一般公衆のためにこれまで書かれたもののうちで恐らく最も尋常でない、感じやすく気むずかしい人間の自己暴露である。

アレクサンドル・イワーノヴィチ・ゲルツェンは、一八一二年、ナポレオンによる包囲が間もなく行なわれようとしているモスクワで、イワン・ヤーコヴレフの庶子として生まれた。イワン・ヤーコヴレフはロマノフ家の傍流の血を引く富裕で家柄のよい地主貴族であり、むっつりして気むずかしく所有欲の強い、上品で教養のある男であった。この父は息子に辛くあたる一方で彼を深く愛し、またその人生を辛いものにした。彼は息子に対し、引きつけることによっても拒絶することによっても絶大な影響力をもった。母親のアマリア・ハークは、ヴュルテンベルクのシュトゥットガルト出身の穏やかなドイツ人女性であり、下級官吏の娘であった。イワン・ヤーコヴレフは外国旅行中に彼女と会ったが、結婚はしなかった。彼は彼女をモスクワに連れてきて、自分の家の主婦の座につけた。そして息子のことを、庶出の子(the child of his heart)であって嫡出子でなく、それゆえ自分の姓を名のる資格がないという事実のいわばしるしとして、ゲルツェン〔ドイツ語の「心」Herz に由来する姓 Herzen のロシア語読み〕と呼んだ。ゲルツェンが正式の夫婦の間に生まれたのではないという事実は恐らく、彼の性格に相当の影響を及ぼしたであろう。そのために彼は、その事実がなかった場合に比べていっそう反抗的になったのかも知れない。彼は富裕な若い貴族としての正規の教育を受け、モスクワ大学にはいり、そこで早くも活発で独創的、衝動的な性格を顕わした。彼はロシアにおいて *lishnie lyudi*、即ち「余計者」と呼ばれるようになる世代に生まれた(後年彼は絶えずこの立場に戻った)。トゥルゲーネフの初期の小説はこの「余計者」と大いに関わりをもっている。

こうした若い人々は、一九世紀のヨーロッパ文化史の中に独自の位置を占めている。彼らは、貴族に生まれながらもっと自由で急進的な思考様式や行動様式へと赴いた部類の人々に属していた。生涯を通じて、教養があり洗練された社会《ミリュー》の挙措や生き方、習慣や様式を保持した人々には、どこか奇妙に魅力的なところがある。そうした人々は自然さと非凡さを結びつける特殊な個人的自由を行使する。彼らの精神は広くゆったりとした視野をもち、とりわけ貴族的教育によって生み出されることの多い、独特の知的快活さを示す。同時に彼らは頭では何でも新しく進歩的で反抗的、若く試みられたことのないもの、まさに生起せんとしているものの側に、即ち彼方に陸があろうとなかろうと、大海原の側に立つ。このタイプに属するのは、ミラボー、チャールズ・ジェイムズ・フォックス〔イギリスの政治家、一七四九—一八〇六〕、フランクリン・ローズヴェルトのような中間派の人々である。彼らは古きものと新しきもの、あるいは過ぎ去ろうとしている生活の楽しさと来そうで来ない未来、即ち彼ら自身が実現しようと努力している危険な新しい時代を分かつ境界線の近くに住む人々である。

ゲルツェンはこの社会《ミリュー》に属した。天賦の才能を用いる機会のない息苦しい社会において、こうした人間であることがどのようなことなのか、ありとあらゆる源泉から、即ち古典や西欧の古いユートピアから、フランスの社会的説教者やドイツの哲学者から、また書物、雑誌、偶然交した会話から流れ込んでくる新奇な観念によって興奮させられ、その挙句に、文明的な西欧において久しい昔から生活の形態となっていた無害で穏健な諸制度を自国に作り出そうと僅かに夢見ることさえも無意味であるような社会《ミリュー》に自分が生きているのを思い出すほかはないということが何を意味するのかを、彼は自叙伝の中で書いた。

これが通常行き着くのは二つの結果のうちのいずれかであった。若い熱中家たちのある者は、ただ黙り、現実と妥協し、穏やかに失望の色を見せる物足りなさそうな地主になった。彼は領地で暮らし、ペテルブルクや外国から取り寄せた固い雑誌のページをめくり、ときおり新しい農業機械や、それ以外にもイギリスやフランスで彼の興味を引いた精巧な装置を導入した。そうした熱中家たちは、あれこれの変革の必要を際限もなく論じたものであった。けれどもその場合には、それらの変革は殆どあるいは全く実現不可能である、または実現されないであろうという憂鬱な思いがいつも心の底にあった。さもなければ、若い熱中家たちは完全に挫折してしまい、陰鬱な精神状態や茫然自失、激しい絶望とでもいったものに陥り、自己破壊的な神経症患者に、即ち自らと周囲の生活とを共にゆっくりと毒していく破壊的な人物になった。

ゲルツェンは見慣れたこれら二つの状態のいずれからも脱出しようと決心した。彼はとにかく自分について、世の中で何もしなかったとか、何の抵抗もせずに崩れ去ったなどと言うものが誰もいないようにしようと決めた。一八四七年に彼が最終的にロシアから亡命したとき、意図されたのは活動の生活に専心することであった。彼の教育はディレッタントのそれであった。貴族社会《ミリュー》で育った大抵の青年と同様に、彼はあまりにも多くの人を相手にその意を迎えるよう、またあまりにも多くの生活の局面、あまりにも多くの状況に配慮するよう教えられていたために、ひとつの特定の活動や固定した計画に十分力を集中することができなかった。

ゲルツェンはこのことをよく知っていた。十分すぎる教育を受け、必要以上の富があり、多くのことをする機会が全くあまりにも広汎に提供されていて、それゆえ始めると同時に退屈し、戻っては新しい道を歩み始め、結局は道に迷ってあてどもなくさまよい、なすところなく終わる。そうした天分ある、しばしば理想主義的な青年たちには数え切れないほどの選択肢が開かれている。それらに煩わされることなしに、安定した固定的な専門職業へとすんなりはいっていく人々の幸運について、ゲルツェンは羨ましげに話す。これは非常に特徴的な自己分析の一例である。ロシアにおける彼の世代の理想主義は、「人民」に対しての強まりつつある罪の意識から生じ、同時にその意識を涵養した。この理想主義に満たされたゲルツェンは、自分自身と祖国のために、人の記憶に残ることを何かしたいと情熱的に願った。この願望は一生彼から離れなかった。それに引かれて彼が恐らく当時のヨーロッパ最大の時論家となり、ヨーロッパにおいて最初の自由な、即ち反ツァーリズム的なロシア語の出版所を創設し、それによってロシアの革命的煽動の基礎を据えたことは、ロシアの近代史に通じた人すべての知るところである。

自ら『鐘（*Kolokol*）』と名づけた彼の非常に有名な新聞の中で、ゲルツェンは興味深いと思われる論題なら何でも扱った。彼は暴露し、非難し、嘲笑し、説教し、一九世紀半ばのロシアのヴォルテールとでも言うべきものになった。彼は天才的なジャーナリストであって、彼の書いた論文には生彩があり、華やかさや情熱もあった。それらは公には禁止されていたにもかかわらずロシアに持込まれて、急進派にも保守派にも同様に読まれたのである。実に皇帝自らがゲルツェンの論文を読んでいると言われた。たしかに皇帝に仕える官僚たちの中には彼の論文を読んでいる者がいた。華々しい名声を博していた時期には、ゲルツェンは、亡命者としては前代未聞の現象と言うべきであるが、祖国であるロシアの国内で真の影響力を行使していた。権限濫用を暴き、不正を明らかにすることによって。しかし何にもまして、ともかく一八五〇年代と一八六〇年代にはツァーリ政府の官僚機構の心臓部においてさえも完全には消え去っていなかった、自由主義的な感情に訴えることによって。

机上で、あるいは一般向けの綱領の上でのみ活躍する多くの人々と異なり、ゲルツェンの話し方は魅力的であった。恐らく彼の最良の描写は、友人のアンネンコフによって書かれた評論のうちに見出すことができるであろう。本稿が標題を借用した『注目すべき一〇年間』がそれである。この評論は、記録されている諸事件が起ってから二〇年ほどのちに書かれている。

私ははじめてゲルツェンを知るにいたったとき、尽きせぬ機知を振り撒き、華々しく語りつつ、信じられない速さで次々と話題を移すこの尋常でない精神に困惑させられ圧倒されたことを告白せねばならない〔とアンネンコフは書いている〕。その精神は誰かの話し振りに、ちょっとした出来事に、また抽象的な観念のうちに、それらに表情と生命を与える生き生きした特徴を見てとることができたのである。彼は全く似もやらぬ物事を即座に意想外な仕方で並べて見せる、驚くべき能力をもっていた。彼のこの才能は並々ならぬものであった。きわめて精密な観察力や該博な知識のしっかりした蓄積によって涵養されていたからである。そのために、消すことのできぬ花火の如き弁舌、尽きることのない空想や創意、また聴き手を驚かすほどに惜し気もなく働かされた知性によって、最後には話し相手が疲れ果ててしまうこともあった。

常に熱心ではあるが無慈悲な厳しさをもつベリンスキーのあとで、輝き、きらめき、絶えず変化し、しばしば逆説的で挑発的、常にすばらしく気のきいたゲルツェンの話は、いっしょにいる人々に強い集中力のみならず常に機敏であることをも要求した。なぜなら即座に答える用意がいつもできていなければならなかったからである。他方安手のものや外見ばかりのものは、何であれ彼と接触すると半時間ともちこたえられなかった。仰々しいもの、勿体振ったもの、博学振ったうぬぼれなど、すべて彼からただ逃げるか、火の前の蠟のように溶けてしまった。ゲルツェンが同席することに耐えられない人々を私は知っていた。彼らの多くはいわゆる真面目で実務的な人々である。他方で、彼をこの上なく盲目的かつ情熱的に崇拝していた……人々もいた。……

ゲルツェンは批判のための天賦の資質、即ち人生の暗黒面を暴き非難する能力をもっていた。彼はこの特徴を非常に早くから、今述べている彼のモスクワ時代に示した。当時においてさえゲルツェンの精神はひどく反抗的で扱いにくいものであり、誰も異を立てないために誤りない意見として受け入れられていると見えるものに対しては、それが何であれゲルツェンは生得的で体質的な嫌悪を感じた。そうした場合には彼の知性の猛獣の如き能力が力を発揮し、辛辣さや如才なさ、機転となって表に現われた。

彼は……モスクワに住んでおり、まだ世間には知られていなかったが、仲間うちでは既に、友人に対する機智に富んだ、かつ危険な観察者として知られていた。もとより彼は親密な友人たちや疎遠な知人たちについて、自分の頭の中にこっそりと秘密の記録(*dossiers*)や秘密の覚書をしまっているという事実を全く隠しておくことはできなかった。全く無警戒で、信頼し切って彼のそばにいた人々は、彼の精神のこの無意識の働きのいずれかの側面に突然出会ったとき、きまって驚き、ときにきわめて困惑した。奇妙なことにゲルツェンはその一方で、選ばれた親しい友人たちとの間に、この上なく優しく愛情深い関係を結んでいた。ただし彼らといえどもゲルツェンの辛辣な分析を免れることは決してできなかったけれども。これは彼の性格のもう一方の側面によって説明される。恰も彼の道徳的生理機構の平衡を回復するためでもあるかのように、自然は彼の魂の中に、ひとつの揺がぬ信念、ひとつの打ち勝ち難い性癖を据えるべく配慮した。ゲルツェンは人間の心の高潔な本能を信じていた。彼の分析も、人間実存の唯一の疑い得ない真理としての道徳的生理機構の本能的衝動の前では沈黙し、それに対して敬意を払うようになった。彼は高潔で情熱的な衝動だと考えたものは何でも、それが誤っていようとも称讃し、それを傷つけて面白がるようなことは決してなかった。

一方に懐疑と否定、他方に盲目的信頼という彼の性質のこうした二面的で矛盾した戯れは、しばしば彼と友人たちとの間の紛糾や誤解にいたり、ときには諍いや騒ぎの原因ともなった。しかし彼がヨーロッパに向けて出発するその日まで、人々の彼に対する愛着が消え失せるどころかいっそう鍛えられたのは、まさに争論のこうしたるつぼの中においてであり、炎の中においてである。それにはいささかの不思議もない。このときゲルツェンのやったことや考えたことすべての中には、虚偽なるものなどは微塵もなく、ひそかに助長された悪感情も、打算も、裏切りもなかった。それどころか、彼の言葉や行いのどれひとつをとっても、彼のすべてがその中にあった。そして彼の侮辱さえもときとして許されたことには、また別の理由があった。彼を知らない人々には、ありそうもないことのように思われるかも知れない理由である。

こうした誇り高く強靭で精力的な知性をもっていたにもかかわらず、ゲルツェンは実に優しく人好きのする、殆ど女性的な性格の持ち主であった。懐疑家、諷刺家という厳しい外見の下に、またひどく無作法で饒舌な気質に隠れて、子供の心が住んでいた。彼は奇妙な一種角のある魅力、角のある繊細さをもっていた。……〔しかしそれが向けられたのは〕特に、何かを始めつつある人々、何かを求めつつある人々、自らの能力を試しつつある人々に対してであった。彼らはゲルツェンの助言に力と自信の源泉を見出した。ゲルツェンは彼らを、彼及び彼の思想とのきわめて親密な交わりに引き入れた。それにもかかわらず、彼はそのために、ときとして破壊的・分析的な能力を全面的に用い、この同じ人々に、同時にひどく辛い心理的実験を行なうことをやめはしなかった。〔アンネンコフ『文学的回想』モスクワ、一九六〇年、二一八―二二〇頁〕

この生彩があり共感に満ちた素描は、トゥルゲーネフ、ベリンスキーやその他ゲルツェンの友人たちによってわれわれに残された描写と符合する。それはとりわけゲルツェン自身の散文や評論、あるいは『過去と思索』の表題の下にまとめられた自伝的回想を読む時に受ける印象によって確証される。この回想が残す印象はアンネンコフの忠実な言葉によってさえも伝えられないものである。

当時のすべてのロシア知識人に対してと同様、モスクワ大学に学ぶ青年であったゲルツェンに主として影響を与えたのはヘーゲルである。しかし彼ははじめのうちこそかなりの正統的ヘーゲル主義者であったけれども、自らのヘーゲル主義を独特の、自分だけのものに変えた。それは、いっそう生真面目で衒学的な彼の同時代人たちが有名な教説から引き出した理論的諸帰結とは全く似もやらぬものであった。

彼に対するヘーゲルの主たる影響は、いかなる特定の理論や単一の教義も、人生に対するいかなる単一の解釈も、とりわけ単純で一貫し、立派に構築された図式も、一八世紀の偉大なフランスの機械論的モデルであれ一九世紀のロマン主義的なドイツの諸体系であれ、サン＝シモンやフーリエ、オウエンといった偉大なユートピアンたちのヴィジョンであれ、カベーやルルー、ルイ・ブランの社会主義的プログラムであれ、少なくともそれらが説かれた形においては、恐らく実際的な諸問題の真の解決とはなり得ないであろうという信念であったように思われる。

真の人間的問題に対しては単純な答えも最終的な答えも原理的に存在し得ず、問題が深刻で実際に苦悩を強いるのであれば、答えは決して明快ですっきりしたものではあり得ない。とりわけその答えは、自明の公理の集積から演繹的に導き出された整然とした帰結のうちには決してあり得ない。(この見解をヘーゲルから引き出したのであろうとなかろうと)こう信じていることだけからしても、彼は懐疑主義的であった。

このような不信は、学問における好事家的態度《ディレッタンティズム》と学僧的態度《ブッディズム》と彼が呼んだものについて、一八四〇年代の初めに書かれたゲルツェンの初期の忘れられた諸論文に始まる。その中で彼は二つの種類の知的人格を区別し、そのどちらに対しても非難の言葉を浴びせている。ひとつは森を見て木を見ない、思いつきばかりの素人の知的人格である。ゲルツェンが言うには、そうした素人は、現実の微細な諸事実に衒学的に気をとられすぎて自分の貴重な個性を失ってしまうことを恐れている。それゆえ真の知識を得る能力を発展させることなしに、いつも表面をなでるばかりである。彼はいわば一種の望遠鏡を通して事実を見ているのであり、その結果風船のようにふわふわと漂う巨大な響きのよい一般的結論を除いては何も明確にはならないのである。

もうひとつの種類の学者、即ち学僧型《ブッディスト》の学者は、木に熱狂的に没頭することによって森から逃れる人間である。彼は切り離された小さな一組の事実を研究する熱心な学者になる。そうした事実を、彼は顕微鏡を通して、しかもその倍率をますます高めつつ眺めるのである。そのような人は必ずと言ってよいほど、彼がドイツ人であれば特に(ゲルツェンの嘲笑や侮蔑は殆どすべて憎きドイツ人に向けられている。彼自身が半分ドイツ人であるという事実にもかかわらず、そうなのである)、特定の分野の知識には造詣を深くすることがあるとしても、我慢がならないほどに退屈で尊大、物が見えないほどに俗物的になる。とりわけ人間としては常に虫の好かない人物になるのである。

これら二つの極の間に、何らかの妥協点を見出すことが必要である。ゲルツェンは、もし人生を醒めた態度で距離を置いて客観的に研究するならば、この相対立する理想の間にある種の緊張、あるいは弁証法的妥協とでもいったものを作り出すことが恐らくできるであろうと信じた。なぜなら、そのどちらをも十分に、また両者等しく実現することはできないとしても、そのいずれも完全に放棄されてしまうべきではないからである。このようにしてはじめて、二つの極端のいずれかに遮二無二関わっていく場合よりも人生をいっそう深く理解する能力を人間に与えることができるのであった。

青年時代にゲルツェンが説いていたこうした距離化、中庸、妥協、冷静な客観性という理想は、彼の気質とは根本的に両立し難いものであった。事実間もなく彼は、大いなる凱歌を挙げて、突如として偏愛へと走る。これが十分受け入れられはしないであろうということはわかっていると、彼は明言している。上流社会では頭から受け入れられない諸概念がある。たとえば恐ろしく名誉を汚されてきた人民などというのがまさにそれである。偏愛は、たとえば抽象的正義と比べて、好意的に考えられているものではない。それにもかかわらず、これまで誰も、深く情熱的な偏愛をもたない限り、言うに値することを言わなかったのである。

客観的であり続け、距離を置き、かかずらうことなく、人生の流れに跳び込まないという、冷淡で卑しく、可能でもなければ望ましくもない態度に対する、典型的にロシア的な長い非難の言葉があとに続く。友人であるベリンスキーの情熱的な声が、この成長段階におけるゲルツェンの著作のうちに突如として聞えるのである。

このときに現われ、それ以後の生涯を通じて驚くべき詩情と想像力とによって展開される基本命題は、イデオロギー的抽象物が人間生活に対して恐ろしい力をもつというものである(私が詩情という言葉を使うのは考えがあってのことである。というのは、後年ドストエフスキーがいみじくも言ったように、ゲルツェンについてほかにどんなことが言われようとも、彼は確かにロシアの詩人だったからである。そのことによって彼は、この偏見に満ちた、しかしときとして恐ろしい洞察力を示す批評家の否定的評価を免れた。ゲルツェンの見解や生活様式に対して、当然のことながらドストエフスキーは殆ど好意をもたなかったのである)。

何らかの抽象物の見地から人間の行動を説明しようとし、あるいは人間を抽象物への奉仕者として献げようとするいかなる試みも、正義や進歩、国民性といったようにその抽象物がどれほど高尚なものであったとしても、またそれがマッツィーニやルイ・ブラン、あるいはミルといった非の打ちどころのない利他主義者によって説かれたとしても、常に結局は生贄を献げ人身御供を出すことになるとゲルツェンは明言する。人間は標準的公式や整然たる解釈で割り切れるほどに単純ではないし、人間の生活や関係はそのようなもので割り切るにはあまりにも複雑である。理論的理想の見地から考えられた合理的図式に個人を適応させ適合させようとする試みは、その動機がどれほど崇高であっても、常に結局は人間の恐ろしい不具化、とどまるところを知らぬ政治的生体解剖へと行き着く。ある人々の解放が他の人々の奴隷化という代価を払ってのみ行なわれ、古い暴政が新しい、ときにははるかに恐ろしい暴政によって、たとえば普遍的ローマ教会という奴隷制に対する救済策としての普遍的社会主義という奴隷制を負わせることによって置き換えられるにいたり、その過程は頂点に達する。

ゲルツェンは、自分とフランスの社会主義者ルイ・ブラン(ゲルツェンは彼を大いに尊敬していた)との間に交された典型的な会話を引用している。それは、ゲルツェンがときに自らの最も深い確信を独特の軽い調子で表明したことを示す。会話は五〇年代の初めにロンドンのある場所で行われたものとして描かれている。ある日ルイ・ブランはゲルツェンに、人間の生活は偉大な社会的義務であり、人間は常に自らを社会の犠牲に供さねばならないと述べた。

「なぜ？」と私は唐突に尋ねた。

「『なぜ？』とはどういうことですか〔とルイ・ブランは言った〕。人間のすべての目的と使命が社会の福祉であることは確かでしょう。」

「しかしみなが犠牲を払って楽しむ人がいなくなったら、その社会の福祉は決して達成されないでしょう。」

「あなたは言葉の遊びをしている。」

「未開人の混乱した考え方ですよ」と、私は笑いながら答えた。〔金子訳『過去と思索Ⅱ』筑摩書房、一九六六年、二五五頁〕

この陽気で一見何気ない一節の中で、ゲルツェンは彼の中心的な原理を具体化している。それは、人生の目的は人生そのものであって、曖昧で予言不可能な未来のために現在を犠牲にすることは一種の欺瞞であり、この欺瞞の結果、人間と社会において唯一価値あるものが全面的に破壊され、生きた人間の血や肉が理想化された抽象物の祭壇にむざむざ献ぜられるにいたるという原理である。

当時の最良かつ至純の人々によって、特に社会主義者や功利主義者によって説かれていたことの中心的内容に、ゲルツェンは反感を覚えている。それは即ち、未来における言いようのない幸福のために現在における巨大な苦悩を耐え忍ばねばならず、何百万という人々が幸福になるためには数千の罪もない人々が死を強制されてもよいという、当時においてさえ一般的であり、以来ますます増幅されてきた鬨の声である。人類のためにすばらしい未来が待っており、それは歴史によって保証されていて、現在のどれほど恐ろしい残酷行為さえも正当化するという考え、不可避的な進歩への信仰に基づく政治的終末論のこの馴染み深い一条は、彼には人間の生活に対立する致命的な教義に思われたのである。

この主題についてのゲルツェンのすべての記述のうちで最も深遠にして首尾一貫し、叙述に生彩があるものは、彼が『向う岸から』と名づけ、一八四八年及び一八四九年のヨーロッパ革命に対する幻滅の記念として書いた論集の中に見出すことができる。この論争的な大傑作は、ゲルツェンの信仰告白にして政治的遺言である。その調子と内容をよく伝えるのは、ある世代が遠い子孫の決して確かではない幸福のための単なる手段としての役割を運命づけられてはならないということを彼が明言している特徴的な(そして有名な)一節である。遠くにある目標は詐欺でありまやかしである。真の目標は「せいぜい労働者の賃金、あるいは遂行される仕事の中の喜び」といった、もっと身近なものでなければならない。それぞれの世代の目的はそれ自身である。各々の人生はそれ自体の独自の経験をもつ。その欲望の達成が、新しい必要や要求を、また新しい生活形態を作り出すのである。自然は人間とその必要とに無関心であってそれらを頓着なしに押し潰す、と彼は(恐らくはシラーの影響の下に)明言する。歴史は計画や脚本をもつか。もしそうであれば、「それはあらゆる興味を失い、……退屈で滑稽なものになるであろう。」時間表も秩序づけられた型もない。あるのはただ、「生の流れ」、情熱、意志、即興だけである。道が存在することもあれば存在しないこともある。道がないところには、「天才が小道を切り開いていくであろう。」

しかし誰かがこう尋ねることがあればどうか。「こうしたことすべてが突然終わってしまったとしたら？　彗星がわれわれに衝突し、地球上のあらゆる生命に終わりをもたらすとしたら？　歴史は無意味にならないだろうか。こうした議論すべてが突如として空しく終わるだろうか。もし何か神秘的な、全く説明のつかない事件が起って、われわれのあらゆる努力、あらゆる血と汗と涙が突然に、説明のつかない狂暴な結末を迎えるならば、それはそうしたものすべてに対する残酷な嘲笑ではないだろうか」と。ゲルツェンは、こうした見地から考えることは大変に卑俗なことであり、人間の数のみを重視する卑俗な考え方であると答える。ひとりの人間の死は、全人類の死と同様に不条理であり理解不可能である。それはわれわれが受け入れている神秘である。単にそれを莫大な数にまで増大させ、「何百万という人間が死ぬとしたら?」などと問うたところで、それをいっそう神秘的にするわけでも、恐ろしくするわけでもないのである。

自然の中には、人間の魂の中と同じように無限の可能性や力が眠っており、適当な条件さえ揃えば……それらは発達する。猛烈に発達するであろう。世界を満たすかも知れない。あるいは路傍に倒れるかも知れない。新しい方向をとるかも知れないし、立ち止まるかも知れない。崩壊するかも知れない。……自然は何が起ろうと全く無関心なのだ。〔外川訳『向う岸から』現代思潮社、一九七〇年、五三―五四頁〕……〔しかしそこでこのように問われるかも知れない〕こうしたことすべては何のためなのでしょうか。人々の生活は下らない遊戯になってしまいます。……人々は小石や砂で何かを築くけれども、結局それはすべて再び崩れ落ちてしまう。すると人間は廃墟の下から這い出してきて、再びその場所を片付け始め、苔や板切れや壊れた柱頭で小屋を立てる。そして何世紀にもわたる際限のない苦労ののち、またしてもそれはすっかり崩壊するのです。……シェイクスピアは、歴史は白痴によって語られる退屈な話だと言いましたが、もっともなことです。……

……〔これに対して私は答える〕君はまるで……「人間は死ぬためにだけ生まれてきた」ことを思い出すたびに涙を流す、ひどく感じやすい人々のようだ。結末だけを見て行為そのものを見ないのは基本的な誤りだ。鮮やかに咲く大輪の花は植物にとって何の役に立つだろうか。消え去ってしまうだけの、あのうっとりするような匂いは何の役に立つだろうか。何の役にも立ちはしない。しかし自然はそれほどけちでもなければ、はかないもの、今だけのものを軽蔑することもない。自然はあらゆる点で、達成し得ることをすべて達成する。……花が朝開いて夕べに萎れるからといって、バラやユリが石の硬さを与えられなかったからといって、誰が自然を咎めるであろうか。このみじめで散文的な原理を、われわれは歴史の世界にも妥当させることを望む。……生は〔文明の〕空想や観念を実現する義務を負わない。……生は新しいものを愛する。……

……歴史が繰り返すことはめったにない。歴史はあらゆる偶然を利用し、一度に何千という扉を叩く。いずれの扉が開かれるかは……誰にもわからないのだ。〔同書、四三―四五頁〕

さらに、次のように言う。

人間には気に入ったものは何でも保存しておきたいという本能的な情熱がある。人は生まれ、それゆえ永遠に生きたいと思う。恋をすれば愛されることを、最初に告白した瞬間と同じように永遠に愛されることを願う。……しかし生は……何の保証も与えない。生は生存や快楽を保証することもなければその継続に責任を負うこともない。……歴史の各瞬間は充実し、美しく、それぞれの仕方で完結している。一年一年にそれぞれ春夏秋冬があり、嵐の吹くこともあれば好天に恵まれることもある。すべての時代は新しく、新鮮で、それぞれの希望に満ち、それぞれの喜びと悲しみをうちに包み込んでいる。現在は現在のものだ。それなのに人間はこれに満足せず、愚かにも未来をもまた自分のものにしようとする。……

歌手のうたう歌に、どんな目的があると言うのか。……もし君が楽しむことのほかに、歌の中に何か別のもの、別の目的を探すならば、歌手がうたうことをやめる瞬間が訪れたとき、君は思い出と空しい悔恨を抱くばかりであろう。なぜなら君は、耳を傾ける代りに何かほかのものを待っていたからだ。……君は生の流れを捉えるのにふさわしくない範疇によって惑わされている。君〔彼はマッツィーニや自由主義者や社会主義者のことを言っている〕が求めていることうした目的とは何か。それは予定表か、命令か。誰がその命令を考えたのか。誰に対してそれが与えられたのか。それは避け難いものか、そうではないのか。もしそうだとすれば、われわれは操り人形にすぎないのか。……われわれは精神的に自由なのか、それとも機構の中の歯車なのか。私は人生を、それゆえに歴史を、何かほかのものの手段としてでなく達成された目的として考えたい。〔同書、四六―四七頁〕

そして、

われわれは、子供が大人になることから、子供の目的は大人になることだと考えています。

しかし子供の目的は遊ぶことであり、楽しむことであり、子供であることです。もしわれわれが行き着く先だけに目を向けるならば、生きとし生ける物の目的は死ぬことにあります。〔同書、一四〇頁〕

これがゲルツェンの中心的な政治的・社会的命題である。それはこれ以後ロシア急進主義思想の潮流の中に、急進主義の反対者たちがしばしば急進主義非難の口実とした過度の功利主義に対する解毒剤としてはいってくる。歌手の目的は歌であり、人生の目的はそれを生きることである。すべては過ぎ行くけれども、過ぎ行くものはときにはあらゆる苦しみに対し、巡礼者に報いるやも知れない。ゲーテはわれわれに、何の保証も確かな安全もあり得ないと言った。人は現在に満足できるはずである。しかししていない。人は今日の美を拒み、成就を拒む。未来をもまた自分のものとせねばならないがゆえに。ゲルツェンはこのように答えた。マッツィーニのように、あるいは当時の社会主義者たちのように、民族、人類の文明、社会主義、正義、人間性といったもののために、最高の犠牲と苦悩を、現在でなければ未来に、要求する人々すべてに対して。

ゲルツェンはこのような要求を激しく拒んだ。自由のための闘争の目的は明日の自由ではなく今日の自由、自分自身の個人的目的をもった生きている諸個人の自由である。その目的のために彼らは行動し、闘い、恐らくはそれに殉ずるであろう。それは彼らにとって神聖である。未来における曖昧な幸福には保証もあり得ず、それについてわれわれは何も知らない。それは砂上に建った巨大な形而上学的構築物の産物にすぎず、そのために何の論理的・経験的保証も、それ以外の合理的保証もない。そんな幸福のために自らの自由や仕事を押し潰し、目的を破壊することは、第一に盲目的である。なぜなら未来は不確実だからである。第二に背徳的である。なぜならそれはわれわれの知っている限りの道徳的諸価値に悖るからであり、自由、幸福、正義といった抽象物、熱狂的な一般論、神秘主義的な響き、偶像化された語群の名において、人間的な要求を踏みにじるからである。

なぜ自由が貴重なのか。それがそれ自体目的だからであり、それが自由だからである。それを何かほかのものの犠牲に供することは、人身御供の行為を行なうことでしかないのである。

これがゲルツェンの根本命題である。ここから彼は、現代の最も深い悲惨のひとつは現実ではなく抽象物にさらわれることであるという系を展開する。これをゲルツェンは、彼の周囲にいた西欧の社会主義者や自由主義者(僧侶や保守主義者のような敵たちは言うまでもなく)に対して主張するばかりか、親しい友人であるバクーニンに対してもいっそう強く主張する。バクーニンは、不分明で混乱している遠い諸目標のために、拷問や殉教をも含む暴力的反逆を引き起すことを主張したのである。ゲルツェンにとっておよそ人間が犯し得る最大の罪のひとつは、道徳的責任を自分自身の肩から予言できない未来の肩に移そうとし、決して起らないかも知れぬものの名において、今日、罪を犯すことである。もし何か利己的な目的のために行なわれるならば極悪非道であることを否定する者は誰もいないであろうに、そう見えないのはただ、遠くにあって触れることのできないユートピアへの信念によって正当化されているからにすぎない罪を。

専制支配、特にロシアの体制に対する憎悪にもかかわらず、ゲルツェンは終生、同様に致命的な危険が自分の社会主義的・革命的同盟者からも迫っていることを確信していた。彼がそう信じたのは、友人の批評家ベリンスキーとともに、彼もまた単純な解決が実現可能であると信じていたときがあったからである。サン＝シモンやプルードンによって漠然と予示された世界のような、何か偉大なシステムがそのような解決を提供する。もし社会生活が合理的に規制され秩序づけられて明快で整然とした組織が作り出されるならば、人間の諸問題は最終的に解決し得るであろう。過去にはゲルツェンもそう信じたのである。ドストエフスキーはかつてベリンスキーについて、彼の社会主義は「比類なく堅固な新しい基礎の上に立った、前代未聞なほどに壮麗な」すばらしい生活への素朴な信念にすぎないと言った。ゲルツェンはかつて自分がこの基礎を(素朴で絶対的な信念をもってでは決してなかったにしても)信じていたがゆえに、またこの信念がぐらついてきて、彼が偶像視していた人々の殆どすべてが、結局思いもよらぬ弱点を抱えたものであることが判明した、一八四八年及び一八四九年の恐ろしい大変動においてそれが完全に破壊されたがゆえに、自らの過去を異常に激しい憤りをこめて非難した。彼は次のように書いている。われわれは立ち上がって暴君を粉砕するよう大衆に求めている。しかし大衆は個人の自由や独立に対して無関心であり、才能に対して懐疑的である。「彼らは、……自分たちの利益に反せず、それに沿って統治する……政府を欲する。しかし自分たち自身を統治することには彼らは考え及ばない。」「王冠を軽侮するだけでは十分でない。フリジア帽の前で畏敬の念に満たされてはならない。」彼は一枚岩的で抑圧的な共産主義的牧歌について、また野蛮な「徒刑囚の平等」について、カベーのような社会主義者たちの「強制労働」について、破壊するために行進する野蛮人たちについて、辛辣な嘲りをこめて語っている。

誰がわれわれの息の根を止めるのか。王権の年老いた野蛮か、共産主義の荒々しい野蛮か。血に濡れたサーベルか、赤旗か。……

……共産主義は激しい嵐となって世界を駆け抜けるだろう。恐ろしい、血まみれの、正義を顧みぬ、迅速な嵐となって。……

〔われわれの〕諸制度は……プルードンが婉曲に述べているように、廃されるだろう。……私は〔文明の死を〕残念に思う。しかし大衆はそれを惜しがりはしないだろう。文明から涙と窮乏、無知と屈辱以外の何物をも与えられなかった大衆は。〔『ゲルツェン著作集』第五巻、モスクワ、一九五五年、二一一—一七頁〕

彼は抑圧者たちを恐れる。しかし彼は解放者たちをも恐れる。ゲルツェンが解放者たちを恐れるのは、彼にとって連中は、信仰の時代の宗教的狂信者の世俗的嗣子だからである。融通のきかない図式を、即ちあらゆる人間の悪のための、唯一可能な矯正策として人類に着せたいと望む拘束服をもつ者は誰でも、窮極的には自由な人間にとって耐え難い状況を作り出すことは確実だからである。自由な人間とは、自己を表現することを欲し、自らの資質を発展させる分野をもつことを欲し、独自性や自発性、自己表現への自然な衝動を、それらがほかの人間によって保有されている場合にも、尊重する用意のある、彼自身のような人々のことである。彼はこれをペトログランディズム、即ちピョートル大帝の方法と呼ぶ。彼はピョートル大帝を称讃する。彼がピョートル大帝を称讃するのは、ピョートル大帝が少なくとも中世ロシアの封建的硬直性を、暗黒の夜を覆滅したと考えるからである。何もしないでいることなく、あえて何かをしたがゆえに、彼はジャコバン派を称讃する。それでもペトログランディズム、アッティラの行動、一七九二年の公安委員会の行動といった、単純で急進的な解決の可能性を前提する諸方法の使用が常に結局は抑圧や流血、崩壊にいたることを彼ははっきりと知っているし、年を重ねるにつれてますます自覚するようになった(彼は一八六〇年代の末に書かれた「古い友へ」の、即ちバクーニンへの公開書簡の中で、こうしたことすべてを際立った明瞭さで述べている)。熱狂的信念に鼓舞された行為に対して、年若く無邪気な時代になされた正当化がどのようなものであれ、一九世紀を生き抜き、実際に人間をかたちづくるもの、即ち人と制度との複雑で曲がりくねった織り地を見てきた者は誰もこのように行動する権利をもたないということを、彼は明言している。進歩は歴史的変化の実際の歩調や社会の実際の経済的・社会的必要に自らを合わせねばならない。なぜならブルジョアジーがその歴史的役割を果し終える前に彼らを暴力革命によって抑圧することは――ブルジョアジー、とりわけ卑しく貪欲で俗物的なパリの金融ブルジョアジーほど彼が軽蔑したものは何もなかったけれども――ブルジョア精神及びブルジョア的諸形態が生き延びて新しい社会秩序に入り込むことを意味するにすぎないだろうからである。「彼らは〔監獄の〕壁を変えることなしに、それに新しい機能を与えることを欲している。まるで牢獄のための計画を、自由な生活のためにも用い得るかのように。」自由な人々の住む家を、監獄建築の専門家が建てることはできない。そして、ゲルツェンが誤っていたことは歴史が証明したと、誰が言うであろうか。

ブルジョアジーに対する彼の嫌悪は狂おしいほどであるが、それでも彼は暴力的な大変動を欲しはしない。それは不可避であるかも知れない。それは生じるかも知れない。しかし自分はそれを恐れると、ゲルツェンは考えている。ブルジョアジーは彼にとってはフィガロ〔フランスの劇作家ボーマルシェ(一七三二―九九)の喜劇の主人公〕の、ただし太って羽振りのよくなったフィガロの集まりのように見える。一八世紀にはフィガロはたしかに隷従のしるしである仕着せを着ていた。しかしそれはなお彼の肌とはなっておらず、脱ぐことのできるものであったとゲルツェンは明言する。フィガロの肌は少なくとも胸を高鳴らせた反逆する人間のそれであった。しかし今日では彼は勝利を収めた。フィガロは大金持になった。彼は裁判官であり、司令官であり、共和国の大統領である。フィガロは今や世界を支配する。しかも何と、仕着せはもはや単なる仕着せではない。それは彼の皮膚の一部となった。脱ぐことはできない。それは彼の生きた肉の一部となった。

高潔な革命家たちの抗議の的となった一八世紀における不快で下品なものすべては、成長して、今やわれわれを支配している卑しい中間階級の連中の身に具わった生地となった。それでもわれわれは待たねばならない。バクーニンが欲するように連中の頭を切り落しただけでは、新しい暴政と新しい隷従、反逆した少数者の多数者に対する支配、あるいはさらに悪いことには、多数者の、それも一枚岩的多数者の少数者に対する支配、即ちジョン・ステュアート・ミルが、ゲルツェンの見るところでは正当にも、凡庸な人々の集団と呼んだものの支配に至り得るばかりである。

ゲルツェンが価値を置くものははっきりしている。彼は自由な人々の様式のみを、大らかで寛容、打算的でないもののみを好む。彼は矜恃や独立、暴君への抵抗を称讃する。彼は挑戦的であるがゆえにプーシキンを称讃する。あえて苦しみ、あえて憎むがゆえにレールモントフを称讃する。彼は反動的な敵対者であるスラヴ派さえも是認する。少なくとも彼らは権威を嫌い、ドイツ人を受け入れようとはしないがゆえに。廉直であり、ドイツの学者や政治権力の隊伍を組んだ軍勢に向かって真理を語ったがゆえに、彼はベリンスキーを称讃する。社会主義の教義は、彼には資本主義や中世、初期キリスト教徒の教義と同様息苦しいものに思われる。

彼が何よりも憎んだのは公式による専制、即ち現実の経験に基礎をもたない先験的諸原理と言うべきものからの演繹によって到達した秩序に人間を従属させることであった。だからこそ彼は、新しい解放者をあれほど深く恐れたのである。彼は、「もし人々が人類を解放する代りに自分たち自身を解放しようと欲しさえすれば、彼らは人間の自由のためにきわめて多くをなすであろう」と言う。彼はより多くの個人的自由を求める自らの永遠の願いが、社会の原子化の種子を孕んでいることと、組織化と個人の自由という二つの大きな社会的必要の間で妥協が見出されねばならないことを知っていた。その妥協とは、個人が自己を表現することができ、それでいて全く原子化してしまうことはあり得ないという、そのような最小限の領域を維持する何らかの不安定な均衡である。そして彼は、自らエゴイズムの価値と呼ぶものを声を大にして求めている。われわれの社会を脅かす大きな危険のひとつは、利他主義の名において、また多数者を幸福にするために考えられた手段の名において、諸個人が私心なき理想主義者たちによって馴致され抑圧されることであろうと彼は明言している。新しい解放者たちが過去の異端審問官に似ているのはもっともである。過去の異端審問官たちは、罪もないスペイン人、オランダ人、ベルギー人、フランス人、イタリア人の群れを火刑場に送り、「それから穏やかに、平静な良心と義務を果したという思いを胸に、人肉の焼ける臭いをなお鼻に残しながら家に帰り」、そして眠った。一日の仕事を立派にやり終えたあとの、何のやましさもない人々の眠りであった。エゴイズムを無条件に非難することはできない。エゴイズムは悪徳ではない。エゴイズムは動物の目にきらりと現われる。道徳家たちはエゴイズムに基礎を置くのでなく、それに対して勇ましく非難を加える。道徳家が否定しようとするのは人間の尊厳の偉大な内面の砦である。「彼らは人々を、奴隷にされることを求める、涙もろく感傷的で退屈、親切な生き物にしたがっている。……しかし人の心からエゴイズムを切り離すことは、彼から生きた原理、あるいは個性の酵母や塩を奪うことである。」幸いこれは不可能である。もとより自己主張を試みることはときには自殺的である。行進する軍隊が降りようとしている階段を昇ろうとすることはできない。それをするのは暴君であり、保守主義者であり、愚か者であり、犯罪者である。「人間の利他主義を破壊するならば、狂暴なオランウータンになる。しかし人間のエゴイズムを破壊するならば、おとなしい猿ができる。」

人間の諸問題はあまりにも複雑であるから、単純な解決を求めることはできない。ロシアの農民が少なくともヨーロッパのプロレタリアートやブルジョアジーの、人を歪める都会的な悪徳に感染していないことを信じていたがゆえに、ゲルツェンが「避雷針」として深く信頼したロシアの農村共同体さえも、彼が指摘するように、結局ロシアを隷従から守りはしなかった。自由は多数者の好みには適わない。ただ教養ある人々の好みに適うばかりである。社会の福祉にいたる保証済の方法や確かな道はない。われわれは最善を尽すべく試みねばならない。失敗することは常にあり得るのである。

根本的な諸問題は恐らくは解決不可能であって、なし得ることはただ、それらを解決しようと試みることのみである。しかし社会主義的特効薬のうちにも、人間が作り出した他のどんな構築物のうちにも、何の保証もない。私生活においても公共生活においても、幸福や合理的生活が達成され得るという何の保証もない。ゲルツェンの思想の核心にあるのはこのような観念である。理想主義と懐疑主義とのこの奇妙な結合は、彼のすべての著作に一貫している。それはエラスムスやモンテーニュ、モンテスキューの見解と異なってはいない。たしかに彼の場合には激烈ではあったけれども。

ゲルツェンは小説を書いた。しかしその大部分は忘れられている。彼は天性の小説家ではなかったからである。彼の書いた物語は、友人のトゥルゲーネフのものに比べれば格段に見劣りがする。しかし両者の間には共通点がある。というのは、トゥルゲーネフの小説を読むと、そこでもまた、人間の諸問題が解決可能なようには扱われていないことに気づくからである。『父と子』のバザーロフは苦しんだ挙句に死ぬ。『貴族の巣』のラヴレツキーは、小説の結末で憂鬱な不確かさの中に取り残される。それは、その気になればできたはずのことをやらなかったからでも、手近な解決があるのに誰かがただそれを考えつかなかったり適用を拒んだりしたからでもなく、カントがかつて言ったように、「人間性という曲がった材木から真っすぐなものを作ることは決してできない」からである。すべては、幾分かは境遇の罪であり、幾分かは個人の性格の罪、そして幾分かは人生そのものの性質による。このことから顔をそむけてはならない。それを述べねばならない。恒久的な解決が常に可能だと考えることは卑俗であり、ときには罪である。

ゲルツェンは『誰の罪か』と題する小説を書いた。前に述べた「余計者」のひとりがとある田舎町で、人格者で理想家ではあるが愚鈍で単純な夫と結婚している女性に恋をする、典型的な三角関係の悲劇を扱った小説である。大した小説ではないし、筋立ても詳しく話すほどのことはない。しかし主要な点は、状況が原理的に何の解決ももたないということであり、それこそがゲルツェンに特徴的なものなのである。恋人は傷ついた心のまま取り残され、人妻は病気になり、恐らくは死ぬであろう。彼女の夫は自殺を考える。典型的に陰鬱で病的に自己中心的な、ロシア小説の戯画のように思われる。しかしそうではない。この小説は感情的及び心理的な状況の、すぐれて繊細・克明で、ときに深みのある描写に基づいている。その状況たるや、スタンダールの理論も、フロベールの方法も、ジョージ・エリオットの深みや道徳的洞察も適用することができないのである。それらはあまりにも文学的であって、人生の混沌には適合しない強迫観念や倫理的教説から引き出されているように見えるがゆえに。

ゲルツェンの見解の核心に（そしてトゥルゲーネフの見解の核心にも）あるのは、基本的諸問題が複雑で解決不可能であり、それゆえ政治的あるいは社会学的な道具によってそれらを解決しようとすることは無意味であるという考えである。しかしゲルツェンとトゥルゲーネフとの間には以下のような相違がある。トゥルゲーネフは内奥のあり方において、なるほど冷酷ではないけれども、冷淡で距離を置き、ときにはかすかに嘲りの色を浮かべ、人生の悲劇を比較的遠い観点から眺める観察者である。異なった観照高地の間で、社会の要求と個人の要求どの間で、愛の要求と日常生活の要求との間で、英雄的徳と現実的懐疑主義との間で、ハムレットの道徳とドン・キホーテの道徳との間で、効率的な政治組織の必要と個人的な自己表現の必要との間で動揺し、心地よい不決断や同情的な憂鬱の状態にとどまったままであり、皮肉を好み、シニシズムや感傷を免れ、感受性に富み、潔癖なほどに誠実で、どちらかに態度を決めることはない。トゥルゲーネフは、人格神であれ非人格神であれ、神というものを完全に信じることもなければ全く信じないということもなかった。宗教は彼にとって、愛やエゴイズムや快感と同様人生の自然な要素である。彼は中間的な位置にとどまることを楽しんだ。彼には信じようという意志があまりにも欠けていた。傍観者であったがゆえに、平静な状態でものを考えたがゆえに、彼は完成された類の大変な文学的傑作、前段、中段、後段と、それぞれにうまく構成され、穏やかな回想の中で語られた、完成度の高い物語を生み出すことができた。彼は自分と自分の芸術との間に距離をとった。彼は人間として、解決のことに深く注意を払わなかった。彼は独特の冷淡さで人生を眺めた。そしてそれがトルストイをもドストエフスキーをも激怒させたのである。彼は一定の距離を置いて材料を扱う芸術家の精妙な展望を得た。彼と彼の材料との間には隔たりがあるのであり、その中においてのみ、彼の一種特別な詩的創造が可能になるのである。

これに反してゲルツェンは、あまりにも激しく心を煩わせた。彼は自分自身のための、自分の個人的生活のための解決を探していた。彼の小説はたしかに失敗であった。彼は小説の中に、あまりにも激しく自分自身を押し入れる。自分自身と、自らの苦悩せる観点を。他方、彼の自伝的素描は、彼が自分自身や友人について包まず書くとき、またイタリア、フランス、スイス、イギリスでの生活について語るときには、胸を高鳴らせる迫真性、臨場感や現実感がある。そうしたものは一九世紀の他のどの作家も全く伝えてはいない。彼の回想は、絶対的な自己開示の能力を伴う批評及び叙述の天才が現われた作品である。そのような能力を獲得し得るものがあったとすれば、それはただ、高貴さと滑稽さの双方に対する例外的な感覚と、虚栄や教説からの稀な自由をもち、驚くほど想像力に富み、感受性が強く、絶え間なく反応する個性のみであろう。回想記の作者としては、彼には並ぶ者がない。イギリスの、あるいはむしろイギリスにおける彼自身の素描は、ハイネやテーヌのものにまさっている。このことを証明するためには、イギリスの政治裁判、たとえばウィンザー公園で命がけの決闘をしたかどで外国の陰謀家たちを法廷で裁いている判事が彼の目にどのように映ったかについての、彼のすばらしい報告を読むだけでよい。フランスの仰々しいデマゴーグや陰鬱な熱狂者たちに対して、またこの興奮しいくらか異様な亡命者社会を、ヴィクトリア時代中期のイギリスの鈍重で堅苦しく威厳のある諸制度から分つ越え難い深淵に対して、彼は生彩ある楽しい描写を与えている。イギリスの諸制度は、オールド・ベイリー〔イギリス中央刑事裁判所の異名〕の裁判長の姿に象徴されている。この裁判長は白い鬘をかぶり、長いスカートをはいて、角張った小さな狼の如き顔、薄い唇、鋭い歯をしており、気を許させるような女性的な巻き毛に包まれた顔から見かけだけの慈愛の気配をこめてちょっとした厳しい言葉を発するために、『赤ずきん』に出てくる狼のように見える。彼はお祖母さんのように優しい老婦人の印象を与えていながら、きらきら光る小さな目と、冷淡で辛辣な、意地の悪い法律的ユーモアによって正体をあらわすのである。

ゲルツェンは、彼の嫌いなドイツ人亡命者や、称讃するイタリアやポーランドの革命家の古典的肖像を描き、イギリス国民とフランス国民といったような国民間の相違についてのちょっとした素描を与えている。どちらの国民も自分が世界で最も偉大な国民だと考え、いささかも折れようとせず、相手の理想を理解しようともしていない。フランス人には社交性、明快さ、説教者振り、きちんと形式を整えた庭園が、対するイギリス人には孤独や暗い抑圧されたロマン主義、古く非論理的ではあるが根柢から文明的でありまた人間的である、絡まり合った下草の如き諸制度といったものがある。そして次はドイツ人である。ドイツ人は自分たちを、イギリス人という優れた実をつけた同じ木の劣った果実であると考え、イギリスに来て三日と経たないうちに「『ヤー』の代りに『イエス』と言い、余計なところで『ウェル』と言う」とゲルツェンは明言している。彼もバクーニンも最も鋭い嘲罵をとっておくのはいつもドイツ人のためにである。それは個人的な嫌悪からと言うよりはむしろ、ドイツ人が彼らにとって、中間階級的で拘束的、俗物的で粗野なものすべてを、また歴史の偉大な征服者たちの寛大で堂々たる暴政よりも美学的にはいっそう不快な、陰鬱で狭量な教練軍曹の卑しい専制支配を表わしているように思われたからである。

彼らが良心によって立ち止まらせられる所では、われわれは警官によって立ち止まらせられる。われわれの弱さは算術的である。だからわれわれは屈服する。彼らの弱さは代数的な弱さである。それは公式そのものの一部である。〔金子訳『ロシャにおける革命思想の発達について』岩波書店、一九七四年、一八頁〕

これはバクーニンによって一〇年ののちに繰り返された。

イギリス人やアメリカ人が「私はイギリス人だ」とか「私はアメリカ人だ」とか言うとき、彼らは「私は自由人だ」と言っているのである。ドイツ人が「私はドイツ人だ」と言うとき、彼は「……わが皇帝陛下はいかなる皇帝よりも強く、私を押えつけるドイツ兵は諸君のすべてを押えつけるだろう……」と言っているのである。〔左近訳「国家制度とアナーキー」『バクーニン著作集6』白水社、一九七三年、二七三頁〕

この種の包括的な偏見、民族や階級全体に対するこうした非難の文章は、この時期の多くのロシア作家に特徴的である。それらはしばしば誤った前提に立ち、不当であり、乱暴なほどに大袈裟である。しかしそれらは抑圧的環境に対して憤りをもってする反応の、またそれらを今なお生き生きした読み物たらしめている偽りのない、きわめて個人的な道徳的ヴィジョンの真正な表現である。

不敬、皮肉、最終的解決に対する不信、人間は複雑で脆いものであり、型や拘束服に無理にはめ込もうと試みることによって損われるその構造の不規則性そのもののうちに価値があるという確信、加えて、急進的であれ保守的であれ、生真面目で衒学的な人類の救済者が絶えず作り出している融通のきかない社会的・政治的図式をすべて打破することに覚える抑え難い喜び——こうしたもののために、不可避的にゲルツェンは、あらゆる陣営の真摯で熱心な人々の間で不人気になった。この点で彼は懐疑的な友人トゥルゲーネフに似ていた。トゥルゲーネフは、どれほど「非科学的」であっても真実を語りたい、たとえ一般に受け入れられた啓蒙的な観念の体系に適合しなくとも、心に強く訴えることを言いたいという欲求に抗することができなかったし、抗したいとも思わなかったのである。ある人が進歩や革命の側にいるから、彼には真理を抑圧したり、真理が実際よりも単純であると考えているふりをしたり、ある解決が明らかにうまくいきそうもないように見えるのに、そう言ったのでは敵に助けや慰めを与えることになるからというだけで、それがうまくいくと考えているふりをしたりする神聖な義務があるという見解を、彼らはふたりとも受け入れなかった。

党派や教説に対してこのように距離を置き、独立した、ときに混乱を生ぜしめる判断を口にする傾向があったために、ゲルツェンにもトゥルゲーネフにも激しい批判が加えられ、彼らの立場は困難になった。トゥルゲーネフが『父と子』を書いたとき、彼は当然のことながら左右両方から攻撃を受けた。彼がどちらの側を支持しているのか、どちらにもはっきりわからなかったからである。はっきりしない性質は、特にロシアの「新しい」青年たちを苛立たせた。彼らはトゥルゲーネフを激しく攻撃した。あまりに自由主義的で、教養があり、皮肉好きで、懐疑的であることに対して。また政治的感情の不断の動揺により、過度の自省により、参加もせず敵に対する宣戦布告もせず、代りに逃避や小さな裏切りを重ねるに等しい行いをすることによって、高潔な理想主義を掘り崩していることに対して。彼らの敵意は「四〇年代人」全体に、特にゲルツェンに向けられた。彼は正当にも「四〇年代人」の最も生彩ある、最も手強い代表者とみなされていたのである。一八六〇年代の厳格で野蛮な若い革命家たちに対する彼の答えは甚だ特徴的である。新しい革命家たちがゲルツェンを攻撃する理由としたのは次のようなことであった。古い生活様式への懐古趣味的な愛。貴族であり富裕であること。安楽に暮らし、ロンドンに落ち着いてロシアの革命的闘争を遠くから観察していること。周りにはむさ苦しさ、みじめさ、辛さ、不正ばかりがあるというのに、ただサロンで談じ、思索し、哲学していた世代のメンバーであること。そして、木を伐り倒したり長靴を作ったりといった真面目な肉体労働に救いを求めようともしなければ、苦しめる大衆と一体化するために「具体的」で現実的な行動をとろうともせず、立派な教育を受けた、高貴な生まれの、同じく無気力な青年たちと、裕福な婦人の居間で際限もなく勇ましいお喋りをし、放縦に流れ、逃避し、世の中の恐怖や苦悩に対してわざと目をつぶっていること。

ゲルツェンは論敵たちを理解してはいたが、妥協することは拒んだ。彼は汚なさよりも清潔さを、暴力や厳格さよりも上品さや優雅さ、美しさ、慰めを、劣悪な文学よりは優れた文学を、散文よりは詩を、好まずにはいられないことを認める。普通言われる彼のシニシズムや「唯美主義」にもかかわらず、彼は悪党だけが物事を成し遂げ得るとか、人類を解放し地上に新しいいっそう高貴な生活形態を作り出す革命を成就するためには粗野で不浄で野蛮で暴力的でなければならず、文明や人々の権利を鉄を打った長靴で踏みにじらねばならないとかいったことを認めようとしない。彼はこれを信じない。信じなければならない何の理由も認めない。

革命家の新しい世代に関して言えば、彼らは無から生じたわけではない。彼らについてはゲルツェンの世代に責任がある。ゲルツェンの世代は一八四〇年代の無為なお喋りによって彼らを生んだのである。この連中は四〇年代人に対して世の中の仇を討つようになった人々――「わが国の革命的情熱の梅毒」である。新しい世代は古い世代にこう言うであろう。「あなた方は偽善者だ。われわれは冷笑家になろう。あなた方は道徳家のように語った。われわれは悪党のように語るだろう。あなた方は目上の者に対しては丁重であり、目下の者に対しては無作法だった。われわれは誰に対しても無作法にふるまうだろう。あなた方は尊敬の念ももたずに頭を下げる。われわれは押したり突いたりしても何の言い訳もしないだろう。……」彼は要するに、組織的な愚連隊は何も解決することができないと言うのである。文明、即ち善と悪、高貴と卑賤、価値と無価値が異なるという認識が維持されないならば、また気むずかしく同時に勇敢で、言いたいことを自由に言い、名前のない大きな祭壇に命を献げてしまわず、破壊のために行進する野蛮人の非人格的で巨大な灰色のかたまりに身を沈める人々がいないならば、革命が起ったところで何になろうか。好むと好まざるとにかかわらず、革命は起るかも知れない。しかし邪悪な旧世界を一掃した結果、新しい専制のほかには何の土台ともなり得ない廃墟や悲惨しか残さないであろう野蛮人たちの勝利をなぜ歓迎せねばならないのか。いわんやそのために働くことにおいてをやである。「ロシア文学がロシアの生活に対して起草してきた長大な起訴状」は、古い俗物主義の代りに新しい俗物主義を要求しているのではない。「悲しみ、懐疑、皮肉……ロシアの竪琴のこれら三本の弦」は、新しい唯物論者の粗野で卑俗な楽観主義よりも現実に近い。

ゲルツェンの最も一貫した目的は個人の自由の維持である。それは彼がかつてマッツィーニに宛てて書いたように、青年時代のそもそもの始めから彼が戦ってきたゲリラ戦の目的である。ゲルツェンを一九世紀における特異の人物たらしめたものは、彼のヴィジョンの複雑さであり、彼が自分の理想よりも単純で基本的な、角逐する諸々の理想の諸原因と性質を理解した度合である。彼は何が急進主義者や革命家を作ったか、そしてある程度正当化したかを理解していた。同時にゲルツェンは彼らの教説のぞっとする諸帰結を把握していた。彼はジャコバン派に厳格で高貴な偉大さを与え、旧世界の地平線上に彼らを引き上げる道徳的気高さを付与するものに対して十分な共感を覚えていたし、それに対する深い心情的理解を有していた。その旧世界は彼にとっては魅力的であったけれどもジャコバン派によって容赦なく押し潰されていたのである。彼は旧体制の下で押し潰された国民諸層の側の悲惨さ、圧迫感、息苦しさ、恐ろしい非人間性、正義を求める悲痛な叫びを知りすぎるほど知っていた。同時に彼は、こうした虐待に対して仕返しするために生起した新世界が、たとえ思い通りになったとしてもそれ自体の行き過ぎを引き起し、何百万という人間を無益な相互殺戮に駆り立てるに違いないことを知っていた。ゲルツェンの現実感覚、特に革命の必要とその代価に対する感覚は、当時において、また恐らくどのような時代においても独特である。当時の決定的な道徳的・政治的諸問題に対する彼の感覚は、一九世紀の大半の職業的哲学者のそれよりもはるかに限定的であり具体的である。職業的な哲学者はともすれば自分たちの社会の観察から一般原則を引き出そうとし、彼らが意見や原則や行動形態を整備するために用いようとする整然たる範疇によって定式化された諸前提から合理的方法によって演繹される解決を勧めた。ゲルツェンは時論家でありエッセイストであった。若い頃に受けたヘーゲル主義的な訓練も、時論家として、エッセイストとしての彼を抹殺してはいなかったのである。彼は学問的分類の趣味などは全く持ち合わせていなかった。彼は社会的・政治的な窮状の「内面的な感じ」に対する独特の洞察力をもち、併せて分析と説明の非凡な能力をもっていた。それゆえ暴力革命を支持し、また(「ニヒリスト」的批評家のピーサレフがかつて修辞的な効果を狙って言ったように)シェイクスピアのすべての戯曲よりも一足の長靴のほうが価値があると言うべきだとし、さらに大衆は食物や住み家、衣服を必要としているのに選挙権やスローガンを与える自由主義や議会主義を非難すべきであるという、感情的な主張と知的な主張の双方を彼は理解し、述べたのである。そして隷従に立脚する文明の美的価値、さらには道徳的価値さえも、それに劣らず鮮やかにかつ明瞭に理解した。そのような文明においては神聖な傑作を生み出すのは少数者であり、少数の人々のみが永続性のある生活形態や、われわれの時代が滅びるときにもながらえ得る作品を生み出すことのできるような自由と自信、想像力と才能をもっているのである。

この奇妙な二面性。自由主義者と保守主義者が、革命と民主主義に非難を加えて悦に入っているのに対し、憤然として両者を擁護するかと思えば、自由な個人の名において、革命家に対し同様に情熱的な攻撃を加える。生活及び芸術、人間の品性、平等及び尊厳の主張を擁護するかと思えば、人間の搾取が行なわれず、正義や進歩、文明や民主主義等の抽象物の名においてさえも互いに踏みつけ合うことのない社会を提唱する。戦線は二つ、しばしばそれ以上であったが、どこであろうと、また自由の敵であれば相手が誰であろうと、彼は戦った。この戦いがゲルツェンをして、当時の社会生活及び社会的諸問題に対する最も現実的で敏感、洞察力と説得力とをもつ目撃者たらしめている。彼の最大の才能は囚われることなく理解する才能である。ゲルツェンは四〇年代のいわゆるロシアの「余計な」理想主義者たちの価値を理解した。彼らが例外的に自由であり、精神的魅力をもっていて、彼の知る限りで最も想像力に富み、自然で、才能に恵まれ、洗練された、興味深い社会をかたちづくっていたからである。同時に彼は、大仰で真剣そのものの反逆する若い急進主義者たちの、それに対する抵抗をも理解する。彼らは、抑圧された農民や下級官吏から成る、押し黙った大衆の憤りが高まりつつあることを知らない、貴族の怠け者の集団の間での、陽気で無責任なお喋りと見えるものに反撥したのである。被抑圧農民や下級官吏はいつかそんな連中と連中の世界を、暴力的で盲目的ではあるが正当な憎悪の津波によって一掃するであろう。その憎悪を煽り、方向づけることが真の革命家の仕事だというわけである。ゲルツェンはこの角逐を理解した。彼の自叙伝は、驚くべき鮮やかさと正確さで、ロシアと西欧の双方における個人と階級、個性と世論の間の緊張を伝えている。

『過去と思索』は、単一の明瞭な目的によって支配されてはいない。それはひとつの命題に委ねられはしない。その著者は、いかなる公式にもいかなる政治的教説にも隷従させられることはなかった。そのために、『過去と思索』は依然として深く生き生きした傑作たるを失わず、ゲルツェンの名を永く残す最大の功績となっている。彼はそれ以外にも功績として主張し得るものをもつ。たとえ彼が一般的な解決をすべて拒み、きわめて稀なことであるが、言葉についての言葉と現実世界の人や物についての言葉との間の決定的な区別を把握していた、当時としてはごく僅かな思想家のひとりであるということだけからしても、彼の政治的・社会的見解には際立った独自性がある。それにもかかわらず、彼が今なお生き続けているのは作家としてである。彼の自叙伝はロシアの文学的・心理学的天才のための記念碑のひとつであり、トゥルゲーネフやトルストイの偉大な小説と並べられる価値をもつ。『戦争と平和』のように、『父と子』のように、それはすばらしく面白い。翻訳のまずいところを別とすれば、古びてもおらずヴィクトリア朝風でもない。感情はなお驚くほどに現代的である。

政治的天才の条件のひとつは、未だ初期の状態にあって肉眼では見えないような、社会における特徴や過程に対する感受性である。ゲルツェンはこの能力を並々ならず備えていた。しかし彼は近づきつつある大変動を、マルクスやバクーニンの野蛮な歓喜をもって眺めたのでも、ブルクハルトやトクヴィルの悲観的な超越的態度をもって眺めたのでもなかった。プルードンと同様、彼は個人の自由の破壊が望ましくもなければ不可避でもないと信じていた。しかしプルードンとは異なり、彼は、人間の慎重な努力によって回避するのでなければ、それは十分に起りそうなことであると信じていた。一九一七年一一月にいたってはじめて敗北した、ロシアの社会主義における反権威主義《リバータリアン》的人間主義の強力な伝統は、彼の著作から始まっている。当時作用していた諸力、その具体化である諸個人、彼らの信条や言葉の道徳的前提、彼自身の諸原理といったものの分析は今日なお、現在にいたって熟してきた大きな諸悪に対する最も鋭敏で感動的な、道徳的に恐ろしい告発たることをやめないのである。

〔竹中　浩訳〕

■岩波オンデマンドブックス■

バーリン選集3　ロマン主義と政治

1984年9月19日　第1刷発行
2017年1月13日　オンデマンド版発行

編　者　福田歓一《ふくだかんいち》　河合秀和《かわいひでかず》

発行者　岡本　厚

発行所　株式会社　岩波書店
〒101-8002　東京都千代田区一ツ橋2-5-5
電話案内　03-5210-4000
http://www.iwanami.co.jp/

印刷／製本・法令印刷

ISBN 978-4-00-730553-5　Printed in Japan

I. バーリン著作目録

H. ハーディ

この著作目録は，H. ハーディ氏作製の著作目録に邦訳のある著作をつけ加えたものである．著作目録の脚註は，各項に書き加えた．以下は，ハーディ氏のまえがきの要旨である．

かつてモーリス・バウラが，アイザィア・バーリンについてこう書いたことがある．「我が主とソクラテスと同じく，彼はあまり多く発表しないが，彼は多くのことを考え，かつ話し，われわれの時代に途方もなく大きい影響を与えている」(Noel Annan 宛の手紙，Noel Annan, 'A Man I Loved', in Hugh Lloyd-Jones(ed.), *Maurice Bowra: A Celebration*(London, 1974), p. 53 参照)．バウラは，バーリンはめったに活字にしないと信じており，世間もそう信じているが，それは事実に反している．バーリンは多くの主題について多くの作品を発表している．しかし，彼の著作のほとんどがエッセイ程度の長さのもので，(時には無名の)雑誌や論集に掲載されるか，時事的なパンフレットとして刊行された．その多くが長い間，絶版になっており，本として集められたものは，112, 148 とこれまでのところあまり多くない．おそらくこのような理由で，彼の著作が少いと一般に考えられるようになったのであろう．原本4巻のバーリン著作集とならんで，この著作目録が彼の著作にかんする事実を明らかにすることを，私は希望している．

インタヴュー，出版社への書簡などの小さいものは除いてある．収録もれがあるかも知れないが，重要なものは入っていると思う．

4巻の著作集の構成は次の通りである．

ロシアに関するエッセイは，30, 44, 56, 57, 63, 76, 82, 108, 125, 169 であり，そのほとんどが *Russian Thinkers*(157)に収録されている．ロシアに関しては他に，27, 46, 65, 67, 68, 111 がある．

I. バーリン著作目録

主要な哲学に関する論文は，20, 25, 35, 36, 54(112 の序文の最初の部分も合わせて)，77, 93 である．85 はこの主題に関する最も著名な論文である．政治理論に関しては，64, 71(112 の序文の第 2 の部分も合わせて)がある．これらの多くは *Concepts and Categories*(158)に収録されている．

思想史に関する主要なエッセイは，37, 38, 62(序文)，73, 74, 128, 134, 139, 143, 154, 159, 161 と個々の思想家についての研究――マルクス(24, 78)，モンテスキュー(58)，モーゼス・ヘス(75)，ヴィーコ(79, 99, 114, 139 の大部分，152 そしてより著名な 115, 130)，ヘルダー(98)，ソレル(121)，マキアヴェッリ(122)がある．79 と 98 は *Vico and Herder*(148)に入っており，残りの多くは *Against the Currents*(166)に収録されている．

20 世紀の人物，主として学者，政治家，作家については，*Personal Impressions*(167)に含まれており，167 の内容を繰り返して述べない．

ユダヤ人問題に関しては，前出の 70, 75 の他に，43, 84, 118, 126, 166a があり，52, 119, 135 もある．

音楽に関しては，89, 110, 124 がある．

文献では次のような略号を用いる．*RT*(*Russian Thinkers*), *CC*(*Concepts and Categories*), *AC*(*Against the Currents*), *PI*(*Personal Impressions*).

24, 62, 112, 148, 157, 158, 166, 167 のように本の形で刊行されているものは，イタリックで表示した．

インタヴューは，目録より除いたが，次のインタヴューは興味深いものである．現代の諸問題に関しては，Henry Brandon, *Conversations with Henry Brandon*(London, 1966 : Deutsch)，マルローに関しては Martine de Courcel, *Marlaux : Life and Work*(London, 1976 : Weidenfeld and Nicolson), *Partisan Review* 43(1976), 384-93 に再録されている．哲学に関しては，Bryan Magee, *Men of Ideas*(London, 1978 : B. B. C. ; New York, 1979 : Viking)があり，文学，社会，作家の役割に関しては Miriam Gross, *Observer*, 5 August 1979, 35. がある．

1928

1 'The Collected Poems of G. K. Chesterton', review of *The Collected Poems of G. K. Chesterton*, *Pauline* 46(1928), 13–15(著者はこれを書いたことを記憶していない)

1929

1a 'Pelican s'en va-t-en guerre : a tale of war and peace', *Pelican Record* 19(1929), 34–6

1930

2 'Music Chronicle', *Oxford Outlook* 10(1930), 616–27(under pseudonym 'Albert Alfred Apricott')

3 'Some Procrustations', *Oxford Outlook* 10(1930), 491–502

4 Editorial, *Oxford Outlook* 10(1930), 561–5

5 Review of Ernst Benkard, *Undying Faces*, *Oxford Outlook* 10(1930), 628–30

1931

6 'Music Chronicle', *Oxford Outlook* 11(1931), 49–53(under pseudonym 'A. A. A.' : cf. 2)

7 'Music Chronicle', *Oxford Outlook* 11(1931), 131–5(under pseudonym 'A. A. A.' : cf. 2)

8 'Oglethorpe University, Ga', *Pelican Record* 20(1931), 34–40(unattributed)

9 Editorial, *Oxford Outlook* 11(1931), 1–2

10 'Alexander Blok', editorial, *Oxford Outlook* 11(1931), 73–6

11 Translation of Alexander Blok, 'The Collapse of Humanism', *Oxford Outlook* 11(1931), 89–112

1932

12 'Music Chronicle', *Oxford Outlook* 12(1932), 61–5

13 'Music Chronicle', *Oxford Outlook* 12(1932), 133–8

14 Review of Leonard Woolf, *After the Deluge*, *Oxford Outlook* 12 (1932), 68–70

1933

15 Review of Havelock Ellis, *Views and Reviews : First Series*, *Criterion* 12(1933), 295–8

1934

16 'Music in Decline', review of Constant Lambert, *Music Ho !*, *Spectator* 152(1934), 745–6

1935

17 'Musiciens D'Autrefois', review of Bernard van Dieren, *Down Among the Dead Men*, *Spectator* 155(1935), 732;(letter)906

1936

18 'The Future of Music', review of Cecil Gray, *Predicaments, or Music and the Future*, *Spectator* 157(1936), 317–18

19 'Obscurum Per Obscurius', review of T. A. Jackson, *Dialectics*, *Spectator* 156(1936), 888

1937

20 'Induction and Hypothesis', *Proceedings of the Aristotelian Society* supplementary vol. 16(1937), 63–102

21 'The Father of Anarchism', review of E. H. Carr, *Michael Bakunin*, *Spectator* 159(1937), 1186

22 Review of Julius Weinberg, *An Examination of Logical Positivism*, *Criterion* 17(1937), 174–82

1938

23 'The Development of Modern Music', review of Gerald Abraham, *A Hundred Years of Music*, *Spectator* 161(1938), 489–90

1939

24 *Karl Marx : His Life and Environment*(London, 1939 : Thornton Butterworth; Toronto, 1939 : Nelson)

2nd ed.(London, 1948; Oxford University Press; New York, 1959: Oxford University Press); repr. with corrections(London and New York, 1960 : Oxford University Press); trans. into French, German, Hebrew and Italian

3rd ed.(London and New York, 1963 : Oxford University Press; New York, 1963 : Time Inc.; [Tokyo], 1963 : Maruzen); trans. into Dutch, Finnish, Hebrew, Italian, Japanese, Norwegian, Spanish and Swedish

4th ed.(Oxford and New York, 1978 : Oxford University Press; London, 1978 : Book Club Associates); trans. into Dutch and Japa-

nese〔倉塚平・小箕俊介訳『カール・マルクス』中央公論社, 1973 年〕

25 'Verification', *Proceedings of the Aristotelian Society* 39(1939), 225–48 ; repr. in G. H. R. Parkinson(ed.), *The Theory of Meaning* (London, 1968 : Oxford University Press) ; repr. in *CC*

26 Review of Karl Britton, *Communication*, *Mind* 48(1939), 518–27

1947

27 'The Man Who Became a Myth', *Listener* 38(1947), 23–5 ; repr. with the subtitle 'Belinsky and his Influence on Nineteenth-Century Russia' in John Morris(ed.), *From the Third Programme : A Ten Years' Anthology*(London, 1956 : Nonesuch Press)

28 Review of Bertrand Russell, *A History of Western Philosophy*, *Mind* 56(1947), 151–66

1948

29 'Karajan : A Study', *Observer*, 19 September 1948, 2

30 'Russia and 1848', *Slavonic Review* 26(1948), 341–60 ; repr. in *RT* 〔今井義夫訳「ロシアと 1848 年」『知の考古学』1975–76 年, 6, 7 号, 選集 3〕

1949

31 'The Anglo-American Predicament', *Listener* 42(1949), 518–19 and 538 ;(letters)681, 813–14

31a 'Notes on the Way', *Time and Tide* 30(1949), 1133–4, 1157–8 and 1187–8

32 'Mr Churchill', *Atlantic Monthly* 184 No 3(September 1949), 35–44 ; as 'Mr Churchill and F. D. R.', *Cornhill Magazine* 981(1950), 219–40 ; repr. as *Mr Churchill in 1940*(London,[1964] ; John Murray), and in *PI* ; trans. into German ; Boston/Cambridge, n. d. : Houghton Mifflin/Riverside Press

33 'Three Who Made a Revolution', review of Bertram D. Wolfe, *Three Who Made a Revolution*, *American Historical Review* 55(1949), 86–92

34 Review of G. V. Plekhanov, *In Defence of Materialism*, trans. Andrew Rothstein, *Slavonic Review* 28(1949–50), 257–62 ;(letter) 607–10

1950

35 'Empirical Propositions and Hypothetical Statements', *Mind* 59

(1950), 289–312; repr. in Robert J. Swartz (ed.), *Perceiving, Sensing, and Knowing* (New York, 1965: Doubleday), and in *CC*

36 'Logical Translation', *Proceedings of the Aristotelian Society* 50 (1950), 157–88; repr. in *CC*

37 'Political Ideas in the Twentieth Century', *Foreign Affairs* 28 (1950), 351–85; repr. in *Four Essays on Liberty* (112, q. v.); trans. into Japanese〔小川晃一・小池銈訳『自由論』みすず書房, 1971年〕

38 'Socialism and Socialist Theories', *Chambers's Encyclopaedia* (London, 1950: Newnes), vol. 12, 638–50; revised in 1966 ed. (Oxford: Pergamon), vol. 12, 640–52

39 Translation of Ivan Turgenev, *First Love*: with *Rudin*, trans. Alex Brown (London, 1950: Hamish Hamilton); illustrated ed. (on its own) (London, 1956: Hamish Hamilton; London, 1965: Panther; Harmondsworth, 1977: Penguin); trans. into Malay; repr. with an introduction by V. S. Pritchett (Harmondsworth, 1978: Penguin)

40 'Russian Literature: The Great Century', review of D. S. Mirsky, *A History of Russian Literature*, *Nation* 170 (1950), 180–3, 207–8

41 'The Energy of Pasternak', review of Boris Pasternak, *Selected Writings*, *Partisan Review* 17 (1950), 748–51

42 'A View of Russian Literature', review of Marc Slonim, *The Epic of Russian Literature*, *Partisan Review* 17 (1950), 617–23

1951

43 'Jewish Slavery and Emancipation', *Jewish Chronicle*, 21 September 1951, 17, 24; 28 September 1951, 17, 19; 5 October 1951, 13, 15; 12 October 1951, 8; repr. from Norman Bentwich (ed.), *Hebrew University Garland* (London, 1952: Constellation Books); trans. into French

44 'Lev Tolstoy's Historical Scepticism', *Oxford Slavonic Papers* 2 (1951), 17–54; repr. with additions as *The Hedgehog and the Fox* (London, 1953: Weidenfeld and Nicolson; New York, 1953: Simon and Schuster; New York, 1957: New American Library); repr. in *RT*; trans. into Hebrew, Italian, Japanese, and Spanish〔河合秀和訳『ハリねずみと狐——「戦争と平和」の歴史哲学』中央公論社, 1973年〕

45 'On Translating Turgenev', review of I. S. Turgenev, *Smoke*, *On the Eve*, *Virgin Soil*, *Fathers and Children* and *A House of Gentle Folk*, trans. Constance Garnett, *Observer*, 11 November 1951, 7

45a Review of Edmund Hallett Carr, *Studies in Revolution*, *International Affairs* 27(1951), 470–1

1952

46 'Generalissimo Stalin and the Art of Government', *Foreign Affairs* 30(1952), 197–214(under pseudonym 'O. Utis')

46a 'Lament for Lipatti', *House and Garden* 7 No 3(March 1952), 91 and 98

47 Review of Benedetto Croce, *My Philosophy*, *Mind* 61(1952), 574–8

48 Review of Morton White, *Social Thought in America*, *Mind* 61 (1952), 405–9

49 'Dr Chaim Weizmann'(supplementary obituary), *The Times*, 17 November 1952, 8

50 'The Fate of Liberty'(letter), *The Times*, 16 December 1952, 9

1953

51 'Henderson at Oxford : 1. All Souls', in T. Wilson(ed.), 'Sir Hubert Henderson, 1890–1952', supplement to *Oxford Economic Papers* 5(1953), 55–8 ; repr. as 'Hubert Henderson at All Souls, in *PI*

52 'Israel – A Survey', in *The State of Israel*(London, 1953 : Anglo-Israel Association) ; repr. in *Israel : Some Aspects of the New State*(London, 1955 : Anglo-Israel Association), and as 'The Origins of Israel' in Walter Z. Laqueur (ed.), *The Middle East in Transition*(London, 1958 : Routledge and Kegan Paul)

53 'Thinkers or Philosophers ?', review of N. O. Lossky, *History of Russian Philosophy*, *Times Literary Supplement*, 27 March 1953, 197–8(unattributed)

1954

54 *Historical Inevitability*, Auguste Comte Memorial Trust Lecture No 1 (London, 1954 : Oxford University Press) ; repr. in *Four Essays on Liberty*(112, q. v.)and in Patrick Gardiner(ed.), *The Philosophy of History*(London, 1974 : Oxford University Press) ; trans. into Italian, Japanese, Norwegian, Spanish and Swedish 〔前掲『自由論』所収〕

55 'Realism in Politics', *Spectator* 193(1954), 774–6

55a 'Calling America to Greatness', review of Adlai Stevenson, *Call to Greatness*, *Sunday Times*, 5 December 1954, 6

1955

56 'Herzen and Bakunin on Individual Liberty', in Ernest J. Simmons (ed.), *Continuity and Change in Russian and Soviet Thought* (Cambridge, Massachusetts, 1955 : Harvard University Press) ; repr. in *RT*〔選集 1 〕

57 'A Marvellous Decade', Northcliffe Lectures for 1954 ; repr. as 'A Remarkable Decade' in *RT*; trans. into Italian〔選集 3 〕

I '1838-48 : The Birth of the Russian Intelligentsia', *Encounter* 4 No 6 (June 1955), 27-39

II '1838-48 : German Romanticism in Petersburg and Moscow', *Encounter* 5 No 11 (November 1955), 21-9

III 'Belinsky : Moralist and Prophet', *Encounter* 5 No 12 (December 1955), 22-43

IV 'Herzen and the Grand Inquisitors', *Encounter* 6 No 5 (May 1956), 20-34 ; repr. as 'Alexander Herzen' in Stephen Spender, Irving Kristol and Melvin J. Lasky (eds.), *Encounters : An Anthology from the First Ten Years of* Encounter *Magazine* (New York, 1965 : Simon and Schuster), and as introduction to Alexander Herzen, *Childhood, Youth and Exile,* trans. J. D. Duff (Oxford, 1980 : Oxford University Press) ; trans. into French and Japanese.

58 'Montesquieu', *Proceedings of the British Academy* 41 (1955), 267-96 ; repr. in *AC*〔選集 1 〕

59 'Philosophy and Beliefs' (with Anthony Quinton, Stuart Hampshire and Iris Murdoch), *Twentieth Century* 157 (1955), 495-521

60 'Roosevelt Through European Eyes', *Atlantic Monthly* 196 No 1 (July 1955), 67-71 ; as 'President Franklin Delano Roosevelt', *Political Quarterly* 26 (1955), 336-44 ; repr. in *PI*〔選集 2 〕

61 'The Furious Vissarion', review of Herbert E. Bowman, *Vissarion Belinsky*, *New Statesman and Nation* 50 (1955), 447-8

1956

62 (ed. with introduction and commentary) *The Age of Enlightenment* (Boston, 1956 : Houghton Mifflin ; New York, 1956 : New American Library ; Oxford, 1979 : Oxford University Press)

63 Introduction to Alexander Herzen, *From the Other Shore* and *The Russian People and Socialism* (London, 1956 : Weidenfeld and Nicolson ; Oxford, 1979 : Oxford University Press) ; repr. with postscript as ' "A Revolutionary Without Fanaticism" ', *New*

York Review of Books, 19 April 1979, 16–21; trans. into Finnish and Japanese〔萩原直訳「アレクサンドル・ゲルツェン」『世界文学大系 82　ゲルツェン』筑摩書房，1964 年〕

64 ‘Equality’, *Proceedings of the Aristotelian Society* 56(1956), 301–26; repr. in the Bobbs-Merrill Reprint Series in Political Science, No 688 12, and in *CC*〔選集 2〕

65 ‘The Father of Russian Marxism’(プレハーノフを指す)*Listener* 56 (1956), 1063–4 and 1077; repr. as ‘Father of Russian Socialism’, *New Leader*(U. S.A.), 4 February 1957, 14–17; trans. into French

65a ‘Portrait of a Nineteenth-Century Prophet’, review of George Woodcock, *Pierre-Joseph Proudhon*, *Sunday Times*, 21 October 1956, 8

1957

66 ‘An Episode in the Life of Ivan Turgenev’, *London Magazine* 4 No 7 (July 1957), 14–24(includes translation of Turgenev’s ‘A Fire at Sea’)

67 ‘The Silence in Russian Culture’, *Foreign Affairs* 36(1957), 1–24

68 ‘The Soviet Intelligentsia’, *Foreign Affairs* 36(1957), 122–30(under pseudonym ‘L.’)

69 (with Miriam Rothschild) ‘Mr James de Rothschild: “Grand Seigneur” ’(supplementary obituary), *The Times*, 13 May 1957, 15

1958

70 *Chaim Weizmann*, 2nd Herbert Samuel Lecture(London, 1958: Weidenfeld and Nicolson; New York, n. d.: Farrar, Straus and Cudahy); repr. in *PI*〔選集 2〕

71 *Two Concepts of Liberty*, Inaugural Lecture as Chichele Professor of Social and Political Theory(Oxford, 1958: Clarendon Press); repr. in *Four Essays on Liberty*(112, q. v.)and in part in Anthony Quinton(ed.), *Political Philosophy*(London, 1967: Oxford University Press); ed. with notes by Kimiyoshi Yura (Kyoto, 1967: Apollon-sha); trans. into Greek, Italian, Japanese, Norwegian, Spanish and Ukrainian〔前掲『自由論』所収〕

72 ‘Richard Pares’, *Balliol College Record* 1958, 32–4; repr. in *PI*

1959

73 *European Unity and Its Vicissitudes*(Amsterdam, 1959; Fondation Européenne de la Culture)

74 *John Stuart Mill and the Ends of Life*, Robert Waley Cohen Memorial Lecture(London, 1959 : Council of Christians and Jews) ; repr. in *Four Essays on Liberty*(112, q. v.) ; trans. into Japanese〔前掲『自由論』所収〕

75 *The Life and Opinions of Moses Hess*, Lucien Wolf Memorial Lecture(Cambridge, 1959 : Heffer) ; repr. in Philip Rieff(ed.), *On Intellectuals*(New York, 1969 : Doubleday), and in *AC*; trans. into French〔小池銈訳「モーゼス・ヘスの生涯と意見」『みすず』1972年3, 6, 7月号，選集3〕

1960

76 Introduction to Franco Venturi, *Roots of Revolution*(London, 1960 : Weidenfeld and Nicolson ; New York, 1966 : Grosset and Dunlap) ; repr. as 'Russian Populism' in *Encounter* 15 No 1(July 1960), 13–28, and in *RT*

77 'History and Theory : The Concept of Scientific History', *History and Theory*(E. H. カーとの論戦的な応酬)(1960), 1–31 ; repr. in Alexander V. Riasanovsky and Barnes Riznik(eds), *Generalizations in Historical Writing*(Philadelphia, 1963 : University of Pennsylvania Press), and as 'The Concept of Scientific History' in William H. Dray(ed.), *Philosophical Analysis and History*(New York, 1966 : Harper and Row), and in *CC*; trans. into German(in part) and Japanese〔内山秀夫編訳『歴史における科学とは何か』三一書房，1978年〕

78 'Marx', in J. O. Urmson(ed.), *Concise Encyclopedia of Western Philosophy and Philosophers*(London, 1960 : Hutchinson ; 2nd ed. 1975)

79 'The Philosophical Ideas of Giambattista Vico', in *Art and Ideas in Eighteenth-Century Italy*(Rome, 1960 : Edizioni di Storia e Letteratura) ; repr. in revised form in *Vico and Herder*(148, q. v.)

79a 'No Earthly Paradise', review of Reinhold Niebuhr, *Nations and Empires*, *Guardian*, 25 November 1960, 7

80 Review of Henry Vyverberg, *Historical Pessimism in the French Enlightenment*, *French Studies* 14(1960), 167–70

1961

81 'La théorie politique existe-t-elle ?, *Revue française de science politique* 11(1961), 309–37 ; repr. in English as 'Does Political Theory Still Exist ?' in Peter Laslett and W. G. Runciman(eds), *Philosophy, Politics and Society*, 2nd Series(Oxford, 1962 : Black-

well), and in *CC*; trans. into Japanese〔前掲『自由論』所収〕

82 'Tolstoy and Enlightenment', P. E. N. Hermon Ould Memorial Lecture for 1960, *Encounter* 16 No 2 (February 1961), 29–40; repr. in *Mightier Than the Sword* (London, 1964: Macmillan) and in *RT*

83 'What is History?' (letters), *The Listener* 65 (1961), 877 and 1048–9

1962

84 'The Biographical Facts', in Meyer W. Weisgal and Joel Carmichael (eds), *Chaim Weizmann* (London, 1962: Weidenfeld and Nicolson; New York, 1963: Atheneum); repr. in Dan Leon and Yehuda Adin (eds), *Chaim Weizmann, Statesman of the Jewish Renaissance* (Jerusalem, 1974: The Zionist Library); trans. into French, Hebrew and Spanish

85 'The Purpose of Philosophy', *Insight* (Nigeria) 1 No 1 (July 1962), 12–15; repr. in the *Sunday Times*, 4 November 1962, 23 and 26, as 'Philosophy's Goal' in Leonard Russell (ed.), *Encore*, 2nd Year (London, 1963: Michael Joseph), and in *CC*〔選集 2〕

86 'Mr Carr's Big Battalions', review of E. H. Carr, *What is History?*, *New Statesman* 63 (1962), 15–16

87 'The Road to Catastrophe', review of Hans Kohn, *The Mind of Germany*, and G. P. Gooch, *French Profiles: Prophets and Pioneers*, *Times Literary Supplement*, 30 March 1962, 216

1963

88 Contribution to Clara Urquhart (ed.), *A Matter of Life* (London, 1963: Cape)

89 'Historical Note', in *Khovanshchina* (opera programme) ([London], 1963: Royal Opera House Covent Garden Ltd); repr. in the 1972 and 1982 programme

90 'Why are these books neglected?', *Twentieth Century* 172 No 1019 (Autumn 1963), 139–47

1964

91 Contribution to *Meyer W. Weisgal* (New York, 1964); repr. as 'A Generous Imaginative Idealist' in Edward Victor (ed.), *Meyer Weisgal at Seventy* (London, 1966: Weidenfeld and Nicolson)

92 'Felix Frankfurter at Oxford', in Wallace Mendelson (ed.), *Felix Frankfurter: A Tribute* (New York, 1964: Reynal); repr. in *Quest* 1 (1965), 20–2, and in *PI*

93 '"From Hope and Fear Set Free"', Presidential Address, *Proceedings of the Aristotelian Society* 64(1964), 1–30; repr. in *CC*〔選集 2〕
94 'Hobbes, Locke and Professor Macpherson', review of C. B. Macpherson, *The Political Theory of Possesive Individualism, Hobbes to Locke*, *Political Quarterly* 35(1964), 444–68
95 'Portrait of Ben-Gurion', review of Maurice Edelman, *Ben-Gurion: A Political Biography*, *Jewish Chronicle*, 25 December 1964, 7 and 22
95a 'Rationality of Value Judgments', *Nomos* 7[Carl J. Friedrich(ed.), *Rational Decision*(New York, 1964)], 221–3

1965

96 Contribution to Julian Huxley(ed.), *Aldous Huxley*(London, 1965: Chatto and Windus); repr. as 'Aldous Huxley' in *PI*
97 Contribution to Ian Kemp(ed.), *Michael Tippett*(London, 1965: Faber)
98 'Herder and the Enlightenment', in Earl R. Wasserman(ed.), *Aspects of the Eighteenth Century*(Baltimore, 1965: Johns Hopkins Press); repr. as 'J. G. Herder', *Encounter* 25 No 1(July 1965), 29–48, and No 2(August 1965), 42–51; repr. in revised form in *Vico and Herder*(148, q. v.)
99 'Sulla teoria del Vico circa la conoscenza storica', *Lettere Italiane* 17(1965), 420–31; repr. as 'Appendice sulla teoria del Vico circa la conoscenza storica', *Sensibilita e razionalita nel Settecento*(August 1967), 357–71
100 Review of C. P. Courtney, *Montesquieu and Burke*, *Modern Language Review* 60(1965), 449–52
101 'A Great Russian Writer', review of Osip Mandelstam, *The Prose of Osip Mandelstam*, *New York Review of Books*, 23 December 1965, 3–4

1966

102 Introduction to Marc Raeff(ed.), *Russian Intellectual History*(New York/Chicago/Burlingame, 1966: Harcourt, Brace and World; Hassocks, 1978: Harvester); New York, 1978: Humanities Press
103 Preface to H. G. Schenk, *The Mind of the European Romantics*(London, 1966: Constable; New York, 1969: Doubleday; Oxford, 1979: Oxford University Press); trans. into Japanese〔生松敬三・塚本明子訳『ロマン主義の精神』みすず書房, 1975年〕

104 'L. B. Namier – A Personal Impression', *Encounter* 27 No 5 (November 1966), 32–42; repr. in Martin Gilbert (ed.), *A Century of Conflict* (London, 1966: Hamish Hamilton), in *Journal of Historical Studies* 1 (1967–8), 117–36, and in *PI*〔選集 2〕

105 'The Great Blood Libel Case', review of Maurice Samuel, *Blood Accusation: The Strange History of the Beiliss Case*, *Jewish Chronicle Literary Supplement*, 23 December 1966, 3–4

106 'New Ways in History' (letter), *Times Literary Supplement*, 21 April 1966, 347

1967

107 Contribution to Cecil Woolf and John Bagguley (eds), *Authors Take Sides on Vietnam* (New York, 1967: Simon and Schuster)

1968

108 Introduction to Alexander Herzen, *My Past and Thoughts* (London, 1968: Chatto and Windus; New York, 1968: Knopf; ed. and abridged by Dwight Macdonald, New York, 1973: Knopf; London, 1974; Chatto and Windus); repr. as 'The Great Amateur', *New York Review of Books*, 14 March 1968, 9–18, and as 'Herzen and his Memoirs' in *AC*; trans. into Japanese〔63 の誤りか〕

109 Comment on Richard Pipes, 'The Origins of Bolshevism: The Intellectual Evolution of Young Lenin', in Richard Pipes (ed.), *Revolutionary Russia* (Cambridge, Massachusetts, 1968: Harvard University Press)

110 'The "*Naïveté*" of Verdi', *Hudson Review* 21 (1968), 138–47; repr. from *Atti del I Congresso internazionale di studi verdiani, 1966* (Parma, 1969: Istituto di Studi Verdiani); repr. in *About the House* 3 No 1 (March 1969), 8–13, in *New Republic*, 6 October 1979, 30–4, in *Ernani* (opera programme) ([Cardiff, 1979]: Welsh National Opera) (abridged), in William Weaver and Martin Chusid (eds), *The Verdi Companion* (London, 1980: Gollancz), and in *Opera* 31 (1980), 128–35; trans. into Japanese〔大島かおり訳「ヴェルディの『素朴さ』」『みすず』1980年10月号，選集1〕

111 'The Role of the Intelligentsia', *Listener* 79 (1968), 563–5; repr. in Derwent May (ed.), *Good Talk 2: An Anthology from BBC Radio* (London, 1969: Gollancz)

1969

112 *Four Essays on Liberty*(reprints of 37, 54, 71 and 74, with a new introduction)(London and New York, 1969 : Oxford University Press) ; trans. into Hebrew, Japanese, Portuguese and Spanish〔前掲『自由論』〕

113 Foreword to Michael Yudkin(ed.), *General Education : A Symposium on the Teaching of Non-Specialists* (Harmondsworth, 1969 : Allen Lane/Penguin) ; repr. as 'General Education' in *Oxford Review of Education* 1(1975), 287–92 ; trans. into Japanese〔小池銈訳「現代の知識と教育」『みすず』1971 年 9・10 月号〕

114 'A Note on Vico's Concept of Knowledge', in Giorgio Tagliacozzo and Hayden V. White(eds), *Giambattista Vico : An International Symposium*(Baltimore, 1969 : Johns Hopkins Press) ; repr. in *New York Review of Books*, 24 April 1969, 23–6, and in *AC*〔選集 3〕

115 'One of the Boldest Innovators in the History of Human Thought'(ヴィーコを指す)*New York Times Magazine*, 23 November 1969, 76–100

116 'Reply to Orsini', *Journal of the History of Ideas* 30(1969), 91–5 (abstract in the *Philosopher's Index*(1969), 282)

1970

117 Foreword to R. D. Miller, *Schiller and the Ideal of Freedom : A Study of Schiller's Philosophical Works with Chapters on Kant* (Oxford, 1970 : Clarendon Press)

118 'Benjamin Disraeli, Karl Marx, and the Search for Identity', in *Transactions of the Jewish Historical Society of England 22 (1968–69)* (London, 1970 : Jewish Historical Society of England) ; repr. in *Midstream* 16 No 7(August–September 1970), 29–49, and in *AC*; trans. into French and Spanish〔選集 1〕

119 'Weizmann as Exilarch', in *Chaim Weizmann as Leader*(Jerusalem, 1970 : Hebrew University of Jerusalem) ; trans. into Hebrew

1971

120 *Sir Maurice Bowra, 1898–1971*(Oxford,[1971] : Wadham College) ; repr. as 'Memorial Address in St Mary's' in Hugh Lloyd-Jones (ed.), *Maurice Bowra*(London, 1974 : Duckworth), and as 'Maurice Bowra' in *PI*

121 'Georges Sorel', Creighton Lecture, *Times Literary Supplement*, 31

December 1971, 1617–22 ; repr. in expanded form in Chimen Abramsky (ed.), *Essays in Honour of E. H. Carr* (London, 1974 : Macmillan), and in *AC*; trans. into Hebrew and Spanish〔選集 1〕; see also 132

122 'The Question of Machiavelli', *New York Review of Books*, 4 November 1971, 20–32 ; repr. of part of 'The Originality of Machiavelli', in Myron P. Gilmore (ed.), *Studies on Machiavelli* (Florence, 1972 : Sansoni) ; repr. in the Bobbs-Merrill Reprint Series in Political Science, No 688 13 ; full version repr. in *AC*〔選集 1〕

123 'Randolph', in Kay Halle (ed.), *Randolph Churchill : The Young Unpretender* (London, 1971 : Heinemann)

124 'Tchaikovsky and Eugene Onegin', *Glyndebourne Festival Programme Book 1971*, 58–63 ; repr. as 'Tchaikovsky, Pushkin and Onegin' in *Musical Times* 121 (1980), 163–8

1972

125 *Fathers and Children : Turgenev and the Liberal Predicament*, Romanes Lecture (Oxford, 1972 : Clarendon Press ; repr. with corrections 1973) ; repr. in *New York Review of Books*, 18 October 1973, 39–44, 1 November 1973, 22–9, and 15 November 1973, 9–11, as introduction to Ivan Turgenev, *Fathers and Sons*, trans. Rosemary Edmonds (Harmondsworth, 1975 : Penguin), and in *RT* ; excerpted as 'The Liberal Predicament' in *Dialogue* 11 No 4 (1978), 90–5 ; trans. into Japanese〔小池銈訳『父と子――トゥルゲーネフと自由主義者の苦境』みすず書房，1977 年〕; see also 138

126 *Zionist Politics in Wartime Washington : a Fragment of Personal Reminiscence*, Yaacov Herzog Memorial Lecture (Jerusalem, 1972 : Hebrew University of Jerusalem) ; repr. in *PI*

127 Foreword to Friedrich Meinecke, *Historism : The Rise of a New Historical Outlook*, trans. J. E. Anderson (London, 1972 : Routledge and Kegan Paul)

128 'The Bent Twig : A Note on Nationalism', *Foreign Affairs* 51 (1972), 11–30 ; trans. into Spanish

129 'Dr Jacob Herzog', *Jewish Chronicle*, 14 April 1972, 28 and 43 ; repr. as 'Yaacov Herzog – a Tribute' as preface to 126, and as 'Jacob Herzog' in *PI*

130 'Giambattista Vico', *Listener* 88 (1972), 391–8

131 'History as We Would Like It', *World View* 15 No 7 (July 1972), 16

132 'Sorel'(letter), *Times Literary Supplement*, 14 January 1972, 40

1973

133 'Austin and the Early Beginnings of Oxford Philosophy', in *Essays on J. L. Austin* (Oxford, 1973 : Clarendon Press) ; repr. in *PI*〔選集 2〕

134 'The Counter-Enlightenment', *Dictionary of the History of Ideas* (New York, 1968–73 ; Scribner's), vol. 2(1973), 110–12 ; repr. in *AC*〔選集 3〕

135 'A Nation Among Nations', *Jewish Chronicle*, Colour Magazine, 4 May 1973, 28–34

136 'Notes on the Foundation of Wolfson College', *Lycidas* 1(1973), 2–4

137 'Mr Hamilton Fish Armstrong'(supplementary obituary), *The Times*, 28 April 1973, 16

138 'Fathers and Children'(letter), *Times Literary Supplement*, 12 January 1973, 40

1974

139 *The Divorce between the Sciences and the Humanities*, 2nd Tykociner Memorial Lecture (Illinois, 1974 : University of Illinois) ; repr. in *Salmagundi* No 27 (Summer–Fall 1974), 9–39, and in *AC*; trans. into Italian〔選集 1〕

140 Contribution to *Arthur Lehning in 1974* (Leiden, 1974 : Brill)

141 'Mr C. E. Bohlen : Close Study of Soviet Leaders'(supplementary obituary), *The Times*, 11 January 1974, 16

1975

142 *John Petrov Plamenatz, 1912–1975* (Oxford,[1975] : All Souls College) ; repr. in *PI*

143 'L'apoteosi della volonta romantica : la rivolta contro il tipo di un mondo ideale', *Lettere Italiane* 27(1975), 44–68

144 'Performances memorable – and not so memorable', *Opera* 26(1975), 116–20

145 Presidential Address, *Proceedings of the British Academy* 61(1975), 71–81

146 Speech at the Official Opening of Wolfson College, Oxford, 12 November 1974, *Lycidas* 3(1975), 3–6

147 'Sir John Wheeler-Bennett'(supplementary obituary), *The Times*, 13 December 1975, 16

1976

148 *Vico and Herder*(London, 1976: Hogarth Press; New York, 1976: Viking) (revised versions of 79 and 98, with a new introduction); trans. into Italian〔小池銈訳『ヴィーコとヘルダー——理念の歴史：二つの試論』みすず書房，1981年〕

149 Contribution to John Jolliffe(ed.), *Auberon Herbert: A Composite Portrait*(Tisbury, 1976: Compton Russell); repr. as 'Auberon Herbert' in *PI*

150 'Comment on Professor Verene's Paper'(Donald Phillip Verene, 'Vico's Philosophy of Imagination', *Social Research* 43(1976), 410–26 にたいする評論), *Social Research* 43(1976),426–9

151 Presidential Address, *Proceedings of the British Academy* 62(1976), 85–94

152 'Vico and the Ideal of the Enlightenment', *Social Research* 43(1976), 640–53; repr. in *AC* without last section, 'The Workings of Providence'; trans. into Italian〔選集 3〕

1977

153 *Sir Harry d'Avigdor Goldsmid, 1906–1976*([London, 1977]: privately printed)

154 'Hume and the Sources of German Anti-Rationalism', in G. P. Morice (ed.), *David Hume: Bicentennial Papers*(Edinburgh, 1977: Edinburgh University Press); repr. in *AC*

155 'Old Russia', review of Marvin Lyons, *Russia in Original Photographs 1860–1920*, ed. Andrew Wheatcroft, and Kyril Fitzlyon and Tatiana Browning, *Before the Revolution: A View of Russia under the Last Tsar*, *Guardian*, 24 November 1977, 14

156 Presidential Address, *Proceedings of the British Academy* 63(1977), 1–11

1978

157 *Russian Thinkers*, ed. Henry Hardy and Aileen Kelly, with an introduction by Aileen Kelly(London, 1978: Hogarth Press; New York, 1978: Viking; Harmondsworth and New York, 1980: Penguin) (the first of four volumes of his *Selected Writings*, ed. Henry Hardy, comprising reprints of 30, 44, 56, 57, 76, 82 and 125); trans. into Dutch, French, German, Hebrew, Italian, Japanese(in part, 選集 1, 3) and Spanish

158 *Concepts and Categories: Philosophical Essays*, ed. Henry Hardy,

with an introduction by Bernard Williams(London, 1978 : Hogarth Press ; New York, 1979 : Viking ; Oxford, 1980 : Oxford University Press ; New York, 1981 : Penguin) (the second volume of *Selected Writings*(see 157), comprising reprints of 25, 35, 36, 64, 77, 81, 85 and 93) ; trans. into German, Italian, Japanese(in part, 選集 2)and Spanish

159 *Decline of Utopian Ideas in the West*([Tokyo], 1978 : Japan Foundation)〔選集 3 〕

160 Introduction to *Derek Hill : Portraits*(London, 1978 : Marlborough Fine Art)

160a 'Comments', in Yirmiahu Yovel(ed.), *Philosophy of History and Action*(Dordrecht, 1978 : Reidel)

161 'El nacionalismo : descuido del pasado y poder actual', *Diálogos* 14 No 6(November–December 1978), 10–17 ; repr. in English as 'Nationalism : Past Neglect and Present Power' in *Partisan Review* 46(1979), 337–58, and in *AC*〔選集 1 〕

161b (with other authors)'Is a Philosophy of History Possible ?', in Yirmiahu Yovel(ed.), *Philosophy of History and Action*(Dordrecht, 1978 : Reidel)

162 Presidential Address, *Proceedings of the British Academy* 64(1978), 1–9

163 'Corsi e Ricorsi', review of Giorgio Tagliacozzo and Donald Phillip Verene(eds), *Giambattista Vico's Science of Humanity*, *Journal of Modern History* 50(1978), 480–9

164 'Tolstoy Remembered', review of Tatyana Tolstoy, *Tolstoy Remembered*, *New Review* 5 No 2(Autumn 1978), 3–7

165 'Mr Nicholas Nabokov'(supplementary obituary), *The Times*, 15 April 1978, 16

1979

166 *Against the Current : Essays in the History of Ideas*, ed. and with a bibliography by Henry Hardy, with an introduction by Roger Hausheer(London, 1979 : Hogarth Press ; New York, 1980 : Viking) (the third volume of *Selected Writings*(see 157), comprising reprints of 58, 75, 108, 110, 114, 118, 121, 122, 134, 139, 152, 154 and 161, and the present bibliography)〔選集 1, 3〕

166a 'Einstein and Israel', *New York Review of Books*, 8 November 1979, 13–18 ; repr. of major part of contribution to Gerald Holton and Yehuda Elkana(eds), *Albert Einstein, Historical and Cultural Perspectives*, The Centenial Symposium in Jerusalem

(Princeton, 1982 : Princeton University Press) ; repr. in *PI*〔選集 2〕

166b 'Professor Scouten on Herder and Vico', *Comparative Literature Studies* 16(1979), 141–5

166c Note on Lydia Chukovsky, *Notes about Anna Akhmatova*, in 'In absentia : Some Books of the Year', *Times Literary Supplement*, 23 November 1979, 5

1980

167 *Personal Impressions*, ed. Henry Hardy, with an introduction by Noel Annan(London, 1980 : Hogarth Press ; New York, 1981 : Viking) (the fourth volume of *Selected Writings*(see 157), comprising reprints of 32, 51, 60, 70, 72, 92, 96, 104, 120, 133, 142, 149 and 166a, and 169) ; trans. into German, Hebrew(in part), Japanese(in part, 選集 2), Spanish and Portuguese

168 Story in *Pass the Port* Again : *The Best After-Dinner Stories of the Famous*(London, 1980 : Christian Brann)

169 'Meetings with Russian Writers in 1945 and 1956', in *PI* ; trans. into Russian ; shortened version, 'Conversations with Russian Poets' (given as a Bowra Lecture), *Times Literary Supplement*, 31 October 1980, 1233–6, and (with additions, as 'Conversations with Akhmatova and Pasternak') *New York Review of Books*, 20 November 1980, 23–35 ; trans. into Dutch and Hebrew〔選集 2〕

170 'Note on Alleged Relativism in Eighteenth Century European Thought', *British Journal for Eighteenth-Century Studies* 3(1980), 89–106, repr. with revisions in L. Pompa and W. H. Dray (eds), *Substance and Form in History* : *A Collection of Essays in Philosophy of History*(Edinburgh, 1981 : University of Edinburgh Press)

171 'On Philosophy', *Good Book Guide* 8(Spring 1980), 10 ; repr.

171a 'A Tribute to my Friend[Jacob Talmon], *Forum* No 38(Summer 1980), 1–4 ; trans. into Hebrew

172 'Upon Receiving the Jerusalem Prize', *Conservative Judaism* 33 No 2(Winter 1980), 14–17, repr. as 'The Three Strands in My Life', *Jewish Quarterly* 27 Nos 2–3(Summer/Autumn 1979), 5–7

173 'The Hedgehog and the Fox Continued'(letter), *New York Review of Books*, 9 October 1980, 44

173a *For Teddy Kollek*([Jerusalem, 1981] : The Jerusalem Foundation)

1981

174 Introduction to H. G. Nicholas(ed.), *Washington Despatches 1941–45 : Weekly Political Reports from the British Embassy*(London, 1981 : Weidenfeld and Nicolson ; Chicago, 1981 : Chicago University Press) ; trans. into Hebrew, Japanese(in part) and Spanish

175 Translation, with introduction, of Ivan Turgenev, *A Month in the Country*(London, 1981 : Hogarth Press ; New York, 1982 : Viking)

175a Reply to Hans Aarsleff, 'Vico and Berlin', *London Review of Books*, 5–18 November 1981, 7–8

176 'Russian Thought and the Slavophile Controversy', review of Andrzej Walicki, *A History of Russian Thought*(*From the Enlightenment to Marxism*) and *The Slavophile Controversy*, *Slavonic and East European Review* 59(1981), 572–86

1982

177 'A Letter from Sir Isaiah Berlin', *Intellectual History* No 1(November 1982), 3

178 'Mrs Salome Halpern'(obituary), *The Times*, 17 May 1982, 12

179 'Prof. Roman Jacobson'(supplementary obituary), *The Times*, 31 July 1982, 10